ALTE ABENTEUERLICHE REISEBERICHTE

HERNÁN CORTÉS

(Nach einem Gemälde im Hospital der Unbefleckten Empfängnis in Mexiko)

HERNÁN CORTÉS

Die Eroberung Mexikos

Eigenhändige Berichte an Kaiser Karl V.
1520–1524

Neu herausgegeben und bearbeitet von
HERMANN HOMANN

Mit 28 zeitgenössischen Darstellungen und einer Karte

THIENEMANN
Edition Erdmann

CIP-Kurztitelaufnahme der Deutschen Bibliothek

Cortés, Hernando:
Die Eroberung Mexikos:
eigenhändige Berichte an Kaiser Karl V.
1520–1524 / Hernán Cortés.
Neu hrsg. u. bearb. von Hermann Homann. – 3. Aufl. –
Stuttgart; Thienemann, Edition Erdmann, 1984.
(Alte abenteuerliche Reiseberichte)
ISBN 3-522-60120-3

NE: Homann, Hermann [Bearb.]

Umschlag und Einband: Hilda und Manfred Salemke
Gesamtherstellung: Ernst Kieser GmbH/Augsburg

INHALT

VORBEMERKUNG ZUR EDITION

Die drei Berichte des Eroberers Hernán Cortés, die den Hauptteil dieses Buches bilden, sind entnommen der ältesten deutschen Ausgabe »Drei Berichte des General-Kapitains von Neu-Spanien Don Fernando Cortes an Kaiser Karl V. Aus dem Spanischen übersetzt von Dr. Carl Wilhelm Koppe. Königl. Preuß. Geh. Regierungs-Rath. Berlin 1834. Verlag von Theodor Chr. Fr. Enslin.«

Die häufiger in den Text der Briefe eingefügten Ergänzungen und Gegendarstellungen stammen vorwiegend von dem »bis zum heutigen Tage als Spaniens größter Chronist« (Madariaga) geltenden Mitkämpfer Bernal Diaz, d. h. aus den »Denkwürdigkeiten des Hauptmanns Bernal Diaz del Castillo, oder wahrhafte Geschichte der Entdeckung und Eroberung von Neu-Spanien, von einem der Entdecker und Eroberer selbst geschrieben, aus dem Spanischen ins Deutsche übersetzt von Ph. J. von Rehfues, Kurator der Bonner Universität. 4 Bände. Bonn, bei Adolph Marcus. 1838.«

Unter den neueren Werken sei hervorgehoben das ausgezeichnete historisch-biographische Werk »Cortés, Eroberer Mexikos« von Salvador de Madariaga (Droemersche Verlagsanstalt Th. Knaur Nachf., München–Zürich 1960), dem außer mancher Einzelheit insbesondere die einheitliche neuzeitliche Schreibung der mexikanischen und spanischen Namen angeglichen wurde, wie Hernán Cortés und Moteczuma.

Aztekischer Kalenderstein
(Fundort im Bezirk des Haupttempels von Tenochtitlán.
Durchmesser 3,60 Meter, Gewicht 24 Tonnen.)

HERNÁN CORTÉS – ENTDECKER UND EROBERER MEXIKOS

Jugendjahre in einer bewegten Zeit

Als Hernán Cortés zu seinem Eroberungszug nach Mexiko ausfuhr, war er dreiunddreißig Jahre alt, er stand also auf der Schwelle der Entwicklung vom draufgängerischen Heißsporn zum mutigen, überlegenen Führer, und die Geschichte seiner Taten zeigt denn auch, daß er ein wahrer Held und zugleich ein kluger, notfalls sogar listenreicher Staatsmann war. In Medellín, einer Stadt in der spanischen Provinz Estremadura, der Heimat vieler Abenteurer und Konquistadoren, wurde er als Sohn eines Hidalgos, des Gutsbesitzers Martin Cortés de Monroy, geboren. Seine Mutter war Doña Catalina Pizarro Altamarino, deren Titel auf einen höheren Adelsrang hinweist. Hernán wuchs in recht kargen Verhältnissen auf, aber in einer Zeit, als Spanien sich nach siebenhundertjährigem wechselndem Geschick zur endgültigen Befreiung von der Herrschaft der Mauren anschickte, und der siebenjährige Knabe wird sicher mit heißem Herzen die Eroberung Granadas und damit das Ende des letzten Maurenreiches auf der iberischen Halbinsel erlebt haben.

Noch mehr aber beeindruckte den Knaben wie die ganze spanische Jugend die im Jahre 1492 unternommene Reise des Christoph Kolumbus und die Entdeckung Amerikas. Als Kolumbus sich mit sechs Schiffen auf der dritten Reise befand, wurde der vierzehnjährige Hernán Cortés auf die berühmte Universität Salamanca geschickt, um die Rechte zu studieren. Nach zwei Jahren brach er das Studium ab, ohne das Baccalaureat, den niedrigsten akademischen Grad, erreicht zu haben. Immerhin hatte aber seine zweifellos ungewöhnliche Begabung ihn dahin gebracht, daß er lateinischen Disputationen folgen und Reden halten konnte und sich später bei juristischen Fragen außerordentlich geschickt zeigte.

Nach Hause zurückgekehrt, stand der junge Hidalgo nun am Scheidewege zwischen Jurisprudenz und Waffendienst, und er entschied sich für das Soldatenleben. Aber auch hier boten sich zwei Wege: der eine führte nach Italien, wo der berühmte Feldherr Gonzalo de Córdoba, »el gran capitán«, vor dem die Mauren 1492 in Granada kapituliert hatten, nun siegreich den spanisch-französischen Feldzug um Neapel führte, der andere Weg wies nach der Neuen Welt, »deren Wunder, Gefahren und Schätze eben damals die Phantasie der spanischen Jugend mächtig erregten«. Es traf sich gut, daß der gerade vom spanischen Hofe ernannte Generalgouverneur Nicolás de Ovando mit einem Geschwader von dreißig Schiffen nach Española (Haiti) auslaufen wollte, und da Ovando ein Freund der Familie Cortés war, schien die Karriere des siebzehnjährigen Hernán unter solchem Protektorat gesichert. Aber der unglückliche Ausgang eines Liebesabenteuers machte dem jungen Hidalgo einen Strich durch die Rechnung. Als er auf dem nächtlichen Wege zu einer jungen Dame über eine brüchige Mauer stieg, brach diese zusammen und begrub den Galan unter sich. Der Eigentümer stürzte aus seinem Hause und würde in seiner Wut den Burschen erdolcht haben, wenn eine alte Frau ihn nicht daran gehindert hätte. Hernán konnte entweichen, mußte aber wegen seiner Verletzungen und wieder einmal wegen der »Malaria quartana« das Bett hüten – und die große Flotte davonsegeln lassen.

Bis zur nächsten günstigen Gelegenheit, in die Neue Welt zu reisen, ließ Hernán Cortés nun zwei volle Jahre verstreichen, und seine Biographen schweigen darüber, was er in dieser Zeit getrieben haben mag.

Zu Beginn des Jahres 1504 begab sich endlich der nun neunzehnjährige Hernán Cortés in Sanlúcar auf eins der fünf Schiffe eines kleinen Geschwaders, das mit Waren für Española auslaufen sollte. Die Schiffe erreichten ungefährdet La Gomera auf Teneriffa, wo alle spanischen Geschwader befehlsgemäß Station machen und sich sammeln mußten, wenn sie durch Sturm oder andere Gefährdungen auseinandergeraten waren. Bei dieser Gelegenheit wurden auch Proviant und Wasser eingenommen. Der Kapitän Alonso Quintero wollte nun mit seinem schnelleren Schiff, auf dem sich auch Hernán Cortés befand, den anderen davonsegeln, um als erster seine Waren mit größerem Gewinn absetzen zu können, er geriet aber in einen

Sturm und mußte mit gebrochenem Mast nach La Gomera zurückkehren. Die anderen Kapitäne warteten nun, bis die Havarien beseitigt waren, und fuhren dann mitsammen aus.

Ein günstiger Wind verleitete Quintero, sich in der Nacht wieder auf und davon zu machen, diesmal versagte jedoch sein Steuermann Francisco Niño aus der angesehenen Familie in Palos, die zur ersten Reise des Kolumbus das Schiff »Niña« beigesteuert hatte. Seine Fähigkeiten scheinen nicht groß gewesen zu sein, denn er verlor so völlig die Orientierung, daß das Schiff wochenlang umherkreuzte, so daß Proviant und Wasser fast zur Neige gingen. Dazu kam die Furcht, womöglich bei den Menschenfressern zu landen, aber in der höchsten Not erschien am Osterabend eine Taube und setzte sich auf den Mast, für die gläubigen Spanier nichts anderes als ein Zeichen des Himmels. Als die Taube weiterflog, folgte der Steuermann ihrer Richtung und sichtete nach wenigen Tagen Land. Er schwor, daß es das Kap Samana auf Española sei, und soll gesagt haben: »Wenn es nicht stimmt, dann schlagt mir den Kopf ab und werft meinen Leib in den Kochkessel!« Nach wenigen Tagen lief das Schiff wirklich in den Hafen von Santo Domingo auf Española ein, aber groß war die Enttäuschung des Kapitäns Quintero, als er die vier anderen Schiffe sah, die bereits eingetroffen waren und ihre Waren auf den Markt geliefert hatten.

Enttäuscht war sicher auch Hernán Cortés, als er erfuhr, daß der Adelantado Ovando nach Santiago abgereist sei, aber der Gubernialsekretär Medina nahm ihn freundlich auf, nicht zuletzt wegen der mitgebrachten Empfehlungsschreiben, und als der Gouverneur zurückgekehrt war, übertrug er seinem Schützling das Amt eines Ratsschreibers in der neugegründeten Stadt Azúa. Cortés erhielt nach den Gesetzen der Konquista Land und Sklaven zugeteilt und verwaltete nun Amt und Gut fast sechs Jahre lang.

Konquistadoren ohne Glück

Hernán Cortés war ein tüchtiger und gewandter Notar, der unter den besitzhungrigen Siedlern und besitzlosen Abenteurern reichlich zu tun hatte, aber Bernal Diaz, sein späterer Mitstreiter und bester Chronist der Eroberung Mexikos, berichtet auch, daß er es »munter mit den Frauen getrieben habe und deshalb mehrmals mit streitbaren Männern in Händel geraten sei«. Als Cortés schließlich das beschauliche Leben auf der Insel satt hatte und eine Konquista nach der Landenge von Panama mitmachen wollte, mußte er zurückbleiben, da er, wie Cervantes de Salazar berichtet, an schmerzhaften Bubonen in den Beinen litt, womit »Indianerfrauen ihre Besucher noch häufiger anstecken als Spanierinnen«.

So verpaßte Hernán Cortés noch zwei weitere Expeditionen, einmal die des verwegenen Konquistadors Alonso de Hojeda, eines Kampfgefährten des Kolumbus auf dessen zweiter Reise. Hojeda segelte im Jahre 1509 mit dreihundert Mann und zwölf Pferden nach der Bucht von Maracaibo. Andauernde Kämpfe mit den Indianern, dazu Hunger und Seuchen rieben die Mannschaft immer mehr auf, bis Hojeda beschloß, heimwärts zu segeln. Aber bei Kuba strandete das Schiff, und nach einem langen, strapazenreichen Marsch über Land wurde er mit dem Rest seiner Mannschaft von einer Karavelle aufgenommen, die Panfilo de Narvaéz befehligte, der gleiche, der später eine verhängnisvolle Rolle gegen Hernán Cortés spielen sollte. Alonso de Hojeda starb bald nach seiner Rückkehr auf Santo Domingo in völliger Armut, so daß nicht einmal sein Begräbnis bezahlt werden konnte.

Unterdessen war auch die andere Expedition, die Diego de Nicuesa mit siebenhundert Mann und sechs Pferden nach Darién unternommen hatte, völlig gescheitert. Der Kapitän eines Hilfsschiffes fand die letzten Überlebenden – vierzig Mann – »ausgetrocknet vom schlimmsten Hunger, schmutzig und scheußlich anzusehen«. Nicuesa wurde mit seinen Schicksalsgenossen in eine Schaluppe gesetzt, die aber nie ihr Ziel erreichte. In diese Zeit fiel auch die Eroberung der Insel Puerto Rico, die Christoph Kolumbus bereits 1493 entdeckt hatte. Als dessen Sohn Don Diego Colon nach jahrelangen Bemühungen endlich seine Erbansprüche durchgesetzt und die Würde des Vizekönigs von Indien erhalten hatte, landete er im Juli 1509 mit einem großen Geschwader in Santo Domingo und brachte im Gefolge seiner Gemahlin auch einige junge Damen mit, die den Edlen der Inseln als Gattinnen zugedacht waren.

Der Vizekönig gab nun den Befehl zur völligen Eroberung der Insel, die noch im gleichen Jahre mit solcher Härte durchgeführt wurde, daß von der eingeborenen Bevölkerung nur ein Rest überlebte. Auch diesmal reizte es Hernán Cortés noch nicht zu kriegerischen Taten, und vermutlich interessierten ihn wohl mehr die adligen Damen des Gefolges, von denen er auch wirklich eine, Catalina Xuárez, später zur Frau nahm.

Im Jahre 1511 beschloß der Vizekönig, die noch kaum besiedelte Insel Kuba völlig zu erobern, und er beauftragte mit dieser Aufgabe Diego Velázquez, einen der reichsten und angesehensten Männer aus seinem Gefolge. Als Velázquez mit dreihundert Mann nach Kuba übersetzte, war Hernán Cortés endlich dabei, aber nicht als Truppenführer, sondern als Sekretär und Berater des neuernannten Gouverneurs, wozu er sich zweifellos als Stadtsekretär und Notar von Azúa qualifiziert hatte. An den kriegerischen Operationen nahm er nicht teil, aber er bewährte sich als Berater und Schatzmeister des Feldherrn. Bald traf von Jamaica zur Verstärkung eine Truppe von dreißig Bogenschützen unter Panfilo de Narvaéz ein. In der Begleitung des Narvaéz befand sich Fray Bartolomé de Las Casas, der später als »Apostel der Indianer« einen leidenschaftlichen Kampf gegen die Sklaverei und Ausrottung der Eingeborenen führte.

Narvaéz übernahm als Feldhauptmann an Stelle des fettleibig gewordenen Velázquez die nicht allzu schwierige Eroberung der Insel, während der sechsundzwanzigjährige Cortés sich die Gunst des Gouverneurs in dessen Gefolge errang, wo er sich »verschlagen und vorsichtig zeigte, doch noch nicht so weise und tüchtig wie später unter schwierigen Umständen«, wie Las Casas berichtet. So war es gewiß recht unklug, daß Hernán Cortés sich auf die Seite der Gegner des dicken Gouverneurs schlug, der nach Gunst und Laune die Ländereien und Sklaven verteilte.

Die heimlichen Feinde des Gouverneurs beschlossen, sich beim Obersten Gericht auf Española zu beschweren, und Cortés erbot sich, die Beschwerdeschrift dorthin zu bringen. Als er aber gerade im Begriff war, ein Boot zu besteigen, mit dem er die Meerenge zwischen Kuba und Haiti überqueren wollte, wurde er verhaftet und in Ketten gelegt. Nur der Fürbitte seiner Freunde hatte er es zu verdanken, daß der Gouverneur ihn nicht hängen ließ, wie es durchaus der Brauch war.

Das Gefängnis hielt den verwegenen Cortés aber nicht lange, »er zerbrach die Fesseln, entriß dem Wärter Schwert und Schild, ließ sich durch das Fenster hinab und floh in eine Kirche«, wie der Chronist Gómara, sein späterer Hauskaplan, berichtet. Er hielt es aber nicht lange in der kirchlichen Freistatt aus, und als der Frauenheld sich vor der Kirche mit Catalina Xuárez traf, einer der edlen Damen aus dem Gefolge der Vizekönigin, wurde er von einem Trupp Soldaten unter Juan Escudero überwältigt und gefangengenommen. Der gleiche Escudero nahm sieben Jahre später an dem Eroberungszuge nach Mexiko teil, wurde aber in Veracruz wegen Meuterei zum Tode verurteilt und gehängt.

Der Gouverneur ließ den Gefangenen auf ein Schiff bringen, um ihn nach Española zu schaffen und dort vor Gericht zu stellen. Aber wieder gelang es Cortés, die Fesseln zu brechen, er gelangte unbemerkt auf das Schiffsdeck, stieg in ein Boot und ruderte an Land. Hier begab er sich zu Juan Xuárez und erklärte ihm, daß er seine Schwester Catalina heiraten wolle. Klugerweise begab er sich aber wieder in den Schutz einer Kirche und wartete dort, bis Xuárez zwischen Velázquez, der eine Schwester Catalinas heiraten wollte, und dem zukünftigen Schwager Hernán Cortés Freundschaft gestiftet hatte. Der dicke Gouverneur, offensichtlich nicht allzu nachtragend, ließ sich versöhnen, und seine Gunst steigerte sich später sogar noch, als er Gevatter bei einer Tochter gestanden hatte, die Cortés geboren wurde, wozu Las Casas allerdings bemerkt: »Ich weiß nicht, ob von seiner Frau oder nicht.« Velázquez begünstigte die Wahl seines Schwagers Cortés zum Bürgermeister und Stadtrichter von Baracoa, das wenig später Santiago genannt wurde. In dieser mit Ländereien und Sklaven reichdotierten Stellung verblieb Hernán Cortés nun sechs Jahre.

Der Gouverneur von Kuba, Diego de Velázquez, suchte sich vom Vizekönig Don Diego Colón unabhängig zu machen. Er strebte danach, seine Stellung durch den spanischen Hof bestätigen zu lassen und damit unabsetzbar zu sein. Vorerst führte er auf Kuba den Hof eines mächtigen Fürsten, und um Macht und Ansehen zu gewinnen, suchte er seine Herrschaft durch große Expeditionen nach dem Festland zu erweitern und vor allem von den sagenhaften Schätzen jener Länder einen Großteil zu gewinnen.

Er schickte, allerdings mit wenig Glück, zwei Expeditionen aus. Am 8. Februar 1517 segelte eine Flotte von drei Schiffen unter dem Befehl von Francisco Hernández Córdoba westwärts, geriet aber in einen fürchterlichen Sturm und sichtete erst nach drei Wochen die Küste von Yucatán. Als die Spanier an Land gingen, um Wasser zu holen, wurden sie von einer Übermacht von Indianern angegriffen, die immer wieder riefen: »Al Calachoni! Al Calachoni! – Schlagt den Hauptmann tot!« Mehr als fünfzig Spanier wurden getötet, die übrigen retteten sich mit Mühe auf die Schiffe, mußten aber eins davon in Brand setzen, weil nicht mehr genug Hände an Bord waren, die Segel zu bedienen. Die Expedition wurde abgebrochen, und als die Schiffe endlich in Havanna ankamen, begab sich der Hauptmann Córdoba sogleich auf sein Gut, wo er zehn Tage später an seinen Wunden starb.

Die Schiffe segelten weiter nach Santiago, wo der Statthalter Velázquez residierte, dessen Habgier durch ein mitgebrachtes Kästchen mit goldenen Götzen und anderen Figuren mächtig angeregt wurde. Als nun auch noch zwei aus Yucatán mitgebrachte Indianer, die auf die Namen Melchorillo und Juanillo getauft worden waren, wider die Wahrheit berichteten, daß es in Yucatán Goldbergwerke gebe, rüstete er eine neue Expedition von vier Schiffen unter dem Generalkapitän Juan de Grijalva und den Kapitänen Pedro de Alvarado, Francisco de Montejo und Alonso Dávila aus. Sie erreichte nach zwei Wochen die Insel Cozumel und eine Woche später die Küste von Champoton, wo die erste Expedition ihre große Niederlage erlitten hatte. Diesmal aber gingen die Spanier mit überlegenen Waffen an Land und brachten die Häuptlinge mit Hilfe der Dolmetscher Melchorello und Juanillo dazu, sich dem Kaiser als Oberherrn zu unterwerfen. Zur größten Enttäuschung der Spanier hatten

Feindseliger Empfang der Spanier in Yucatán

(Nach einer zeitgenössischen Darstellung)

jedoch die Geschenke der Indianer nur einen geringen Goldwert, um so mehr Hoffnung weckte die Mitteilung, »gegen Sonnenuntergang gebe es ein Land, wo sich Gold in großer Menge finde, dabei wiederholten sie immer wieder die Worte Culúa und Mexiko«.

Grijalva segelte nun weiter, um das Goldland zu suchen. Als er in einer Bucht mit seiner ganzen Mannschaft an Land ging, traf er unter den Häuptlingen zum erstenmal auf einen Statthalter Moteczumas, des Aztekenherrschers, der ihn mit Ehrerbietung empfing. Die Spanier tauschten, was ihnen die Hauptsache zu sein schien, Glasperlen und anderen Flitterkram gegen Gold und Goldwaren ein. Grijalva nahm das Land förmlich in Besitz, während der Statthalter alles Gesehene auf Sisaltücher malen ließ, die dem fernen Herrscher vorgelegt werden sollten. Da Grijalva nun eine Stadt gründen wollte, wozu ihm jedoch die Mittel fehlten, schickte er Pedro de Alvarado mit dem eingetauschten Gold nach Kuba zurück, wo er von dem bereits recht besorgten Gouverneur mit größter Freude empfangen wurde. Alvarado erzählte nachher, daß Velázquez ihn unaufhörlich umarmt und geküßt habe und daß die Freudenfeste und Ritterspiele acht Tage gedauert hätten.

Der Generalkapitän Grijalva gelangte unterdessen bis Tampico, dann kehrte er um, nicht ohne häufiger zu landen und Tauschhandel zu treiben, der besonders am Fluß Coatzacoalco blühte, wo es den hochbeglückten Spaniern gelang, sechshundert goldglänzende Streitäxte einzutauschen. Als sie aber nach der Rückkehr in Santiago hervorgeholt wurden, zeigten sie sich gänzlich überlaufen, da sie aus Kupfer waren. Es fehlte nun nicht an Spott, aber auch nicht an Bewunderung, da die Expedition Grijalvas dem sagenhaften Goldland ohne Zweifel recht nahe gekommen war.

Ein großes Unternehmen unter Hernán Cortés

Es ist nun eine schwer zu beantwortende Frage, warum Hernán Cortés diese beiden ebenso kühnen wie erfolgversprechenden Expeditionen unbeteiligt ziehen ließ. Er war nicht einmal als Initiator oder auch nur als Nutznießer dabei, obschon er ohne Zweifel die Vorbereitungen aus nächster Nähe erlebt hatte, da er zur Oberschicht der Insel gehörte und zum engsten Gefolge des Statthalters zählte. Nicht einmal die damals schon als rechte Haudegen und Abenteurer bekannten jungen Kapitäne hatten ihn zur Mitreise verlockt. Nun aber trat er auf den Plan – in das grelle und häufig auch unheilvoll flackernde Licht der Geschichte. Nun war – so kann man wohl ohne Übertreibung sagen – seine Stunde gekommen.

Diego Velázquez trug sich mit dem Plan, eine neue größere Expedition auszuschicken. Er war klug, wenn nicht sogar verschlagen genug, daß er sich aber zuerst um die Gunst am Hofe bewarb, was durch einen seiner Kapläne, Benito Martinez, geschah, der ein gewandter Unterhändler war. Benito Martinez verhandelte so geschickt, daß er nicht nur die Erlaubnis zu weiteren Unternehmungen, sondern auch die für Diego Velázquez so wichtige Ernennung zum Adelantado (Statthalter und Oberrichter) von Kuba erwirkte. Diese Bestallungen kamen allerdings erst an, als die nächste Expedition längst unterwegs war.

Schwer zu verstehen ist nun, weshalb Velázquez gerade Hernán Cortés dazu auserwählte, das neue Unternehmen zu leiten. Gewiß hatte der Alkalde von Santiago in seinem Amt und auch als enger Berater des Statthalters seine Verdienste errungen, sicher hatte er auch seine Entschlußkraft, staatsmännische Klugheit und eine edle männliche Haltung bewiesen, und nicht zuletzt fiel ins Gewicht, daß er ein Schwager des Gouverneurs war, wodurch Treue und Ehrlichkeit verbürgt zu sein schienen.

Bernal Diaz weiß mehr darüber zu berichten, er zählte eine ganze Reihe von Bewerbern auf, »wir Soldaten wollten dagegen von keinem anderen wissen als von Juan de Grivalja, weil er ein tüchtiger Offizier und überhaupt ein Mann ohne Tadel war, der sich auf das Kommandieren wohl verstand. Während aber die Reden hin und her gingen, wurde die Sache in aller Stille zwischen zwei Vertrauten des Diego Velázquez, dem Sekretarius Andrés de Duero und dem Königlichen Zahlmeister Amador de Lares, und Hernán Cortés abgemacht. Letzterer hatte ihnen versprechen müssen, allen Gewinn an Gold, Silber und Juwelen mit ihnen zu teilen, und dieser Gewinn konnte recht bedeutend werden. Duero und der Zahlmeister ließen nun alle ihre Minen bei dem Statthalter spielen. Sie strichen Cortés bei jeder Gelegenheit heraus, rühmten seine Tapferkeit und erklärten ihn überhaupt für den tüchtigsten Mann zu einem solchen Kommando. Ihre Bemühungen blieben nicht ohne Erfolg, und Diego Velázquez ernannte Hernán Cortés zum Generalkapitän der Unternehmung. »Als diese Wahl bekannt wurde, gefiel sie dem einen, dem anderen aber nicht.« Die Gegner des Hernán Cortés wandten nun jedes Mittel an, ihn aus der Gunst des Gouverneurs zu verdrängen.

Hernán Cortés jedoch ging nach seiner Bestallung sogleich mit Tatkraft und Umsicht daran, die Schiffe auszurüsten, Waffen und Proviant zu beschaffen und Offiziere und Soldaten anzuwerben. Er verfuhr dabei recht umsichtig, aber auch großzügig, gab sein beträchtliches Vermögen dafür aus, belieh seine Besitzungen und veranlaßte reiche Freunde, ihr Geld in das Unternehmen zu stecken. Dabei wich er dem Gouverneur kaum von der Seite und versicherte ihm immer wieder, daß er ihn reich und glücklich machen werde. Seine Feinde gewannen jedoch immer mehr Einfluß auf den mißtrauischen Statthalter, besonders da Cortés nun begann, sich auch äußerlich den Anschein eines großen Herrn zu geben.

Als Hernán Cortés durch seine Freunde am Hof erfuhr, daß der Statthalter immer mehr dazu neigte, ihm das Kommando wieder zu nehmen, lief er aus dem Hafen Santiago aus, nachdem er sich in auffälliger Eile von dem überrumpelten Velázquez verabschiedet hatte. Wenige Tage später trafen die Schiffe im Hafen von Trinidad ein. Hernán Cortés ging an Land, stellte vor seinem Quartier die königliche Fahne auf, ließ Proviant und Waffen einkaufen und mit Pauken und Trommeln Offiziere und Soldaten anwerben. »In dieser Stadt schlossen sich noch sämtliche Alvarados an, nämlich der Hauptmann Pedro, seine Brüder Gonzago, Jorge, Gomez und ihr Bastardbruder Juan.« Dazu kamen noch viele andere, »lauter Männer von Gewicht und Ansehen. Sie hatten alle in der Nähe der Stadt ihre Landgüter, wo sie Kassavebrot backen und Schweinefleisch einsalzen und mit anderem Proviant an Bord bringen ließen«. Es wurden Soldaten angeworben und Pferde eingekauft, und da der Reiter

Puertocarrero nicht genug Geld für einen Grauschimmel besaß, gab Hernán Cortés die goldenen Borten seines Samtrocks dafür her.

Immer wieder kamen dem Generalkapitän glückliche Zufälle zu Hilfe, so als ein mit Brot und Salzfleisch für ein Bergwerk beladenes Schiff des Juan Sedeño eintraf, der sich von Cortés überreden ließ, ihm das Schiff samt Ladung zu verkaufen und die Unternehmung mitzumachen. Während all dieser Vorbereitungen platzte ein Schreiben des Gouverneurs Velázquez an den Alkalden Verdugo von Trinidad herein mit dem Befehl, Cortés zu verhaften und nach Santiago zu schaffen. Ein anderes Schreiben ging an Diego de Ordás, den Velázquez zur Beobachtung des Generalkapitäns der Expedition zugeteilt hatte. Hernán Cortés aber zeigte nun sein diplomatisches Geschick, das fast an Verschlagenheit grenzte. Er besprach seine Pläne mit Diego de Ordás und gewann ihn dazu, den Alkalden Verdugo zu veranlassen, den Befehl des Gouverneurs nicht auszuführen und das Schreiben geheimzuhalten. Ordás erklärte Verdugo, der ein Schwager des Velázquez war, daß Cortés dem Statthalter treu ergeben sei, außerdem habe er zu viele Soldaten auf seiner Seite, die für ihn kämpfen würden. Die ganze Stadt könne in den Streit verwickelt und sogar von den aufgebrachten Anhängern des Cortés geplündert werden. Der Alkalde Verdugo ließ sich überreden, während Pedro Laso, einer der Kuriere, sich sogar der Expedition anschloß. Der andere Kurier wurde mit einem Schreiben an Velázquez zurückgeschickt, in dem es hieß, daß Hernán Cortés nichts anderes im Sinn habe, »als Gott, Sr. Majestät und in Allerhöchst dessen Kaiserlichem und Königlichem Namen ihm, dem Statthalter, zu dienen«.

Velázquez versuchte jedoch noch einmal, Hernán Cortés abzusetzen. Er schickte an Pedro Barba, seinen Stellvertreter an der Südküste Kubas, und an seine Verwandten und Anhänger in der Flotte dringende Schreiben, in denen er sie beschwor, die Schiffe nicht auslaufen zu lassen und Cortés gefangen nach Santiago zu schaffen. Der Kurier Garnica hatte aber auch das Schreiben eines Paters von den Barmherzigen Brüdern an dessen Ordensbruder Bartolomé de Olmedo, der zum Geschwader gehörte, mitgebracht, worin dieser von allem unterrichtet wurde und sein Wissen an Cortés weitergeben konnte. So erreichte der Gouverneur nur, daß sich die Anhänger des Generalkapitäns um so fester um ihn schlossen. Der Unter-Statthalter Pedro Barba konnte denn auch nur an Velázquez berichten, daß er es nicht wagen dürfe, Cortés gefangenzunehmen, weil er zu mächtig und zu beliebt bei seinen Offizieren und Soldaten sei. »Cortés schrieb auch selber an Velázquez all die schönen Worte und Versprechungen, die er so wohl zu setzen wußte. Er versicherte ihn seiner treuen Anhänglichkeit und meldete ihm, daß er am folgenden Tag unter Segel gehen werde.«

Landung auf Cozumel und Yucatán

Der Generalkapitän hatte es nun recht eilig, auf die Reise zu gehen. In wenigen Tagen wurden die Waffen in Ordnung gebracht, wobei die Schmiede in der Stadt alle Hände voll zu tun hatten. Schließlich schlug Cortés den Schmieden vor, mit der Expedition zu gehen, worauf sie bereitwillig eingingen. Er schickte ein Schiff nach einem Dorf, das dem Gouverneur gehörte und in dem Brot gebacken und Fleisch eingesalzen wurde. Das Kommando hierzu übergab Cortés dem Haushofmeister Diego de Ordás, der im Namen des Gouverneurs Verfügungen treffen konnte, außerdem schaffte der Generalkapitän ihn so bis zur Abreise aus seiner Nähe, da er ihm nicht recht trauen mochte.

Am 10. Februar 1519, nach einer feierlichen Messe, lief die Flotte mit neun Schiffen aus. Zwei Schiffe, die mit Ordás und Alvarado vorausgeschickt worden waren, sollten sich am Kap San Antonio wieder mit dem Gros vereinigen. Die elf Schiffe hatten eine Bemannung von fünfhundertacht Offizieren und Soldaten und hundert Seeleuten. Sechzehn Pferde waren auf die Schiffe verteilt worden, ebenso zehn Bronzekanonen und vier Feldschlangen. Zu den Soldaten zählten zweiunddreißig Armbrust- und dreizehn Büchsenschützen, die übrigen kämpften nur mit Schwert und Tartsche. Um keine Zeit zu verlieren, beschloß Cortés, die Musterung seiner Streitkräfte auf Cozumel vorzunehmen.

Am Kap San Antonio stieß Diego de Ordás verabredungsgemäß zur Flotte, aber Alvarado fand sich nicht ein. Sein Schiff mit sechzig Mann, zu denen auch Bernal Diaz gehörte, war geradeswegs nach der Insel Cozumel weitergesegelt. Als Alvarado dort mit seiner Truppe an Land ging, flohen die Indianer, und er konnte nur vierzig Hühner und einige ziemlich wertlose Schmuckstücke erbeuten, außerdem zwei Indianer und eine Indianerin gefangennehmen.

Als Cortés kurz darauf mit seiner Flotte eintraf, ließ er den Steuermann Comacho in Ketten legen, während er Alvarado als den eigentlich Verantwortlichen nur mit der Bemerkung zurechtwies, das sei nicht das rechte Mittel, die Länder friedlich zu gewinnen. Er mochte den Draufgänger, der ihm noch häufiger große Sorgen bereitete, wohl nicht verärgern. Cortés ließ den Gefangenen die geraubten Dinge zurückgeben und beschenkte sie für die bereits verzehrten Hühner mit spanischen Hemden. Dabei diente Melchorillo als Dolmetscher, Juanillo war bereits gestorben. Am nächsten Tage fand sich der Kazike mit vielen Indianern ein, »und sie gingen alle so zutraulich mit uns um, als wenn sie uns ihr ganzes Leben schon gekannt hätten. Cortés hatte aber auch den strengsten Befehl gegeben, ihnen nicht das geringste Leid zuzufügen. Überhaupt fing er auf dieser Insel sein Werk bereits kräftig an, und der Herr gab auch seinen Segen dazu.«

Cortés hatte von den Eingeborenen mehrfach das Wort »Castilan« gehört, und er erfuhr schließlich durch den Dolmetscher, daß sich zwei spanische Gefangene als Sklaven bei einem Kaziken im Landesinnern befänden. Unverzüglich schickte er nun ein Schiff unter Diego de Ordás an die Festlandsküste und ließ indianische Boten mit Schreiben an die Gefangenen ins Land gehen. Tatsächlich wurden die beiden Spanier entdeckt, aber während der eine, Geronimo de Aguilar, zur Heimkehr bereit war, erklärte der zweite, er habe eine Frau und drei Kinder und gelte im Kriege als Anführer, außerdem sei sein Gesicht auf indianische Weise entstellt, er wolle also lieber im Lande bleiben. Als Aguilar nun an der Küste anlangte, war Ordás bereits mit seinem Schiff zurückgekehrt, aber es gelang dem Heimkehrer, mit einem Boot die Flotte bei Cozumel zu erreichen.

Geronimo Aguilar war acht Jahre zuvor nach einem Schiffbruch mit fünfzehn Männern und zwei Frauen an diese Küste verschlagen worden. Die meisten seiner Gefährten wurden den Göttern geopfert oder erlagen später den Mühsalen des Sklavenlebens. Mit dem nun endlich befreiten Spanier hatte Cortés aber einen tüchtigen Dolmetscher gewonnen, der sich noch über die Maßen bewähren sollte.

Im März 1519 lief die Flotte aus, um in den Golf von Mexiko zu segeln, aber schon am ersten Tage gab das Schiff des Escalante Notsignale und kehrte um. Da es mit Kassavebrot beladen, also für die Expedition sehr wichtig war, ließ Cortés die ganze Flotte nach Cozumel zurückkehren. Dort wurde das Schiff in vier Tagen ausgebessert.

Als die Flotte wieder ausgelaufen war, erreichte sie die Bucht, an der Aguilar gelebt hatte. Er sagte, die Eingeborenen besäßen Gold, wenn auch nicht allzuviel, und er wolle die Spanier dorthin führen, aber Cortés lachte über seinen Vorschlag und meinte, daß er »wegen solcher Lappalien nicht ausgezogen sei, sondern zum Dienste Gottes und des Königs«. Er entsandte darauf den Hauptmann Escobar mit einem kleinen Schiff in die Bucht, um zu erforschen, ob sie sich zur Ansiedlung eigne und ob die Jagd wirklich so gut sei, wie Grijalva und seine Leute berichtet hatten. Es stimmte.

Eine Woche später, am 12. März 1519, lief die Flotte in die Mündung des Tabasco ein. Grijalva soll hier friedliche Einwohner angetroffen haben, aber nun zeigten sie sich äußerst feindlich. Wie die Spanier später erfuhren, waren sie von den Nachbarstämmen als Feiglinge verhöhnt worden, und nun wollten sie diesen Makel löschen. Aguilar gab sich alle Mühe, die am Ufer versammelten Krieger zum Frieden zu bewegen, aber sie drohten mit ihren Waffen und machten einen fürchterlichen Kriegslärm mit ihren Muschelhörnern und Kriegspauken. Die Spanier landeten trotzdem mit ihren Booten und den kleineren Schiffen, aber das Ufer war seicht und schlammig, so daß Cortés einen seiner Schuhe steckenlassen mußte. Mit Mühe gelangten sie an Land, doch Cortés ließ noch nicht angreifen, »und wie er alles gern in gehöriger Form verrichtete, ließ er die Einwohner durch den Königlichen Sekretarius Diego de Godoy auffordern, uns an Land gehen zu lassen«.

Es kam jedoch gleich zu einem erbitterten Kampf, wobei die

Indianer unaufhörlich schrien: »Al Calachoni! Schlagt den Hauptmann tot!«, während die Spanier mit ihrem Feldgeschrei »Santiago!« antworteten und die Feinde bis zur nächsten Ortschaft zurückschlugen. Hier ließ Cortés haltmachen, um in aller Form Besitz von dem Lande zu nehmen, und der Sekretarius nahm alles zu Protokoll. »Nur die Parteigänger des Velázquez waren mit dieser Formalität nicht zufrieden, da der Statthalter darin mit keinem Wort erwähnt worden war.«

Als am nächsten Morgen Melchorello als Dolmetscher und Unterhändler ausgeschickt werden sollte, war er verschwunden. Er hatte seine spanische Kleidung, wohl das einzige, was er vom Christentum angenommen, an einen Baum gehängt und war zu seinen Stammesgenossen übergelaufen. Cortés ließ die Pferde an Land schaffen, und als die spanischen Soldaten von einer wohl dreihundertfachen Übermacht angegriffen wurden und sich kaum noch halten konnten, griff er an der Spitze der Reiter die Indianer im Rücken an, und vor diesen unbekannten vierbeinigen Ungeheuern ergriff alles die Flucht, um so eiliger, als auch der tüchtige Stückmeister Mesa mit seinen Kanonen mächtig dreinfeuerte.

Cortés schickte nun fünf Gefangene, unter denen sich zwei Häuptlinge befanden, zum Gegner zurück und ließ sie seine Bereitschaft zu Frieden und Freundschaft erklären. Darauf schickten die Kaziken fünfzehn Indianer in Kriegsbemalung, aber Cortés erkannte gleich, daß es Sklaven waren, und wies sie ab. Nun kamen vierzig Kaziken, die dem Eroberer überaus reiche Geschenke aus Gold überreichten, darunter vier Diademe, viele Tierfiguren, zwei Goldmasken und zwei goldene Sonnenscheiben. Als besonderes Friedensgeschenk übergaben sie dem Feldherrn zwanzig indianische Frauen, darunter eine Kazikentochter aus dem Lande Mexiko. Ihre Mutter hatte sich nach dem Tode ihres Vaters mit einem anderen Kaziken wieder verheiratet. Als sie einen Sohn bekam, wurde die Tochter nach Tabasco geschickt, damit der Stiefbruder die Herrschaft allein erben konnte. Sie wurde nun mit den anderen Indianerinnen in der christlichen Religion unterrichtet und erhielt bei der Taufe den Namen Doña Marina. Da sie die aztekische Sprache beherrschte und bald auch geläufig spanisch sprach, trat sie von nun an bei allen

Verhandlungen als Dolmetscherin auf. Cortés gab die getauften Indianerinnen seinen Offizieren, Doña Marina überließ er dem »Alonso Hernández Puertocarrero, der ein wackerer Kavalier und Vetter des Grafen von Medellín war. Als derselbe später nach Spanien ging, nahm Cortés sie zu sich und bekam einen Sohn von ihr, welcher Don Martin Cortés genannt und Komtur von Santiago wurde.«

Nachdem der Palmsonntag mit Messe und Prozession gefeiert worden war, segelte die Flotte nach San Juan de Ulúa. Kaum lag sie dort vor Anker – Obersteuermann Alaminos kannte die Insel von früher –, da kamen zwei große Pirogen zum Schiff des Generalkapitäns, das sie an der großen Flagge erkannten. Sie wurden bewirtet und erklärten dabei, daß ihr Gebieter ein Statthalter des großen Moteczuma sei und dem fremden Herrn seine Aufwartung machen wolle. Am nächsten Tage ließ Cortés das Heerlager in den Dünen aufschlagen. Sie bauten Hütten aus Baumzweigen und errichteten einen Altar, an dem sogleich eine Messe gelesen wurde.

Moteczuma, der Herrscher der Azteken, hatte längst erfahren, daß fremde Männer auf hohen Schiffen an den Küsten seines Reiches gelandet waren. Er brachte aber die Ankunft der Spanier in einen für ihn verhängnisvollen, für Cortés äußerst günstigen Zusammenhang mit einer alten Überlieferung, wonach der Gott Quetzalcoatl, der dem Lande Frieden und Wohlstand bringen wollte, das undankbare Volk verlassen habe und nach Westen über das Meer gegangen sei. Er hatte die Prophezeiung hinterlassen, daß er einmal von Osten wiederkehren werde. Und nun waren diese fremden Männer dort angelangt, weißhäutig und bärtig wie Quetzalcoatl, in schwimmenden Häusern, wie geschrieben stand, und sie beherrschten unheimliche Tiere und traten furchterregend auf mit Donner und Blitz.

Noch aber schwankte Moteczuma zwischen Zweifeln und Gewißheit, deshalb hatte er seine Statthalter beauftragt, die Ankömmlinge zu beobachten und genaue Berichte über sie zu erstatten. So trafen also zwei der Statthalter, Teuhtile und Cuitlalpitok, die die umliegenden, von den Azteken vor gar nicht langer Zeit unterworfenen Provinzen beherrschten, im spanischen Lager ein. Hernán Cortés unterbreitete den Gesandten seine Absicht, den Herrscher der Azteken aufsuchen zu wollen. Er berichtete ihnen über den großen fernen Herrscher, über das Weltreich, das er beherrsche, und daß er ihn beauftragt habe, neue Länder unter seine Krone zu bringen.

Cortés gab dem Statthalter recht kümmerliche Geschenke für den großen Moteczuma mit: einen Armsessel, eine Purpurmütze mit einer Goldmünze daran und andere Kleinigkeiten, darunter auch den Sturmhelm eines Soldaten, der die Aufmerksamkeit des Gesandten erregt hatte, wozu der Feldhauptmann den Wunsch äußerte, der Aztekenherrscher möge diesen Helm mit Goldkörnern gefüllt zurücksenden, damit man die Reinheit des Goldes mit dem heimischen vergleichen könne.

Da die Spanier bemerkt hatten, daß zum Gefolge des Statthalters einige Zeichner gehörten, die alles, was sie sahen, geschickt auf Sisaltücher malten, führten sie dem Azteken ein großes Kriegsmanöver vor, wobei vor allem die Reiter ihre Künste zeigten. Die Musketen krachten, und der Stückmeister Mesa ließ seine Kanonen donnern. Die Berichte darüber verfehlten denn auch nicht einen gewaltigen Eindruck auf den Aztekenherrscher. Wie Bernal Diaz berichtet, habe aber der Helm die stärkste Wirkung gehabt. »Als er die Sturmhaube erblickte und sie mit der seines Götzen Huitzilopochtli verglich, zweifelte er keinen Augenblick länger, daß wir zu dem Volke gehörten, von dem seine Vorfahren prophezeit hatten, daß es dereinst kommen und sich der Herrschaft über das Land bemächtigen werde.«

Nach einer Woche kehrte der Gesandte von Moteczuma zurück, begleitet von einem Kaziken, der große Ähnlichkeit mit Cortés hatte und deshalb zu diesem Amt ausersehen worden war. Hundert Lastträger trugen Geschenke, die nach langen Zeremonien vor Cortés ausgebreitet wurden. »Das erste war eine Scheibe von der Größe eines Wagenrades, die die Sonne darstellte, ganz aus feinstem Golde und von der schönsten Arbeit, ein Kunstwerk, das nach Aussage derer, die es gewogen haben, über zwanzigtausend Goldpiaster Wert gehabt haben soll. Das zweite eine Scheibe, größer noch als die erste, schwer von Silber, von großem Wert und den Mond darstellend, mit vielen Strahlen und Figuren darauf, das dritte war die Sturmhaube, ganz mit gediegenen Goldkörnern gefüllt.«

Die Gesandten eröffneten dem Generalkapitän, es sei nicht nötig und überdies sehr schwierig, den Aztekenherrscher in seiner Hauptstadt zu besuchen. Die reichen Geschenke, die offensichtlich Cortés zufriedenstellen und zur Umkehr bewegen sollten, bewirkten aber das Gegenteil, denn der Eroberer erkannte nun erst, welch reiches Land da vor ihm lag. Er erklärte den Gesandten, sein Kaiser und Herr würde es ungnädig aufnehmen, wenn er zurückkehre, ohne den Zweck seiner weiten Reise über so große Meere erfüllt zu haben. »Er gab ihnen aus unserer Armut einen florentinischen Pokal mit Vergoldungen und geschliffenem Laubwerk, dazu drei Hemden aus holländischer Leinwand und andere Kleinigkeiten als Geschenk für Moteczuma mit und empfahl ihnen, ihrem Herrn seine Antwort zu überbringen.«

Da das Lager der Spanier an einem denkbar ungünstigen Küstenstrich lag und die Versorgung aus dem Lande immer schwieriger wurde, schickte Cortés den Hauptmann Montejo mit zwei Schiffen aus, die Küste nach Norden zu erkunden und einen günstigen Hafen zu suchen. Sie kehrten nach zwei Wochen zurück, und Montejo berichtete dem Generalkapitän von einem guten Hafen bei einer Stadt, die Quiauitzlan hieß.

Die Anhänger des Velázquez, nicht wenige unter den Offizieren, drängten zur Rückkehr nach Kuba. Damit fanden sie aber kaum Gehör bei den Soldaten, da sie den Tauschhandel mit Gold, den Cortés stillschweigend geduldet hatte, unterbinden wollten, womit der arme Landsknecht noch ärmer werden sollte. Cortés aber ging, sicher nur zum Schein, auf ihre Forderung ein, die Expedition abzubrechen. Er hatte richtig kalkuliert, denn die Mehrheit der Truppe, abenteuerlustig und beutehungrig, wollte nicht gerade jetzt heimkehren, wo die Strapazen und Leiden erst anfingen, sich zu lohnen. Cortés gab nur zu gern dem Druck der großen Mehrheit nach und sah sich gezwungen zu tun, was er ohnehin gewollt hatte.

Es wurde nun beschlossen, an der ausgekundschafteten Bucht eine Stadt zu gründen, die den Namen Villa rica de la Vera Cruz – Reiche Stadt vom Heiligen Kreuz – erhielt. Ganz nach spanischem Recht und in beachtenswert demokratischer Weise wählte dann die Gesamtheit der Soldaten und ihrer Führer die

Alkalden, Ratsherren, Richter und Sekretäre und auch einen Kolonieverwaltungsrat, deren Wahl nun nur noch vom König bestätigt werden mußte, eine Formsache, die die Gründung der Stadt und vor allem die Amtsübernahme durch die Gewählten aber nicht verzögerte.

Es bleibt kaum zu erwähnen, daß die meisten Ämter von Freunden und Anhängern des Hernán Cortés besetzt wurden, während er selber nun in feierlicher Form zum Generalkapitän und Oberrichter berufen wurde. Damit war die ganze Unternehmung der Oberhoheit des Statthalters Velázquez enthoben und nach spanischem Recht unmittelbar dem König und Kaiser unterstellt. Cortés war jetzt nicht mehr der abtrünnige Gefolgsmann des dicken Gouverneurs oder gar ein gesetzloser Abenteurer, sondern ein gehorsamer Diener des Königs.

An den Grenzen des großen Reiches

Eines Tages trafen Abgesandte des Kaziken von Cempoal ein, die sich Totonaken nannten. Sie berichteten, ihr Land werde von Moteczuma hart unterdrückt und ihr Kazike bäte Cortés um seinen baldigen Besuch. Cortés erfuhr hier zum erstenmal, daß der mächtige Aztekenherrscher auch unterdrückte Völker zu seinem Reich zählte, und er beschloß sogleich, diesen für seine Unternehmung günstigen Umstand klug und rücksichtslos zu nutzen. Er zog mit seiner ganzen Streitmacht nach Cempoal. Als die Truppen sich der Stadt Cempoal näherten, vorsichtshalber in kriegsmäßiger Ordnung, kamen ihnen zwanzig vornehme Indianer entgegen, um sie im Namen des Kaziken willkommen zu heißen, da ihr Herr sich »wegen seiner schweren Leibesfülle« nicht zu ihnen begeben könne. Der »dicke Kazike«, wie Bernal Diaz ihn nun nannte, empfing Cortés in dem Quartier, das er für die Spanier bereitgestellt hatte, und ließ seine Gäste reich bewirten. Dann folgte die Audienz, in der er bittere Klagen über seinen Zwingherrn Moteczuma führte, die Cortés mit der Erklärung beantwortete, er sei ein Vasall des großen Kaisers Karl, der ihn ausgesandt habe, »die Bösen zu bestrafen und seinen Befehl zu verkünden, daß keine Menschenopfer mehr verübt werden sollten«.

Am nächsten Morgen zog die Truppe weiter nach Quiauitzlan, wo die nach allen demokratischen Regeln längst gegründete, aber noch mit keinem Stein existierende Stadt Veracruz nun erbaut werden sollte. »Man gab uns vierhundert Lastträger mit, die in dieser Gegend Zlamemes genannt werden, und wir waren höchlichst erfreut, als jeder von uns einen Mann für sein Gepäck bekam, denn vorher hatten wir unsere Schnappsäcke immer selber tragen müssen.«

Die Spanier erreichten in Kriegsordnung die Felsenstadt Quiauitzlan, aber die Einwohner hatten aus Furcht vor den ungestümen Eindringlingen die Stadt geräumt, bis auf etwa fünfzehn Indianer, die die Fremden in einem Tempel erwarteten und unter vielen Zeremonien beweihräucherten. »Cortés erwiderte ihren Empfang mit größter Freundlichkeit und sagte ihnen vieles über unsere heilige Religion und über unsern großen Kaiser, wie dies immer unser Brauch war, wo wir hinkamen. Er machte ihnen auch gleich einige Geschenke von grünen Glaskorallen und anderen Siebensachen aus Spanien.«

Währenddessen wurde unvermutet der dicke Kazike herbeigetragen. Er erneuerte seine Klagen über Moteczuma, und alle übrigen Vornehmen stimmten ihm zu. Weinend berichtete er, daß der Unterdrücker alljährlich eine große Zahl ihrer Söhne und Töchter wegschleppen ließ, um sie den Göttern zu opfern oder in Sklaverei zu werfen. »Seine Steuereintreiber nähmen ihre Frauen und Töchter, wenn sie hübsch seien, und mißbrauchten sie zu ihren Lüsten.« Cortés tröstete den Kaziken und versprach ihm seine Hilfe.

Während dieser Unterredung traf plötzlich die Nachricht ein, daß soeben fünf mexikanische Steuerbeamte angelangt seien. Der Kazike wurde blaß vor Angst und gab seinen ebenso bangen Gefolgsleuten den Befehl, die Sendlinge Moteczumas in ihr Quartier zu geleiten. Auf dem Wege dorthin kamen die stolzen Mexikaner an den Spaniern vorüber, würdigten sie jedoch keines Blickes. Als Cortés bald darauf den Kaziken zu sich rief, erfuhr er, daß die Steuereintreiber Moteczumas als Sühne für die den Spaniern erwiesene Gastfreundschaft zwanzig totonakische Männer und Frauen gefordert hätten, um sie ihrem Gott Uitzilopochtli zu opfern. Cortés forderte den vor Angst zitternden Kaziken nun auf, die fünf Steuerbeamten festzunehmen, und wirklich wurden die Mexikaner auf seinen Befehl überwältigt und an Pfähle gebunden. Nun einmal in Aufruhr, wollten die Totonaken ihre Peiniger auch den Götzen opfern, aber Cortés nahm die Gefangenen in seine Obhut.

In der folgenden Nacht wurden zwei von ihnen freigelassen und nach Mexiko zurückgeschickt. Cortés spielte dem Kaziken seine Überraschung über die Flucht der zwei Mexikaner vor und ließ die übrigen drei in Ketten legen und auf ein Schiff bringen. Dort aber wurden ihnen die Fesseln abgenommen mit der Ankündigung, daß sie bald schon nach Mexiko zurückkehren könnten. So hatte Cortés es mit List und Gewandtheit erreicht, daß er die Totonaken zum Aufruhr angestiftet und damit von seiner Hilfe abhängig gemacht hatte, während er dem fernen Herrscher der Azteken seine Neutralität beweisen konnte.

Die Kaziken von dreißig totonakischen Städten erklärten nun dem Generalkapitän, seinem großen König und Kaiser Treue geloben zu wollen, und der immer auf Recht und Gesetzlichkeit bedachte Hernán Cortés ließ durch seinen Notar Diego de Godoy einen förmlichen Unterwerfungs- und Bündnisvertrag aufsetzen, der allen Totonaken mitgeteilt wurde. So waren die Kaziken des Landes glücklich darüber, die Gewaltherrschaft Moteczumas abgeworfen zu haben, während Cortés die ersten Bundesgenossen für die kommenden Auseinandersetzungen gewonnen hatte.

Um so wichtiger war es nun, in dem befreundeten Lande, einem volkreichen Hinterland für die kommenden Operationen, die geplante Stadt Veracruz anzulegen. Spanier und Totonaken arbeiteten denn auch einträchtig daran, Straßenzüge anzulegen und Häuser zu bauen, vor allem aber die öffentlichen Gebäude, und zur Verteidigung eine Zitadelle zu errichten. »Cortés selbst legte zuerst Hand an, nahm den Korb mit Steinen und Erde auf den Rücken und arbeitete beim Ausgraben der Fundamente mit.«

Während solch rastloser Arbeit erschienen neue Gesandte des Moteczuma, der Cortés für die Freilassung der beiden Steuerbeamten danken und dazu erklären ließ, nur die Anwesenheit der Spanier halte ihn davon zurück, die Totonaken zu züchtigen.

Cortés ließ jetzt auch die drei anderen Gefangenen frei und gab den Gesandten die Erklärung mit, daß die Totonaken nun Untertanen des Kaisers seien, doch wolle er darüber und über vieles andere mit dem Aztekenherrscher reden, wenn er die Ehre haben werde, ihm seinen Besuch zu machen. Er entließ die Gesandten nicht, ohne ihnen die billigen, aber recht begehrten Glasperlen zu schenken, und um sie gehörig einzuschüchtern, führte er ihnen zum Abschied die wilden Künste seiner Reiterei vor.

Die Cempoaler aber, die nichts anderes erwartet hatten, als daß Moteczuma ihr Land mit Krieg überziehen werde, statt dessen aber eine vornehme Gesandtschaft mit Haufen von Geschenken vor Cortés sahen, der sie gelassen empfing, waren nun vollends überzeugt, daß die unheimlichen fremden Männer Götter sein müßten. Der dicke Kazike fand denn auch die Gelegenheit günstig, Cortés um Hilfe gegen die mexikanische Garnison in Cingapacinga zu bitten, da von dort aus immer wieder Raubzüge in das Land der Totonaken unternommen würden. Cortés versprach ihm, das Land von dieser Plage befreien zu wollen.

Als das spanische Heer, voran der Stückmeister Mesa mit den Geschützen, die Stadt Cingapacinga erreichte, zeigte sich, daß die mexikanische Besatzung bereits abgezogen war. Nur mit Mühe verhinderte Cortés, daß die zweitausend Mann starke Hilfstruppe der Totonaken die Stadt trotzdem plündern wollte, womit sie bereits begonnen hatte. Er tadelte deswegen den dicken Kaziken und die anderen Häuptlinge recht scharf, weshalb diese sich beeilten, die Spanier freundlich zu stimmen. Sie boten ihnen gute Quartiere, reichlichen Unterhalt und als besonderes Geschenk acht ihrer Töchter an, »um eine gemeinsame Nachkommenschaft zu erzielen. Eine davon, eine Nichte des dicken Kaziken, bekam Cortés.«

Der Feldherr dankte dem Kaziken »mit viel Heiterkeit, aber sie müßten nun auch auf ihre Götzen verzichten und ihnen keine Opfer mehr bringen. Von nun an wolle er von all diesen Abscheulichkeiten, von Menschenopfern und Sodomitereien nichts mehr sehen und hören. Die Frauen müßten zuerst Christinnen werden, ehe wir sie annehmen könnten, und dann müßte jede unnatürliche Lust unter ihnen aufhören und keiner ihrer jungen Burschen mehr in Weiberkleidern herumlaufen und aus der verfluchten Unzucht ein Gewerbe machen dürfen. Und wirklich war auch kaum ein Tag vergangen, an dem diese Leute nicht vor unseren Augen drei, vier und sogar fünf Indianer opferten und ihnen die Herzen aus der Brust rissen, um sie ihren Götzen darzubringen und das Blut an die Tempelwände zu schmieren. Die Arme und Beine wurden sodann den unglücklichen Schlachtopfern abgeschnitten und aufgezehrt, gerade wie man bei uns das Fleisch aus dem Schlachthaus ißt. Ich glaube sogar, daß Menschenfleisch stückweise auf ihren Märkten verkauft wurde.« So berichtet Bernal Diaz.

Es entstand nun ein Disput zwischen den Spaniern und den Kaziken und Götzenpriestern, wobei die Cempoaler erklärten, daß sie ihre Götter, von denen alles Gute käme, unmöglich aufgeben könnten. Darauf hielt Cortés eine leidenschaftliche Ansprache an seine Soldaten, in der er erklärte, der Götzendienerei müsse nun ein Ende gesetzt werden, und wenn es ihrer aller Leben koste. Der dicke Kazike, nicht weniger fanatisch als Cortés, wollte nun seine Untertanen zur Gegenwehr aufrufen, aber nachdem Doña Marina ihn mit leidenschaftlichen Worten gewarnt hatte, gab er den Widerstand auf und verhüllte sein Gesicht vor dem Entsetzlichen, was nun geschehen würde.

Fünfzig Spanier stürzten auf einen Befehl die Tempelstufen hinauf und warfen die Götzenbilder hinunter. Die Statuen zerschellten, ohne daß die Götter mit Blitz und Donner dreinfuhren. Als nun angesichts dieses Frevels doch einige Pfeile auf die Spanier abgeschossen wurden, nahm Cortés den dicken Kaziken und mehrere Götzenpriester gefangen, worauf sofort Waffenruhe eintrat. Nun machten die Spanier sich mit allem Eifer daran, den Tempel in ein christliches Gotteshaus umzuwandeln. Sie errichteten einen Altar und schmückten ihn mit vielen Blumen. Vier Papas (Götzenpriester) bekamen den Auftrag, das Haus reinzuhalten und täglich mit neuen Blumen zu versehen. Der halblahme Invalide Juan de Torres sollte das Amt des Kirchendieners übernehmen. Den Götzenpriestern aber wurden die langen, blutverkrusteten Haare abgeschnitten und die schmutzigen Mäntel ausgezogen und durch weiße ersetzt. Nun folgte die feierliche Taufe der acht indianischen Jungfrauen, denn dann erst konnten die Spanier sie zu sich nehmen, wenn auch zu einer permanenten Todsünde oder gar zur Bigamie. Die Nichte des dicken Kaziken erhielt den Namen Catalina. »Sie war garstig und wurde dem Cortés gegeben, der sie mit allem Anschein von Vergnügen annahm.«

Als die Spanier von diesem Zug nach Veracruz zurückkehrten, war dort ein Schiff mit dem Hauptmann Luis Marin, zwölf Mann und zwei Pferden angelangt, eine geringe, aber willkommene Verstärkung. Es brachte die wichtige Nachricht mit, daß der Gouverneur Velázquez vom spanischen Hof seine Ernennung zum Adelantado von Kuba und das Privileg erhalten hatte, auf dem Festland zu handeln und Kolonien zu gründen, Grund genug für Cortés, um so mehr auf der Hut zu sein, Grund aber auch zur Freude für seine Gegner.

In Veracruz wurde nun mit Eifer weitergebaut, und als die Zitadelle errichtet und nichts mehr zu tun war, brannten die Krieger darauf, endlich in das Reich des reichen Aztekenfürsten zu marschieren. Sie wären aber schlechte Spanier gewesen, wenn sie nicht darauf gedrängt hätten, einen Bericht an den Kaiser abzusenden und ihm an Schätzen zu Füßen zu legen, was sie als Geschenk oder als Beute bekommen hatten. Um diesen Schatz recht ansehnlich und eines Kaisers würdig zu machen – die goldene Sonne und der Silbermond bildeten die Hauptstücke darin –, verzichteten die Soldaten und Offiziere sogar auf ihren Anteil, allerdings in der Hoffnung, in der Folgezeit um so mehr erbeuten zu können.

Der Stadtrat von Veracruz schrieb nun also einen ausführlichen Bericht über den bisherigen Verlauf der Expedition, wobei die Verdienste des von ihnen gewählten Generalkapitäns und Oberrichters Hernán Cortés gebührend hervorgehoben wurden. »Nachdem alles fertig war«, schreibt Bernal Diaz, der kenntnisreiche Berichterstatter, »begehrte Cortés das Schreiben zu lesen, und als er den ganzen Bericht so treu und wahr aufgesetzt und sich selbst darin so hoch gepriesen fand, war er sehr erfreut, dankte uns herzlich und versprach uns goldene Berge. Nur bemerkte er, daß es gut sei, das Fünftel von allem Gold, das wir ihm zugesagt hatten, nicht zu erwähnen und auch von den ersten Entdeckern des Landes zu schweigen. In seinem eigenen Bericht dazu schrieb er auch über die Pläne des Gouverneurs von

Kuba und stellte dessen Unternehmungen als Spekulationen eines habsüchtigen Statthalters dar, die eigene Expedition aber als eine opfervolle Tat zu Ehren und zum Nutzen der Krone.«

Der Stadtrat wie auch der Generalkapitän baten in ihrer Eingabe um die königliche Bestätigung aller bereits unternommenen Schritte und Maßnahmen, weiter um die Bestallung des Hernán Cortés in seinen vorläufig übernommenen Ämtern. Zu Überbringern der Berichte und Anträge erwählte Cortés seinen Vertrauten Alonso Hernández Puertocarrero und Franciso de Montejo, einen Anhänger des Velázquez, und gab ihnen auf seinem besten Schiff den tüchtigen Steuermann Alaminos mit, der die gefährlichen Gewässer um die Bahama-Inseln kannte. Die Kuriere erhielten den strikten Befehl, vor Spähern des Velázquez auf der Hut zu sein und auf keinen Fall auf Kuba zu landen.

Am 26. Juli 1519 ging das Schiff, mit fünfzehn Matrosen bemannt, unter Segel. Es war ein Unternehmen, von dem nicht nur die glückliche Überbringung einer großen und bis dahin nie gesehenen Beute, sondern auch die durch königliche Gnade legalisierte Eroberung – wenigstens in den Augen der Spanier – abhängen sollte. Hernán Cortés wartete allerdings die königliche Bestallung nicht ab, sein Tatendrang und das Gebot der Stunde zwangen ihn dazu, nun auch in das große Reich einzudringen, zu dem das Tor bereits aufgestoßen war.

Über alle weiteren Unternehmungen berichtete Hernán Cortés dem Kaiser und König in ausführlichen Briefen, die nun folgen und von den Taten und Abenteuern des großen Eroberers und seiner mutigen Schar mit seinen eigenen Worten künden sollen.

Der Sonnengott Tonatiuh
(Nach einer indianischen Zeichnung)

BERICHT VOM 30. OKTOBER 1520

I

Allerhöchster, Großmächtigster,
Sehr Katholischer Fürst,
Unüberwindlicher Kaiser und Herr!

Mit einem Schiffe, das ich aus diesem neuspanischen Reiche Eurer Majestät am 16. Juli 1519 abgefertigt habe, übersandte ich einen langen und eingehenden Bericht über alle Begebenheiten, die sich seit meiner Ankunft in diesem Lande ereignet hatten. Überbringer dieses Berichtes waren Alonso Hernández Puertocarrero und Francisco de Montejo, Prokuratoren der Villa rica de la Vera Cruz, die ich im Namen Eurer Hoheit gegründet hatte. Seitdem habe ich, weil Mangel an Schiffen war und weil ich mit der Eroberung und Pazifizierung dieser Länder außerordentlich in Anspruch genommen wurde und nichts von den abgesandten Prokuratoren gehört hatte, keinen weiteren Bericht an Eure Majestät darüber geschrieben, was fernerhin geschehen ist, und Gott weiß, welches Ungemach ich dabei erduldet habe.

Nun wünsche ich, daß Eure Hoheit jetzt die Verhältnisse dieses Landes kennenlernen, die so zahlreich und solcherart sind, daß Eure Majestät sich noch einmal Kaiser nennen könnte und daß dieser Titel nicht weniger Wert haben würde als der von Deutschland, den Eure Majestät durch die Gnade Gottes besitzen. Von diesen Ländern und Reichen aber alle Einzelheiten und Dinge berichten zu wollen, das würde heißen, sich gleichsam in die Unendlichkeit zu begeben. Wenn ich daher nicht über alles so ausführlichen Bericht erstatte, wie ich wohl sollte, so bitte ich um Vergebung, weil weder meine Fähigkeiten dazu ausreichen, noch die Zeitumstände, in denen ich mich befinde, mir günstig sind. Dennoch werde ich mich bemühen, so gut ich es vermag, die Wahrheit über alles zu berichten, was Eurer Majestät zu wissen nottut.

II

Im vorigen Bericht habe ich die Städte und Dörfer genannt, die sich bis dahin zum königlichen Dienst erboten hatten und die ich in Unterwerfung und Untertänigkeit hielt. Ich habe auch bereits berichtet, wie ich von einem großen Herrn Kunde erhielt, der sich Moteczuma nennt und nach den Angaben der Eingeborenen neunzig bis hundert Leguas von unserem Hafen entfernt im Innern des Landes wohnt, weiter, daß ich ihn im Vertrauen auf die Größe Gottes und die Macht des Königs aufzusuchen gedächte. Ich entsinne mich auch, daß ich Eurer Majestät versichert habe, ihn gefangen oder tot oder als Untertan der königlichen Krone zu sehen.

Mit diesem Entschluß und in dieser Absicht rückte ich am 16. August 1519 mit fünfzehn Reitern und dreihundert Mann Fußvolk aus der Stadt Cempoal aus. In Veracruz ließ ich eine Besatzung von einhundertfünfzig Mann und zwei Reitern zurück, die dort die Festung bauen sollten, die fast vollendet war. Die ganze Provinz Cempoal mit etwa fünfzigtausend Kriegern in fünfzig Städten und Flecken, alle friedlich und zuverlässig und treue Vasallen Eurer Majestät, unterstellte ich der Besatzung von Veracruz. Sie waren mit Gewalt und erst seit kurzem Untertanen jenes Herrn Moteczuma geworden, aber als sie durch mich Kenntnis von Eurer Majestät und Dero großer Macht erhielten, verlangten sie, Vasallen Eurer Hoheit und meine Freunde zu werden. Sie baten mich um Schutz gegen jenen großen Herrn, der sie mit Gewalt und Tyrannei unterdrücke und ihre Kinder raube, um sie zu schlachten und seinen Götzen zu opfern. Nun sind sie sehr zuverlässig und treu, und ich glaube, sie werden es immer sein, weil ich sie von der Tyrannei befreit habe. Zur größeren Sicherheit der Spanier, die ich in der Stadt zurückließ, führte ich einige ihrer Vornehmen mit mir fort, dazu anderes Volk, das sich auf meinem Marsch recht nützlich erwies.

Nun waren aber einige aus der mit mir zu Schiffe gekommenen Truppe Diener und Freunde des Diego Velázquez, und es hatte sie all das verdrossen, was ich im Dienste Eurer Majestät vollbracht habe. Einige hatten sogar die Absicht gehabt, mich festzunehmen und aus dem Lande zu schaffen, namentlich die vier Spanier Juan Escudero, Diego Cermeño, Piloto und Gonzalez de Ungria. Wie sie später freiwillig bekannten, waren sie entschlossen gewesen, sich meiner im Hafen liegenden, mit Brot und Pökelfleisch beladenen Brigantinen zu bemächtigen, den Befehlshaber zu töten und nach der Insel Fernandina (Kuba) zu segeln, um Diego Velázquez vom Abgang des Schiffes, das ich an Eure Hoheit gesandt habe, und von der Ladung und dem Kurs zu berichten, damit ein Schiff auf die Lauer gelegt werden könnte. Wie man mir später berichtete, hat er auch dem Schiff eine Karavelle nachgesandt, aber der Vorsprung war zu groß gewesen. Sie bekannten auch, daß noch andere Personen im Dienst des Diego Velázquez standen, auf Grund solcher Bekenntnisse bestrafte ich die Übeltäter dem Gesetze gemäß und tat, was mir unter den gegebenen Umständen nötig schien.

(Bernal Diaz berichtet genauer darüber: Es wurde ein förmliches Kriegsgericht gehalten, und das Urteil lautete für Pedro Escudero und Juan Cermeño auf den Strang, dem Steuermann Gonzalo Umbria wurden die Füße abgehackt, und die Matrosen bekamen je zweihundert Rutenhiebe. Wäre der Pater Juan kein Geistlicher gewesen, so würde es auch ihm schlimm ergangen sein. So kam er mit der bloßen Angst davon.)

Außer denen, die als Anhänger des Velázquez Lust gehabt hatten, sich aus dem Lande davonzumachen, gab es noch andere, die den gleichen Vorsatz faßten, indem sie erwogen, wie groß und bevölkert und überhaupt von welcher Art dieses Land sei, wir Spanier aber nur so wenige. Und es schien, sie würden sich bei erster Gelegenheit mit den Schiffen davonmachen, dann müßte ich allein zurückbleiben, und der große Dienst wäre vereitelt, der Gott und Eurer Majestät in diesem Lande erzeigt worden ist. So ergriff ich denn das letzte Mittel und ließ die Schiffe unter dem Vorwand, daß sie nicht mehr seetüchtig seien, auf den Strand laufen. Damit ging allen, die noch die Absicht hatten, aus dem Lande zu entkommen, die letzte Hoffnung verloren. Ich aber konnte mich mit größerer Sicherheit auf den Marsch begeben, ohne befürchten zu müssen, daß mir die Mannschaft, die ich in der Stadt zurückließ, auf und davon gehen könnte.

III

Acht oder zehn Tage, nachdem ich die Schiffe hatte stranden lassen und bereits von Veracruz nach dem etwa vier Leguas* entfernten Cempoal abmarschiert war, wurde mir berichtet, daß vier Schiffe an der Küste kreuzten. Der von mir zurückgelassene Befehlshaber sei in einer Barke herangesegelt und habe erfahren, sie gehörten Francisco de Garay, Leutnant und Gouverneur der Insel Jamaica, und gingen auf Entdeckungen aus. Der Stadtkommandant eröffnete ihnen hierauf, daß ich bereits diesen Hafen besetzt und eine Stadt gebaut hätte, nur eine Stunde weit von der Stelle, wo die Schiffe kreuzten. Sie könnten sich dorthin begeben, dann solle mir ihre Ankunft gemeldet werden, und wenn sie sich in Not befinden sollten, könne ihnen dort geholfen werden. Als der Kommandant ihnen die Lage des Hafens zeigte, erklärten sie, ihn bereits im Vorbeisegeln gesehen zu haben, und sie wollten tun, was ihnen geraten worden sei.

Die Schiffe kreuzten aber weiter an der Küste, und man wisse nicht, was ihre Absicht sein könne. Ich begab mich deshalb sogleich nach der Stadt, wo ich erfuhr, daß die Schiffe drei Leguas weit die Küste abwärts gesteuert seien, worauf ich mich mit einigen Leuten die Küste entlang auf Kundschaft begab. Als ich mich auf etwa eine Legua den Schiffen genähert hatte, begegnete ich drei Männern der Besatzung, von denen einer vorgab, ein Notar zu sein und die anderen als Zeugen mit sich zu führen, denn sein Kapitän habe ihm befohlen, eine schriftliche Forderung an mich zu stellen, die er auch wirklich bei sich hatte. Darin gab er mir zu wissen, daß er dieses Land entdeckt habe und hier siedeln wolle, und er fordere mich auf, mit ihm eine Grenzscheidung zu vereinbaren, da er seinen Sitz abwärts an der Küste zu nehmen wünsche, fünf Leguas jenseits Nautecal (Nauhtla), einer Stadt, die zwölf Leguas von Veracruz entfernt liegt.

Hierauf erwiderte ich, der Kapitän möge selber kommen und seine Schiffe in den Hafen von Veracruz einlaufen lassen, dort wollten wir uns besprechen, und ich würde dann ja erfahren, welche Bewandtnis es mit seiner Ankunft habe. Wenn seine

* 1 Legua = 5,572 km.

Schiffe oder Mannschaften irgend etwas benötigten, wolle ich sie unterstützen, soweit es in meiner Kraft stände. Darauf erwiderten sie, daß weder der Kapitän noch irgendwer von der Mannschaft zu mir an Land kommen werde. Ich vermutete nun, daß sie irgendeinen bösen Streich verübt haben müßten, so begab ich mich, als es schon Nacht geworden war, ganz nahe an die Küste, den Schiffen gerade gegenüber, und blieb dort in einem Versteck bis zum anderen Mittag, da ich glaubte, der Kapitän oder der Steuermann würde an Land kommen, wo ich dann von ihnen erfahren könnte, wo sie gewesen waren und was sie getan hätten, um sie, wenn sie irgend etwas verbrochen, Eurer Majestät zu übersenden. Als aber niemand kam, ließ ich die drei, die an Land gekommen waren, ihre Kleider ausziehen, worauf einige meiner Leute sie anzogen und an den Strand gehen mußten. Dort riefen sie nach den Schiffen, und bald sah man von dort ein Boot abstoßen, in dem zehn bis zwölf mit Armbrüsten und Musketen bewaffnete Männer saßen. Als meine Leute sich in ein nahes Gebüsch zurückzogen, stiegen vier Mann an Land, die nun von meiner Mannschaft umringt und gefangengenommen wurden. Einer von ihnen, der Kapitän des einen Schiffes, wollte bereits Feuer auf den Kommandanten von Veracruz geben und hätte ihn getötet, wenn nicht Gott der Herr gewollt, daß die Lunte nicht zündete. Die Leute, die im Boot geblieben waren, stachen wieder in See, und die Schiffe setzten Segel.

Von den bei mir Zurückgebliebenen erfuhr ich nun, sie seien an einem Fluß gewesen, etwa dreißig Leguas jenseits Almeria (Nauhtla), wo sie bei den Eingeborenen Lebensmittel eingetauscht hätten. Im Tauschhandel hätten sie auch einen Wert von 3000 Gold-Kastiliern an sich gebracht. An Land seien sie nicht gegangen, aber sie hätten alles von den Schiffen aus sehen können. Steinerne Häuser gäbe es dort nicht, sondern nur Strohhütten auf einer gemauerten Grundlage.

Hierüber erfuhr ich später mehr durch Moteczuma und Eingeborene jenes Landes, die sich bei ihm befanden und die ich von dort absandte, um mit dem Oberhaupt an jenem Flusse, der Pánuco heißt, zu reden und ihn für den Dienst Eurer Majestät zu gewinnen. Dieser aber sandte an mich einen Herrn von Stande, den Kaziken eines großen Dorfes, der mir Stoffe, edle Steine und Federbüsche überbrachte und mir sagte, daß er und das ganze Land Vasallen Eurer Majestät und meine guten Freunde sein wollten. Ich gab ihm dafür Geschenke aus Spanien, womit er so sehr zufrieden war, daß er, als später andere Schiffe des Francisco de Garay gesichtet wurden, mir die Meldung davon machte und die Mitteilung, er lasse erkunden, ob die Besatzungen meine Landsleute seien, und wenn dies stimme, wolle er ihnen geben, was sie brauchten. Und wirklich hat er ihnen eine Anzahl Weiber, Hühner und andere Lebensmittel gesandt.

IV

Ich rückte nun drei Tagereisen im Gebiet von Cempoal weiter, wo ich von den Eingeborenen sehr gut empfangen und bewirtet wurde. Am vierten Tage gelangte ich in die Provinz Xicochimalco, in der eine wohlbefestigte Stadt lag. Sie war am Abhang eines sehr steilen Gebirges erbaut, und eine schmale Treppe führte hinauf, die nur von Fußgängern begangen werden konnte, aber auch für sie noch schwierig genug war, wenn die Einwohner ihre Stadt (Naulinco) verteidigen wollten. Im Tal liegen viele Dörfer und Landgüter von je zweihundert, dreihundert oder fünfhundert Landwirten, was im ganzen fünf- bis sechstausend waffenfähige Männer ausmachen kann. All dies steht unter der Herrschaft Moteczumas. Hier wurde ich sehr gut aufgenommen, und ich bekam reichlich Proviant für meinen Marsch. Sie sagten mir, sie wüßten wohl, daß ich ihren Herrn Moteczuma besuchen wolle, der gewiß mein Freund sei, da er ihnen den Befehl gegeben habe, mir in allen Städten den besten Empfang zu bereiten. Ich erwiderte ihnen, daß Eure Majestät bereits Kunde von ihrem Herrn besitze und ihn zu besuchen mir befohlen habe, und einzig um ihn zu besuchen, ginge ich zu ihm.

Nun gelangte ich durch den Gebirgspaß am Ende der Provinz, den wir Nombre de Dios (später Paso des Obispo) nannten. Er war der erste, den wir in diesem Lande überschritten. Er ist so steil und hoch, daß es in Spanien keinen von gleicher Schwierigkeit gibt. Ich passierte ihn sicher und ohne Widerstand zu finden. Beim Abstieg trifft man auf viele Bauernhöfe, die zu der Festung Ceyconacan gehören, auch diese Eigentum des Moteczuma. Wir wurden recht freundlich empfangen, und ich erklärte ihnen wieder den Zweck meiner Reise.

Von hier aus marschierte ich drei Tage durch eine öde Wüste, unbewohnbar durch Unfruchtbarkeit, Wassermangel und große Kälte. Gott aber weiß, welches Ungemach hier das Volk durch Hunger und Durst erduldete, besonders aber durch einen Wirbelsturm mit Hagel und Platzregen, der uns in dieser Wüste packte, so daß ich dachte, es würden viele meiner Leute vor Kälte umkommen. Wirklich starben auch einige Indianer von der Insel Fernandina (Kuba), weil sie zu leicht bekleidet waren.

Am Ende dieser drei Tagereisen passierten wir eine andere Gebirgsenge, nicht so steil wie die erste (Sierra del Agua). Auf der höchsten Spitze stand ein kleiner Turm wie ein Bethaus, wo Götzenbilder aufbewahrt wurden. Um den Turm herum lagen mehr als tausend Fuder geschlagenes Holz, gut aufgeschichtet. Beim Herabsteigen aus diesem Paß fanden wir zwischen einigen sehr steilen Bergrücken ein stark bevölkertes Tal, aber dem Anschein nach von einer recht armen Bevölkerung bewohnt. Nach einem Marsch von zwei Stunden gelangte ich an einen ansprechenderen Wohnsitz, der anscheinend dem Herrn dieses Tales gehörte. Es waren die größten und bestgebauten Häuser, die wir bis hierher gesehen hatten. Sie waren aus behauenen Steinen gebaut und hatten viele große Säle und Zimmer. Tal und Ortschaft führten den Namen Caltamni (Tlantlanquitepec).

Der Kazike (Olintetl) nahm mich sehr freundlich auf. Nachdem ich ihm den Grund meiner Ankunft eröffnet hatte, fragte ich ihn, ob er Vasall von Moteczuma sei oder irgendeinem anderen Verbande angehöre. Darauf antwortete er verwundert: »Gibt es denn jemand, der nicht Vasall des Moteczuma ist?« Nun begann ich, von Eurer Majestät großer Macht und Herrlichkeit zu erzählen und wie viele größere Herren als Moteczuma Eure Vasallen seien und die Gnade, es zu sein, nicht geringschätzten. Dazu solle auch Moteczuma aufgefordert werden und damit hochgeehrt sein, aber er müsse bestraft werden, wenn er sich weigere zu gehorchen.

Ich ersuchte ihn, mir einiges Gold zu geben, um es Eurer Majestät zu übersenden. Darauf antwortete er, Gold habe er wohl, aber er werde es mir nicht geben, bis Moteczuma dies befehlen würde, dann aber solle seine Person und seine ganze Habe zu meinen Diensten sein. Ich zeigte gute Miene dazu, um ihn nicht stutzig zu machen, und sagte ihm nur, daß der Befehl Moteczumas, mir das Gold und alles übrige zu geben, sehr bald eintreffen werde.

V

In diesem Tal besuchten mich zwei andere Herren, die hier ihre Güter hatten. Sie schenkten mir goldene Halsbänder von geringem Gewicht und Wert und sieben oder acht Sklavinnen. Nach einem Aufenthalt von fünf oder sechs Tagen begab ich mich nach dem Wohnsitz eines anderen Herrn, der zwei Leguas talaufwärts liegt und Ystacmestitan genannt wird. Diese Herrschaft erstreckt sich über drei bis vier Leguas bebauten Grundes, Haus an Haus, am Ufer eines kleinen Flusses, der das Tal durchschneidet. Auf einem hohen Hügel liegt das Herrenhaus mit einer Festung, besser mit Mauern und Graben umgeben, als man sie in halb Spanien findet. Oben auf dem Hügel befindet sich eine Ortschaft mit vier- bis fünftausend Einwohnern. Hier wurde ich gleichfalls freundlich aufgenommen, und auch hier sagte mir der Gutsherr, daß er ein Vasall Moteczumas sei.

Hier verbrachte ich drei Tage, sowohl zur Erholung meiner Leute von den Strapazen, die sie in der Wüste erlitten hatten, als auch um auf die vier Cempoal-Indianer zu warten, die ich nach dem Lande Tlaxcala geschickt hatte. Die Cempoaler sagten, daß die Tlaxcateken ihre Freunde seien, aber Todfeinde des Moteczuma. Da ihr Land überall an das Reich Moteczumas grenze, wünschten sie sich mit mir zu verbünden. Ich glaubte, sie würden sich über mein Bündnisangebot freuen und mir beistehen, wenn etwa jener Moteczuma Lust hätte, mit mir anzubinden. Da die Rückkehr der Boten sich verzögerte, setzte ich mich in Marsch. Am Ausgang des Tales fand ich eine Mauer aus Backsteinen, etwa anderthalb Mannslängen hoch und zwanzig Fuß breit, die das ganze Tal von einem Berge zum anderen durchschnitt. Sie hatte in ihrer ganzen Länge eine Brustwehr, eineinhalb Fuß breit, um von oben herab fechten zu können, und nur einen einzigen, etwa zehn Schritte breiten Durchgang, der aber nicht geradeaus, sondern in Krümmungen verlief.

Die Eingeborenen des Tales baten mich nun, da ich doch ihren Herrn Moteczuma besuchen wolle, nicht durch das Land seiner Feinde zu ziehen, denn diese könnten mir vielleicht Schaden zufügen. Sie aber wollten mich durch das Land Moteczumas führen, in dem ich überall freundlich empfangen würde. Die von Cempoal rieten mir aber, dies nicht zu tun, sondern nach Tlaxcala zu gehen, denn was jene mir gesagt hätten, sei nur, um mich der Freundschaft dieser Provinz zu entfremden. Alle Anhänger Moteczumas seien Bösewichte und Verräter und würden mich ins Verderben führen.

Ich folgte nun dem Rat der Cempoaler, indem ich den Weg nach Tlaxcala einschlug und den Zug meiner Leute so vorsichtig wie nur möglich ordnete. Ich selbst ritt mit sechs Reitern etwa eine halbe Legua voraus, um das Land zu erkunden und meine Truppe, sollte etwas vorfallen, sofort in Bereitschaft setzen zu können. Als wir einen Hügel hinaufgeritten waren, erblickten die zwei Reiter, die ich vorausgeschickt hatte, eine Anzahl Indianer mit Federbüschen, ihrem Kriegsschmuck, und mit Schwertern und Schilden, die jedoch die Flucht ergriffen. Unterdessen war ich herangekommen und ließ ihnen zurufen, sie sollten näher kommen und keine Furcht haben. Ich ritt zu ihnen hin, worauf sie, es mochten etwa fünfzehn sein, nach ihren versteckt stehenden Landsleuten riefen und gleich so ungestüm mit uns fochten, daß sie uns zwei Pferde töteten und drei verwundeten, ebenso zwei Reiter. Nun aber kam auch das übrige Volk heran, es mochten vier- bis fünftausend Indianer sein. Unterdessen waren noch acht Reiter herangekommen, und wir griffen die Feinde immer wieder an, um Zeit bis zur Ankunft der Spanier zu gewinnen. Dabei töteten wir wohl fünfzig oder sechzig, ohne selber Verluste zu erleiden. Als sie nun sahen, daß die Unsrigen herannahten, zogen sie sich zurück und überließen uns das Feld.

Nach ihrem Abzug kamen Abgesandte der Kaziken dieser Provinz, die mir sagten, daß ihre Herren nichts von dem wüßten, was vorgefallen sei. Es seien nur einige Gemeinden gewesen, die uns ohne Erlaubnis angegriffen hätten. Ich möchte dreist vorangehen, dann würde ich von ihnen freundlich aufgenommen werden. Ich erwiderte, daß ich ihnen dankbar sei und also weitermarschieren werde.

Da es aber später geworden und meine Leute sehr ermüdet waren, lagerte ich in der nächsten Nacht an einem Bach. (Wir verbanden unsere Wunden in Ermangelung von Öl mit dem Fett eines feisten Indianers, den wir getötet hatten. Unser Nachtessen bestand aus jungen Hunden, die hier in Menge gezogen wurden. Die Eingeborenen hatten zwar die Hunde mitgenommen, aber in der Nacht waren die Tiere nach ihren Ställen zurückgekehrt, so daß wir viele einfangen konnten und damit einen schmackhaften Braten gewannen.) Bei Tagesanbruch brach ich auf, selbst meine Vorhut und die Streifen befehligend, die Plänkler voran.

Als ich bei Sonnenaufgang ein kleines Dorf erreichte, kamen meine beiden Boten und berichteten weinend, daß man sie gebunden habe, um sie abzuschlachten, daß sie aber in der Nacht entronnen seien. Und kaum zwei Steinwürfe hinter ihnen zeigte sich eine große Menge Indianer, die mit wildem Geschrei das Gefecht begannen, indem sie ihre Wurfspieße und Pfeile auf uns abschossen. Ich begann nun, ihnen meine friedlichen Absichten in aller Form durch meine Dolmetscher und in Gegenwart eines Notars darzulegen. Je mehr ich sie aber ermahnte, desto eiliger hatten sie es, uns zu schaden, und als ich nun sah, daß mit Ermahnungen und Protesten wenig auszurichten war, begannen wir unsererseits, uns zu verteidigen. So führte uns der Kampf allmählich bis in die Mitte von mehr als hunderttausend Streitern, die uns von allen Seiten eingeschlossen hielten. Wir kämpften mit ihnen bis eine Stunde vor Sonnenuntergang, wo sie sich zurückzogen. Mit einem halben Dutzend Feuerschlünden, fünf bis sechs Büchsenschützen, vierzig Armbrustschützen und dreizehn Reitern tat ich ihnen vielen Schaden, ohne anderen zu erleiden als die Arbeit und Abmattung des Kampfes und etwa den Hunger. Und es wurde wohl offenbar, daß Gott es war, der für uns kämpfte, da inmitten solcher Menge Volkes, solch tapferer und geschickter und mit mannigfachen Trutzwaffen versehener Streiter wir dennoch so frei ausgingen.

In der folgenden Nacht verschanzte ich mich in einem Tempelturm, der auf einem kleinen Hügel stand. Als es Tag geworden war, ließ ich zweihundert Mann mit allen Geschützen als Besatzung in dieser meiner Burg zurück, ich selbst aber brach, um der angreifende Teil zu sein, mit den Reitern, hundert Fußsoldaten, vierhundert Indianern aus Cempoal und dreihundert aus Ystacamatitlan auf, und ehe der Feind Gelegenheit fand, sich zu sammeln, verbrannte ich ihm fünf oder sechs kleine Ortschaften mit etwa hundert Einwohnern und machte ungefähr vierhundert Gefangene, Männer wie Weiber. Dann zog ich mich auf mein Hauptquartier zurück, stets fechtend, aber ohne Verluste.

Am nächsten Tage wurde ich in der Morgenfrühe in meiner Festung angegriffen, von mehr als hundertneunundvierzigtausend Mann, so daß das ganze Feld weithin von ihnen bedeckt war. Der Angriff war so heftig, daß einige von ihnen wirklich eindrangen und mit den Spaniern Schwerthiebe tauschten. Darauf aber machten wir einen Ausfall, und Gott dem Herrn gefiel es, uns so zu kräftigen, daß wir in vierstündiger Arbeit hinlänglich Platz schufen, um wenigstens in unserer Burg nicht weiter gefährdet zu sein, wenn auch noch einige Angriffe darauf gewagt wurden. Erst gegen Abend zogen sich die Feinde zurück.

Am Tage darauf rückte ich, vom Feinde unbemerkt, noch vor Tagesanbruch mit der Reiterei, hundert Mann Fußvolk und meinen indianischen Freunden nach einer anderen Gegend aus und verbrannte mehr als zehn Dörfer, darunter eins von mehr als dreitausend Häusern. Dort kämpften nur die Dorfbewohner mit mir, anderes Kriegsvolk war nicht zugegen. Und da wir die Fahne des Kreuzes mit uns führten und für unseren Glauben und für Eure Majestät stritten, hat Gott uns einen so großen Sieg verliehen, daß wir viele Feinde töteten und selber keinen Schaden erlitten. Kurz nach Mittag aber, als die Hauptmacht des Feindes von allen Seiten anrückte, waren wir wieder in unsere Burg gerückt.

Am nächsten Tage kamen Abgesandte der Oberhäupter, um uns zu melden, daß sie Vasallen Eurer Majestät zu sein wünschten und Verzeihung ihrer begangenen Fehler erbäten. Und sie brachten mir Lebensmittel und einige Sächelchen von Federschmuck, die sie für wertvoll halten. Ich sagte ihnen, daß sie freilich sehr übel gehandelt hätten, daß ich aber dennoch gewillt sei, ihr Freund zu werden und das Geschehene zu vergeben. Am folgenden Tage erschienen etwa fünfzig Indianer, darunter dem Anschein nach einige Männer von Rang, die sagten, sie kämen, um uns Lebensmittel zu bringen. Sie begannen aber eifrig, die Ein- und Ausgänge unserer Burg zu betrachten, und die von Cempoal kamen zu mir und sagten, daß es Bösewichter seien, nur gekommen, um uns auszukundschaften und zu sehen, wo wir anzugreifen wären.

Ich ließ darauf einen von ihnen heimlich ergreifen, nahm ihn nebst dem Dolmetscher beiseite und setzte ihn in Furcht, daß er mir die Wahrheit sagen solle. Er bekannte nun, daß Xicotencatl, ihr Oberfeldherr, hinter einigen Hügeln mit einer großen Zahl von Kriegern versteckt stehe, um in der kommenden Nacht über uns herzufallen. Sie wollten es jetzt bei Nacht versuchen, weil ihre Krieger dann vor den Pferden, den Geschützen und unseren Schwertern weniger Furcht haben würden. Er habe sie hergesandt, um zu erkunden, wie man bei uns eindringen und unsere Hütten in Brand stecken könne. Sofort ließ ich nun einen anderen Indianer ergreifen und befragte ihn in gleicher Weise, und als auch er bekannte, ergriff ich noch fünf oder sechs, und sie alle stimmten in ihrer Aussage überein. Darauf ließ ich alle fünfzig verhaften und ihnen die Hände abhauen. Dann entließ ich sie, um ihrem Herrn zu melden, daß er bei Tag oder Nacht beliebig kommen möge, um zu sehen, wer wir wären.

Ich ließ jetzt meine Burg befestigen und meine Leute in den Räumen verteilen, und so war ich auf der Hut, bis sich die Sonne neigte. Kaum war es aber dunkel geworden, da begann das Volk gegenüber durch zwei Schluchten herabzusteigen. Sie glaubten, sich unbemerkt in unserer Nähe aufstellen zu können, aber ich rückte ihnen mit meiner ganzen Reiterei entgegen. Als sie uns ungestüm und ohne Schlachtgeschrei heranjagen hörten, flohen sie in die Maisfelder und warfen ihre Lebensmittel fort, die sie mitgebracht hatten, um ihr Festmahl über uns zu halten. So verschwanden sie für diese Nacht, und wir blieben ungefährdet. Nach diesem Vorfall aber verließ ich einige Tage die Burg nicht weiter, als um einige anrennende Indianer abzuwehren, die uns anzubrüllen oder mit uns zu scharmützeln kamen.

In der Nacht rückte ich mit der Reiterei, hundert Fußsoldaten und den Indianern wieder aus. Eine Legua von der Burg entfernt stürzten fünf unserer Pferde, und ich ließ sie umkehren. Und obschon mir die ganze Kameradschaft zusetzte, das gleiche zu tun, da es eine böse Vorbedeutung sei, verfolgte ich meinen Weg weiter in der Erwägung, daß Gott über der Natur steht. Ehe der Tag begann, fiel ich über zwei Dörfer her und tötete viele Einwohner. Ich unterließ es aber, die Häuser zu verbrennen, um nicht die umliegenden Ortschaften zu alarmieren. Als es tagte, überfiel ich ein großes Dorf mit über zwanzigtausend Häusern darin. Die überrumpelten Einwohner stürzten unbewaffnet aus den Häusern, und nackend rannten ihre Weiber und Kindlein durch die Straßen. Ich begann, ihnen einigen Schaden zuzufügen, aber während ich sah, daß sie keinen Widerstand leisteten, kamen einige Standespersonen zu mir, die mich baten, ihnen nichts Übles mehr zuzufügen, denn sie wollten Vasallen Eurer Majestät und meine Freunde sein. Sie sähen wohl ein, daß es ihre Schuld sei, mir nicht zu glauben, von jetzt an aber sollte ich sehen, daß sie meinen Befehlen folgen würden. Und sofort gingen viertausend von ihnen friedlich mit mir und brachten gutes Essen an eine Quelle vor dem Dorfe.

Darauf kehrte ich nach unserer Burg zurück, wo die Zurückgebliebenen in großer Sorge waren, da sie glaubten, ein Unstern habe mich befallen, weil sie in der Nacht die zurückkehrenden Pferde gesehen hatten. Als sie aber von unserem Sieg erfuhren, waren sie hocherfreut, denn keiner war unter uns, der nicht große Furcht darüber empfand, daß wir so tief in Feindesland geraten waren, und ich selber hatte in den Quartieren sagen hören, ich sei der wahrhaftige Peter Kohlenbrenner (Pedro Carbonaro – der Gottseibeiuns), der sie hingeführt, wo sie nimmer wieder herauskommen würden. Einmal hörte ich sogar aus einer Hütte, wenn ich der Narr sei, mich hinzubegeben, wo ich nimmer wieder heraus könne, so wollten sie es keineswegs sein, sondern ans Meer zurückkehren, und wenn ich nicht mit ihnen zurückkehren wolle, so würden sie mich verlassen. Ich wurde auch mehr als einmal deswegen angegangen, aber ich ermutigte sie und sagte, sie möchten bedenken, daß sie Vasallen Eurer Hoheit seien und daß in allen Erdteilen die Spanier sich stets untadelig bewährt hätten, daß wir im Begriff seien, die größten Königreiche und Herrlichkeiten der Welt zu gewinnen, außerdem seien wir als Christen verpflichtet, uns im Kampfe gegen die Feinde unseres Glaubens die Glorie jener Welt zu gewinnen, in dieser Welt aber größeren Ruhm und Preis, als bis auf unsere Zeit jemals ein Geschlecht erworben habe. Auch möchten sie bedenken, daß wir uns an Gott halten müßten und daß bei Gott kein Ding unmöglich sei, wie sie bei den großen Siegen gesehen, die wir erfochten hätten. Noch mehr sagte ich ihnen, bis sie wieder Mut faßten, und so gewann ich sie für meinen Vorsatz, der nichts anderes bedeutete, als glücklich zu Ende zu bringen, was ich angefangen hatte.

Am nächsten Tage gegen zehn Uhr besuchte mich Xicotencatl, der Oberbefehlshaber von Tlaxcala, mit fünfzig Würdenträgern und bat mich im Namen des Landesoberhauptes, ich möchte sie zum Königlichen Dienst und zu meiner Freundschaft annehmen und ihnen die begangenen Fehler verzeihen. Sie hätten bei Tag und Nacht gegen uns gekämpft, um nicht irgend jemandem untertan zu werden. Sie seien seit undenklichen Zeiten unabhängig gewesen und hätten sich stets gegen die Macht des Moteczuma und seiner Vorfahren verteidigt. Sie seien auch niemals unterworfen worden, obschon ihr Land ohne irgendeinen Ausgang rundum eingeschlossen sei. Sie hätten weder Salz noch Baumwolle, weil es in ihrem Land nichts davon gebe, und noch viele andere Dinge müßten sie wegen der Abgeschlossenheit ihres Landes entbehren, aber sie erduldeten dies, um unabhängig zu bleiben. Ebenso hätten sie es nun mit mir machen wollen, aber da weder ihre Kräfte noch ihre Listen ihnen geholfen hätten, wollten sie nun lieber Vasallen Eurer Hoheit sein, als ihre Häuser, Weiber und Kinder zu verlieren und zu sterben.

Darauf erwiderte ich, sie müßten erkennen, daß sie allein die Schuld an allem trügen, was sie erlitten hätten. Ich sei in dem Glauben in ihr Land gekommen, darin Freunde zu finden, weil die Leute von Cempoal mir dies versichert hätten. So rief ich ihnen noch mehr ins Gedächtnis zurück, was sie gegen mich getan hatten, aber sie beharrten bei ihrem Entschluß, Untertanen und Vasallen Eurer Majestät zu werden. Sie boten mir ihre Person und ihre Habe an. So haben sie bis heute getan und werden, wie ich glaube, es immer tun, wie Eure Majestät in meinen Berichten sehen werden.

VI

Ich blieb noch sechs oder sieben Tage in meiner Festung, denn noch traute ich ihnen nicht, obschon sie mich inständig baten, in ihre große Stadt zu kommen, wo alle ihre Herren wohnten. Endlich kamen diese Herren selber, um mich in ihre Stadt einzuladen, wo ich weit besser aufgehoben sein würde als in meinem Lager. So gab ich endlich ihrer Bitte nach und begab mich nach der Hauptstadt, die sechs Leguas von meiner Burg entfernt lag. Diese Stadt ist aber so groß und bewundernswert, daß schon das wenige, was ich darüber sagen kann, kaum glaublich erscheinen muß. Sie ist viel größer und stärker befestigt als Granada, ist auch viel besser versorgt mit Brot, Vögeln, Wild, Fischen, Gemüsen und anderen Waren. Es gibt hier einen Markt, auf dem täglich über dreißigtausend Käufer und Verkäufer zusammenkom-

Hernán Cortés wird nach harten Kämpfen in Tlaxcala empfangen (Aus einer tlaxcatekischen Bilderhandschrift)

men, außerdem viele kleinere Märkte in den einzelnen Stadtteilen. Außer Lebensmitteln und Kleidungsstücken findet man hier Kleinodien von Gold, Silber und edlen Steinen und eine Art Federschmuck, wie man auf keinem Markt der Welt finden kann. Fayencen gibt es von allen Arten und den besten spanischen gleich. Man verkauft viel Holz und Kohlen und Kräuter als Medizin. Es gibt Barbierläden, wo man sich den Kopf waschen und scheren läßt, und auch Bäder. Man findet bei ihnen jegliche Art guter Ordnung und Polizei. Es ist ein praktisches und verständiges Volk, so daß das beste in Afrika ihm nicht gleichkommt.

Das Land hat viele Täler, die bis auf den letzten Flecken besät und bebaut sind. Es mißt im Umfang neunzig Leguas und mehr und hat eine Regierung etwa wie Venedig, Genua und Pisa, es hat also keinen eigentlichen Oberherrn, sondern viele Herren, die alle in der Hauptstadt wohnen. Die Dorfbewohner treiben Ackerbau und sind Vasallen jener großen Herren, jeder besitzt sein Grundstück für sich, einige haben mehr als andere. Über Krieg und Frieden beschließt eine Versammlung aller. Vermutlich besitzen sie auch eine Art von Justiz, denn als ein Eingeborener einem Spanier etwas Gold entwendet hatte und ich dies dem Magiscazin sagte, dem größten unter den großen Herren, wurde der Dieb bis in die nahe gelegene Stadt Churultecal verfolgt. Von dort brachte man ihn mir mit dem Golde, damit ich ihn bestrafe. Ich sagte aber, da ich mich in ihrem Land befände, möchten sie ihn in herkömmlicher Weise abstrafen. Sie nahmen den Kerl und führten ihn mit einem Herold, der sein Verbrechen ausrief, zum großen Marktplatz. Dort verkündete der Herold noch einmal mit lauter Stimme seine Missetat, dann schlugen sie ihn angesichts aller mit Knüppeln auf den Kopf, bis sie ihn getötet hatten. Wir haben aber auch andere Übeltäter in Gefängnissen gesehen.

Während ich in der Burg verweilte, die mein Hauptquartier gewesen war, kamen sechs vornehme Gesandte Moteczumas zu mir, von zweihundert Dienern begleitet. Sie sagten mir, sie kämen im Auftrage Moteczumas, um mir zu eröffnen, daß er Vasall Eurer Hoheit und mein Freund sein wolle. Ich möchte überlegen, wieviel jährlicher Tribut an Gold, Silber, Edelsteinen,

Sklaven, Baumwollstoffen und anderen Dingen, die er besitze, an mich gerichtet werden solle. Er wolle alles geben, allerdings unter der Bedingung, daß ich nicht in sein Land komme. Sein Land sei sehr unfruchtbar und arm an Lebensmitteln, und es würde ihm leid tun, wenn ich mit meiner Mannschaft Hunger leiden müßte. Zugleich ließ er mir Gold und Baumwollstoffe im Wert von etwa tausend Pesos überreichen.

Die Gesandten sahen mit unbehaglichen Gefühlen, was die Spanier in diesem Lande vermocht hatten und wie die großen Herren sich zum Dienst Eurer Majestät erboten. Sie versuchten, mich auf manchen Wegen mit jenen wieder zu verhetzen. Die Tlaxcateken aber sagten mir, ich möge den Vasallen des Moteczuma nicht trauen, denn sie seien Verräter und hätten ihr ganzes Land mit List und Gewalt zu unterjochen versucht. Als ich aber die Zwietracht und Uneinigkeit der beiden Parteien sah, empfand ich nicht geringes Vergnügen darüber, weil mir das für meine Zwecke recht förderlich erschien. So manövrierte ich denn mit der einen und der anderen Partei, dankte insgeheim jeder für ihre Ratschläge und schien ihr mehr als der anderen mein Vertrauen und meine Freundschaft zu erweisen.

VII

Drei Wochen später sagten mir die immer noch anwesenden Gesandten Moteczumas, ich möge nach der Stadt Cholula gehen, die sechs Leguas von Tlaxcala entfernt liegt. Die Einwohner seien Freunde ihres Herrn Moteczuma, und dort werde ich auch den Willen ihres Herrn erfahren, ob ich in sein Reich einmarschieren solle oder nicht. Einige von ihnen würden unterdessen zu Moteczuma gehen, um ihm zu berichten und seine Antwort nach Cholula zu bringen. Als nun die Tlaxcateken erfuhren, daß ich den Gesandten zugesagt hatte, nach Cholula zu ziehen, kamen die Oberhäupter sehr bekümmert zu mir und sagten, man habe Verrat geplant und wolle mich in jener Stadt mit allen meinen Leuten ermorden. Zu diesem Zweck habe Moteczuma fünfzigtausend Mann ausgesandt, die in der Nähe der Stadt in Quartier lägen. Die große Landstraße sei gesperrt, dagegen eine neue eröffnet mit vielen Einschnitten und verdeckten spitzen

Pfählen, damit die Pferde stürzen und sich verletzen sollten. Außerdem hätten sie viele Straßen mit Lehm überschüttet und unpassierbar gemacht, ferner Steine auf die Dächer gebracht, um uns, wenn wir in die Stadt eingerückt sein würden, zu überwältigen und dann mit uns nach Willkür zu verfahren. Wenn ich mich überzeugen wolle, daß dies die Wahrheit sei, dann möchte ich bedenken, daß die Gebieter jener Stadt noch nicht gekommen seien, mich zu sehen und zu sprechen, obgleich sie mir so nahe wären. Ich möchte sie nur einmal rufen lassen, dann würde ich sehen, daß sie nicht die geringste Lust hätten, zu mir zu kommen.

Ich dankte ihnen für den Rat und bat sie, mir einige Personen zu nennen, die in meinem Auftrag dorthin gehen könnten. Das taten sie, und ich sandte sie an die Häuptlinge jener Stadt mit der Einladung, mich zu besuchen. Meine Botschafter entledigten sich meines Auftrags, und bei der Rückkehr wurden sie von zwei oder drei Personen geringeren Standes begleitet, die mir sagten, sie kämen im Auftrag der Oberhäupter, die selber nicht kommen könnten, da sie krank seien. Ich möchte ihnen sagen, was ich zu sagen hätte. Die Tlaxcateken aber sagten mir, die Abgesandten seien Leute von geringem Stand, und ich möchte keinesfalls dorthin gehen, wenn nicht die Oberhäupter zuvor hierhergekommen seien.

Ich sagte nun den Abgesandten, Aufträge eines so erhabenen Fürsten wie des unsrigen könnten nicht an Personen ihrer Art übergeben werden, sogar ihre Oberhäupter seien noch zu gering, sie zu vernehmen. Doch hätten sie binnen drei Tagen vor mir zu erscheinen, Eurer Hoheit Gehorsam zu leisten und sich zu Dero Vasallen zu erklären. Sollten sie aber nach Ablauf der gesetzten Frist nicht gekommen sein, dann würde ich ihnen über den Hals kommen und mit ihnen als Rebellen verfahren. Und zu Urkund dessen übergab ich ihnen ein Schreiben, von mir und einem Notarius unterzeichnet, in dem ich ihnen eröffnete, daß alle diese Länder Eurer Hoheit gehörten und daß diejenigen, die Eure Vasallen sein wollten, sich geehrt und begünstigt finden, Rebellen aber nach den Geboten der Gerechtigkeit gezüchtigt würden.

Am folgenden Tage kamen nun einige Häuptlinge jener Stadt

und sagten mir, sie seien nicht schon früher gekommen, weil die Bewohner dieser Provinz ihre Feinde seien, und sie wüßten wohl, daß mir einiges gesagt und ich vor ihnen gewarnt worden sei. Das sei aber eitel Falschheit, und die Wahrheit sei, daß sie Vasallen Eurer Hoheit sein und tun wollten, was ihnen befohlen werde. So schrieb es ein Notarius nun mit Hilfe der Dolmetscher nieder, und ich beschloß, mit ihnen zu gehen, einmal um keine Furcht zu zeigen, dann aber auch, um von dort aus meine Verhandlungen mit Moteczuma besser führen zu können.

Als aber die Tlaxcateken meinen Entschluß vernahmen, waren sie sehr bekümmert, doch da sie nun einmal meine Freunde seien, wollten sie mit mir gehen und mir in allem beistehen, was auch kommen möge. Und obwohl ich sie bat, nicht mitzugehen, weil es gar nicht not tue, folgten sie mir doch mit etwa hunderttausend wohlgerüsteten Kriegern und begleiteten mich bis etwa zwei Leguas vor jener Stadt. Hier kehrten viele auf mein dringendes Bitten um, aber fünf- bis sechstausend blieben dennoch in meinem Gefolge. Ich brachte die Nacht an einem Bach zu, um das Indianervolk zu entlassen, damit es in der Stadt nicht irgendeinen Skandal anrichtete, außerdem war es zu spät geworden, in Cholula einzurücken.

Am folgenden Morgen aber kamen sie aus der Stadt, mich mit Pauken und Trompeten zu empfangen, darunter viele Papas in ihrer üblichen Tracht, die ihre Gesänge anstimmten, wie sie es in den Tempeln zu tun pflegen. Wir wurden feierlich in ein gutes Quartier geleitet, und sie brachten mir zu essen, wenn auch nicht sehr reichlich. Unterwegs aber hatten wir manche Anzeichen gefunden, die die Warnungen der Tlaxcateken bestätigten. Wir fanden die große Heerstraße wirklich gesperrt und einen anderen Weg hergerichtet, der einige Löcher aufwies, wenn auch nicht viele. Und einige Stadtstraßen waren mit klebrigem Lehm beschüttet, und auf den Azoteen (Flachdächern) lagen viele Steine. Das veranlaßte uns zu größter Vorsicht.

Hier fand ich einige Abgesandte des Moteczuma, die aber nur gekommen zu sein schienen, um mit denen zu sprechen, die bereits bei mir waren. Sie reisten wieder ab, als sie mit ihnen gesprochen hatten, begleitet von dem vornehmsten Gesandten der ersten Abordnung. Während der nächsten drei Tage wurde ich nur sehr schlecht mit Nahrungsmitteln versorgt, und die Standespersonen der Stadt kamen recht selten, um mich zu besuchen. Und als ich mich deshalb in einiger Besorgtheit befand, erfuhr ich durch eine Dolmetscherin, eine Indianerin, die ich in Tabasco bekommen und über die ich bereits berichtete (Doña Marina), daß sie von einer Einwohnerin gehört habe, ganz nahe bei der Stadt stehe viel Kriegsvolk des Moteczuma aufgestellt, und die Bewohner von Cholula hätten Weiber, Kinder und ihre ganze Habe fortgeschickt, da sie beabsichtigten, uns zu überfallen und uns alle niederzumetzeln. Und wenn sie sich retten wolle, möge sie mit ihr gehen, sie wolle sie beschützen. Marina aber hinterbrachte dies dem Geronimo de Aguilar, dem Dolmetscher, der in Yucatán zu uns gekommen war, und dieser brachte es zu meiner Kenntnis. Ich ließ darauf einen sich beim Hause herumtreibenden Eingeborenen einfangen, ohne daß jemand es bemerkte, und befragte ihn. Er bestätigte, was die Indianerin gesagt hatte. Ich beschloß deshalb und auch wegen der Anzeichen, die ich schon besaß, dem Feinde zuvorzukommen.

Ich ließ einige Häuptlinge zu mir rufen, weil ich mit ihnen zu reden hätte, und sperrte sie dann in einen Saal. Unterdessen hatte ich unseren Leuten befohlen, sich in Bereitschaft zu halten und auf das Signal eines Büchsenschusses über die Indianer herzufallen, die sich sehr zahlreich im Quartier und in der Nähe versammelt hatten. Und also geschah es, denn als ich die Häuptlinge im Saal hatte, ließ ich sie fesseln, stieg zu Pferde und ließ den Büchsenschuß abfeuern. Und wir führten eine solche Hand, daß in zwei Stunden mehr als dreitausend Menschen zu Tode kamen.

Und wie vorbereitet sie waren, geht daraus hervor, daß sie, noch ehe ich aus meinem Quartier hervorbrach, schon alle Straßen besetzt und ihr ganzes Volk aufgestellt hatten. Nichtsdestoweniger waren sie leicht zu zerstreuen, da ihre Anführer fehlten, die ich bereits gefangengenommen hatte. Ich ließ einige Türme und feste Häuser in Brand stecken, von denen aus sie sich noch verteidigten. So durchzog ich kämpfend die Stadt, mehr als fünf Stunden lang. Ich trieb das ganze Volk aus der Stadt, wobei die Tlaxcateken und Cempoaler mir gute Hilfe leisteten.

Nachdem ich ins Quartier zurückgekehrt war, redete ich mit

Das Blutbad von Cholula
(Aus einer tlaxcatekischen Bilderhandschrift)

den gefangenen Oberhäuptern und fragte sie, warum sie mich in so verräterischer Weise hätten ermorden wollen. Sie antworteten, daß sie nicht schuld daran seien, sondern die von Culúa (Mexiko) hätten sie dazu verleitet. Moteczuma halte hier, etwa anderthalb Legua entfernt, eine Besatzung von fünfzigtausend Mann bereit, um es zu vollbringen. Da sie aber jetzt einsähen, daß sie betrogen worden seien, möchte ich einen oder zwei von ihnen freilassen, die sollten dann das Volk der Stadt wieder zusammenbringen und die Weiber und Kinder und alle Habseligkeiten zurückkommen lassen. Sie versicherten mir, von nun an solle niemand sie wieder überlisten und sie würden zuverlässige und treue Vasallen Eurer Hoheit sein.

Ich befreite zwei von ihnen, und am nächsten Tage war die Stadt wieder bevölkert und voll von Weibern und Kindern, als wäre überhaupt nichts vorgefallen. Jetzt gab ich auch die übrigen Gefangenen frei, und während ich dort noch verweilte, blieben Stadt und Land so friedlich und belebt, daß nichts zu fehlen schien, und alle Märkte wurden in gewohnter Weise abgehalten. Ich brachte es auch dahin, daß die von Cholula und von Tlaxcala wieder Freunde wurden, wie sie es vorher gewesen waren, während Moteczuma jene erst vor kurzer Zeit mit Geschenken zu seiner Freundschaft verlockt und beide untereinander verfeindet hatte.

Die Stadt besitzt viel fruchtbares Land, das zum größten Teil bewässert werden kann. In ihrem Aussehen ist sie schöner als irgendeine Stadt in Spanien und so reich an Türmen, daß ich von einem Turm aus vierhundert andere gesehen habe, alle zu Tempeln gehörig. Von allen Städten, die ich bisher sah, ist diese am meisten geeignet, auf spanische Weise darin zu leben, denn es gibt hier Gemeindehudungen und Wasser für die Viehzucht, wie wir dies noch bei keiner Stadt gesehen haben. Die hier wohnende Menschenmenge ist aber so groß, daß es keine Handbreit Erde gibt, die nicht bebaut wäre. Aber dennoch leiden sie in einigen Gegenden an Brotmangel, und man sieht viel armes Volk auf den Straßen, Märkten und in den Häusern die Reichen anbetteln, geradeso wie es die Armut in Spanien und in anderen von vernünftigen Völkern bewohnten Ländern macht.

VIII

Nun redete ich zu den Gesandten des Moteczuma, die sich bei mir befanden, von dem Verrat, den sie nach Aussage der Häuptlinge angestiftet hätten. Es scheine mir keineswegs eines großen Herrn würdig, mir durch seine Gesandten zu sagen, daß er mein Freund sei, während er anderswo Mittel suche, mich durch fremde Hand zu verletzen, um sich reinwaschen zu können, wenn der Plan nicht seiner Absicht gemäß ausfalle. Da er mir also weder Wort halte noch die Wahrheit sage, wolle auch ich mein Vorhaben ändern und nicht als Freund, sondern nach Kriegsweise in sein Land einrücken und ihm als einem Feinde so viel Schaden tun, als ich nur vermöchte.

Die Gesandten erwiderten, sie wüßten nichts von einem Anschlag, sondern nur, was hier in der Stadt vorgefallen sei. Sie könnten nicht glauben, daß dies auf Befehl Moteczumas geschehen sei, und sie bäten mich, einen von ihnen zu beurlauben, um zu ihm zu gehen und die Wahrheit zu erforschen. Ich war damit einverstanden und ließ einen der Gesandten abreisen. Nach sechs Tagen kehrte er zurück und mit ihm auch der andere, der schon früher abgegangen war. Sie brachten mir zehn goldene Schüsseln und eintausendfünfhundert Stück Gewebe, ferner einen großen Vorrat an Hühnern und Panicap, einem bei ihnen sehr beliebten Getränk (aus gegorenem Maissyrup). Sie berichteten mir, Moteczuma sei äußerst betrübt gewesen über den schlimmen Anschlag, der in Cholula habe ausgeführt werden sollen, ich möge aber nicht glauben, daß er durch Rat oder Befehl daran beteiligt gewesen sei. Die Kriegsleute, die in der nahe gelegenen Garnison lägen, seien ohne Befehl ausgerückt, nur auf Verlockung derer von Cholula. In Zukunft werde ich aus seinem Verhalten erkennen, ob es Wahrheit sei, was er jetzt sage. Nichtsdestoweniger aber bitte er mich noch immer, nicht in sein Land zu kommen, denn ich würde Not darin leiden.

Ich erwiderte, daß der Zug in sein Land nun einmal nicht vermieden werden könne, denn ich sei verpflichtet, darüber Bericht an Eure Majestät zu erstatten. Da ich also meinen Besuch nicht unterlassen dürfe, möge er es gutheißen und sich nicht in Dinge einlassen, die ihm zu großem Schaden gereichen müßten. Als ihm nun klargeworden war, daß es mein fester Entschluß war, ihn und sein Land zu besuchen, ließ er mir sagen, es möge zu einer glücklichen Stunde geschehen, und er werde mich in seiner großen Residenzstadt erwarten. Er schickte mir viele seiner Leute entgegen, da ich jetzt sein Land betreten mußte. Sie wollten mich nun eine Straße führen (über Calpulalpa), wo es viele Brücken und gefährliche Pässe gab und wahrscheinlich irgendein Anschlag gegen uns geplant war. Gott aber zeigte uns einen anderen, zwar etwas schwierigen, aber nicht so gefährlichen Weg. Damit verhielt es sich folgendermaßen.

Acht Leguas von Cholula entfernt befinden sich zwei Berge (der Popocatepetl und der Ixtaccihuatl), sehr hoch und wunderbar. Ende August tragen sie noch so viel Schnee, daß von ihren Gipfeln nichts anderes als eben Schnee sichtbar ist. Aus dem einen, der der höchste ist (Popocatepetl), stieg eine Dampfwolke empor, einem großen Hause gleich, und so groß ist anscheinend die Gewalt, mit der sie hervordringt, daß nicht einmal der starke Wind, der dort ständig weht, sie zu beugen vermag. Da ich dies Geheimnis erkunden wollte, um darüber Bericht erstatten zu können, schickte ich zehn tüchtige Leute mit einigen Eingeborenen als Pfadfinder aus, den Berg zu besteigen. Sie versuchten den Berg zu erklimmen, mußten es aber zuletzt wegen des vielen Schnees und wegen des Wirbelwindes, der die Asche umhertreibt, vor allem aber wegen der großen Kälte aufgeben. Sie kamen jedoch ganz in die Nähe des Kegels, und gerade als sie oben standen, begann der Dampf hervorzubrechen. Er fuhr, wie sie sagten, mit solcher Gewalt und einem solchen Getöse heraus, als wollte der ganze Berg einstürzen. So stiegen sie wieder herab und brachten Schnee und Eisstücke mit, damit wir selber sehen möchten, was uns in diesem Erdstrich ungewöhnlich schien, besonders da diese Gegend auf dem zwanzigsten Grad, etwa in der Höhe von Española, liegt, wo ständig eine große Hitze herrscht.

Unterwegs stießen sie auf eine Landstraße, und sie fragten die Eingeborenen, wohin sie führe. Die Indianer sagten, dies sei eine gute Straße nach Culúa, die andere aber, auf der man uns dorthin führen wolle, sei nicht gut. Meine Spanier verfolgten die Straße nun bis zum Abhang beider Berge, zwischen denen sie hinunterführt, und sie erblickten das Tal von Culúa und die große Stadt Tenochtitlán (Mexiko) mitten in den Lagunen, worüber ich später noch berichten werde. Sie kehrten zurück und waren sehr froh darüber, eine gute Straße entdeckt zu haben, und Gott weiß, wie sehr auch ich mich freute. Ich sagte nun den Gesandten Moteczumas, ich wolle auf dieser Straße ziehen und nicht auf jener, die sie mir vorgeschlagen hätten, diese sei viel kürzer. Sie erwiderten, darin habe ich recht, aber ich müsse dann einen Tagesmarsch durch das Gebiet von Guaxocingo ziehen, das ihnen feindlich sei, so daß ich dort nicht versorgt sein werde. Wolle ich aber durchaus diesen Weg einschlagen, so würden sie Proviant dorthin schaffen.

So brachen wir auf, immer noch in der Furcht, daß sie uns einen Streich spielen könnten. Sie sollten aber auch nicht glauben, es fehle uns an Mut, diese Straße zu marschieren. Am ersten Tage gelangte ich an einige Weiler der Stadt Guaxocingo, wo ich von den Eingeborenen gut aufgenommen wurde. Sie schenkten mir einige Sklavinnen und kleine Goldstückchen, im ganzen aber recht wenig, da sie selber keins haben, weil sie Bundesgenossen der Tlaxcateken und wie diese von den Azteken eingeschlossen sind und in großer Armut leben müssen.

Am folgenden Tage stieg ich den Engpaß zwischen den beiden Bergen hinan, und beim Hinabsteigen, als wir schon das Reich des Moteczuma vor uns liegen sahen, fand ich ein sehr gutes Quartier, erst kürzlich eingerichtet und so groß, daß ich mit allen meinen Truppen darin herbergen konnte, obgleich ich mehr als viertausend Indianer – Eingeborene der Länder Tlaxcala, Guaxocingo, Cholula und Cempoal – bei mir hatte. Für alle war reichlich zu essen da, und in den Häusern gab es genug Holz und Feuer, denn es war in der Nähe der schneebedeckten Berge sehr kalt.

IX

Es kamen nun wieder einige Gesandte, unter ihnen einer, von dem man mir sagte, daß er ein Bruder Moteczumas sei. Sie brachten mir Gold im Werte von dreitausend Pesos (etwa 130 000 Mark) und sagten mir, ihr Herr lasse mich bitten, nicht darauf zu bestehen, in seine Stadt zu kommen, weil sein Land sehr arm an Lebensmitteln sei. Außerdem würde ich den Weg schlecht finden, da er ganz unter Wasser stände, so daß ich nur in Kähnen weitergelangen könne. Ich möge überlegen, was Moteczuma mir geben solle, er sei auch bereit, mir jährlich eine Abgabe zu leisten und sie ans Meer oder wohin ich sonst verlange zu bringen. Ich empfing die Herren recht freundlich und schenkte ihnen, besonders dem Bruder Moteczumas, einiges von unseren spanischen Sachen, worauf sie großen Wert legen. Auf ihre Botschaft aber antwortete ich, ich würde umkehren, wenn dies in meiner Hand läge, um mich Moteczuma gefällig zu erweisen, aber ich sei auf Befehl Eurer Majestät in dieses Land gekommen, und die Hauptsache, worüber ich Bericht erstatten müsse, sei eben Moteczuma und seine große Stadt, von denen Eure Hoheit schon seit langem Kenntnis habe. Sie möchten ihrem Herrscher deshalb sagen, ich bäte ihn, meinen Besuch anzunehmen, da ihm daraus keinerlei Schaden, wohl aber Nutzen entstehen könne. Wenn ich ihn gesehen habe und es dann noch sein Wille sei, mich nicht in seiner Gesellschaft zu lassen, dann würde ich umkehren. Wir würden aber besser unter uns die Art und Weise festlegen, wie er sich im Dienste Eurer Hoheit zu benehmen habe, als durch dritte Personen, selbst wenn sie unser volles Vertrauen hätten. Mit dieser Antwort zogen die Gesandten wieder ab. Sie hatten, wie wir an verschiedenen Anzeichen bemerkten, die Absicht gehabt, uns in der Nacht angreifen zu lassen. Als ich dies aber merkte, ergriff ich solche Maßnahmen, daß sie ihren Plan aufgaben. Sie ließen nun viel Kriegsvolk, das in den nahe gelegenen Bergen versammelt war, ganz heimlich wieder abmarschieren, wie uns von unseren Streifen und Horchposten gemeldet wurde.

Gleich nach Tagesanbruch rückte ich nach dem zwei Leguas entfernten Dorf Amecameca vor, das zur Provinz Chalco gehört und mit den umliegenden Weilern zwanzigtausend Einwohner zählen mag. Wir wurden in einigen guten, dem Kaziken gehörenden Häusern einquartiert. Hier fanden sich auch einige vornehme Personen ein, die mir sagten, sie seien von Moteczuma geschickt worden, um mich hier zu erwarten und mit allem Nötigen zu versehen. Der Kazike des Dorfes schenkte mir dreitausend Castellanos (Goldpesos) und vierzig Sklavinnen und versorgte uns zwei Tage hindurch reichlich mit allem Notwendigen. Tags darauf zog ich weiter und brachte die nächste Nacht in einem kleinen Dorfe zu, das an einer großen Lagune lag und fast zur Hälfte über dem Wasser erbaut war, während an der Landseite ein felsiger Berghang aufragte.

Und auch hier hatten sie noch einmal Lust, ihre Kräfte mit uns zu messen, nur daß sie uns zur Nachtzeit unvorbereitet überfallen wollten. Wir hielten aber so gute Wacht, daß von ihren Kundschaftern, die in Kähnen übers Wasser kamen oder vom Berge herabstiegen, fünfzehn bis zwanzig von uns ergriffen und getötet wurden, so daß nur wenige entkamen. Da sie uns nun solchermaßen auf der Hut sahen, beschlossen sie, ihr Vorhaben aufzugeben und sich mit uns zu vertragen.

Am folgenden Morgen kamen zwölf Gesandte, unter ihnen ein besonders vornehmer Herr von etwa fünfundzwanzig Jahren. Die anderen erwiesen ihm so großen Respekt, daß sie, als er seine Sänfte verließ, den Boden vor seinen Füßen von Steinen und Strohhalmen reinigten. (Es war Cacama, Herrscher von Tetzcuco, der mächtigste Vasall Moteczumas.) Sie sagten, sie kämen im Auftrage Moteczumas, um mich zu begrüßen, ihr Herr lasse sich entschuldigen, da er sich nicht wohl fühle. Seine Residenz liege ganz in der Nähe, und da ich noch immer entschlossen sei, mich dorthin zu begeben, würde ich ihn dort sehen und von ihm erfahren, welche Neigung er für den Dienst Eurer Hoheit gefaßt habe. Nichtsdestoweniger bitte er mich noch immer, wenn es irgend möglich sei, nicht zu kommen, da ich viel Not und Ungemach ausstehen würde, und daß es für ihn sehr beschämend sei, mich nicht nach meinen Wünschen versorgen zu können. Auch die Gesandten bestanden darauf so hartnäckig, daß nur noch fehlte, sie verböten mir den Weitermarsch, wenn ich darauf beharren würde. Ich besänftigte sie aber, so gut es ging, indem ich ihnen erklärte, meine Ankunft könne ihnen niemals zum Schaden gereichen, wohl aber zu großem Vorteil. Darauf empfahlen sie sich, nachdem ich ihnen noch einige meiner mitgebrachten Sachen geschenkt hatte.

Unmittelbar nach ihnen setzte ich mich in Marsch, begleitet von vielen Eingeborenen, die in großem Ansehen zu stehen schienen. Ich verfolgte die Straße am Ufer der großen Lagune. Nach einem Marsch von einer Legua gewahrte ich im See, etwa zwei Armbrustschüsse vom Ufer entfernt, eine kleine Stadt, die wohl zweitausend Einwohner haben konnte, ganz im Wasser erbaut, mit vielen Türmen, aber ohne einen äußerlich sichtbaren Eingang. Eine Legua weiter betraten wir einen Damm, nicht breiter als eine Lanzenlänge, der in den See hineinführte. Auf ihm erreichten wir wieder eine kleine Stadt (Cuitlahuac), die die schönste von allen bisher gesehenen Städten war, sowohl wegen ihrer wohlgebauten Häuser und Türme als auch wegen der guten Anlage ihres Fundaments, da sie ganz über dem Wasser erbaut war.

Der Kazike der Stadt und viele Standespersonen besuchten mich und baten mich, bei ihnen Nachtquartier zu nehmen. Die Beauftragten Moteczumas aber sagten mir, ich möchte nach der drei Leguas entfernten Stadt Iztapalapa weiterziehen, die einem

Bruder Moteczumas gehöre. Ich befolgte den Rat, und als wir die Stadt erreichten, kam uns der Kazike mit vielen anderen Herren entgegen, um uns zu begrüßen. Sie schenkten mir Gold im Werte von drei- bis viertausend Pesos, einige Sklavinnen und Stoffe.

Zwölf- bis fünfzehntausend Einwohner kann die Stadt Iztapalapa haben, die am Ufer einer großen Lagune von Salzwasser liegt, die eine Hälfte im Wasser, die andere auf dem Festland. Der Herr dieser Stadt besitzt neue Häuser, so gut wie die besten in Spanien, sowohl im Mauer- und Zimmerwerk wie in Fußböden und Bequemlichkeiten aller Art, aber ohne Stuckarbeiten und anderen Luxus, wie man sie in spanischen Häusern sieht. In vielen Gemächern, sowohl zu ebener Erde als auch darüber, findet man frische Ziergärten mit vielen Bäumen und duftenden Blumen, auch Bassins mit süßem Wasser. Neben dem Hause liegt ein großer Wirtschaftsgarten und auf dem Hause ein Obergeschoß mit schönen Sälen und weiter Aussicht. Im Garten befindet sich ein sehr großes Bassin, vierhundert Schritte im Quadrat, mit einem gepflasterten Weg rundherum. Der Garten ist mit Mais bestellt und mit Gebüschen, aber auch mit wohlriechenden Kräutern und Stauden bepflanzt. In dem Bassin tummeln sich viele Fische und Wasservögel in solcher Menge, daß sie zuweilen das ganze Wasser bedecken.

Am nächsten Tage brach ich wieder auf, und nach halbstündigem Marsche betraten wir einen Damm, der sich zwei Stunden weit durch die Lagune bis zur Hauptstadt Tenochtitlán (so nannten die Azteken ihre Hauptstadt) erstreckt, die mitten in der Lagune gegründet ist. Der Damm ist fest gebaut und zwei Lanzen breit, so daß acht Reiter in Front darauf marschieren können. Auf dieser Strecke von zwei Leguas liegen auf beiden Seiten des Dammes drei Städte, die eine, Mexicalcingo genannt, ist größtenteils in den See hineingebaut, die beiden anderen aber liegen am Ufer, obwohl auch von ihren Häusern noch viele im Wasser stehen. In allen dreien gibt es sehr gute Gebäude, Häuser wie Türme, besonders die Wohnhäuser der Vornehmen, sowie die Tempel und Bethäuser, in denen sie ihre Götzen halten. In diesen Städten wird starker Handel mit Salz getrieben, das sie aus dem Wasser der Lagune und aus der Kruste des von ihr bespülten Erdreichs gewinnen. Sie kochen es auf eine bestimmte Weise und verkaufen es in Stücken an Eingeborene als auch über die Grenze.

So zog ich denn auf diesem Damm fürbaß. Etwa eine halbe Legua vor der Stadt Tenochtitlán befand sich an der Einmündung eines anderen Dammes, der vom Festland her sich mit unserem Damm verband, ein sehr festes Bollwerk, von einer zweistöckigen Mauer mit zwei Türmen und die Mauer ringsum von einer Brustwehr umgeben. Es beherrscht beide Dämme und hat nur zwei Tore zum Eingang und zum Ausgang. Hier kamen mir etwa tausend Standesherren entgegen, um mich zu sehen und zu sprechen, Einwohner der Hauptstadt, alle in der gleichen und nach Landessitte sehr reichen Tracht. Bevor sie mich aber anredeten, vollbrachte jeder von ihnen, sobald er in meine Nähe gelangte, eine bei ihnen gebräuchliche Zeremonie, indem er mit der Hand die Erde berührte und sie küßte. Ich mußte mich eine Stunde damit aufhalten, bis mich alle begrüßt und geehrt hatten. Dicht vor der Stadt befindet sich nun eine hölzerne Brücke von zehn Schritt Breite, unter der das Wasser herfließt, wenn es steigt und fällt, die aber auch zum Schutze der Stadt geöffnet werden kann, denn die sehr langen und breiten Balken, aus denen die Brücke besteht, können fortgenommen und wieder hingelegt werden. Solche Brücken gibt es viele in der Stadt, worüber ich noch berichten werde.

X

Als wir die Brücke überschritten hatten, kam uns der große Moteczuma mit etwa zweihundert Gefolgsleuten entgegen, alle barfuß und in der gleichen Tracht, aber noch reicher als die vorigen gekleidet. Sie kamen zu beiden Seiten der Straße heran, Moteczuma ging in ihrer Mitte mit zwei Herren zur Rechten und zur Linken. Der eine war jener große Herr (Cacama), der in der Sänfte zu mir gekommen und über den ich bereits berichtet habe, der andere der Kazike von Iztapalapa, ein Bruder des Herrschers. Alle drei waren in gleicher Weise gekleidet, nur daß Moteczuma eine Fußbekleidung trug, die beiden anderen aber barfuß gingen. Beide unterstützten ihn mit dem

Erste Begegnung zwischen Hernán Cortés und Moteczuma
(Nach einem Gemälde von L. Kowalsky)

Arm. Als wir zusammentrafen, stieg ich vom Pferde und ging allein auf ihn zu, um ihn zu umarmen, aber seine Begleiter hielten mir die Hände vor, so daß ich ihn nicht berühren konnte, und sie sowohl als er machten mir die beschriebene Zeremonie, indem sie die Erde küßten.

Darauf näherte ich mich Moteczuma, nahm mein Halsband aus Perlen und Glasdiamanten ab und legte es ihm um den Hals. Darauf kam einer seiner Diener mit zwei in einem Korbe verpackten Hummerhalsbändern, aus roten Muscheln hergestellt, die sie sehr schätzen. An jedem Halsband hingen acht goldene Hummer von vortrefflicher Arbeit, etwa einen halben Fuß hoch. Er wandte sich zu mir und legte sie mir um den Hals. Dann verfolgte er wieder seinen Weg die Straße entlang, bis wir an ein sehr großes und schönes Haus kamen, das er zu unserem Quartier bestimmt hatte.

Moteczuma nahm mich bei der Hand und führte mich in einen großen Saal dem Hofe gegenüber, durch den wir eingetreten waren. Hier bot er mir Platz auf einer Estrade, die er für sich hatte machen lassen, und bat mich, ihn hier zu erwarten, worauf er sich entfernte. Kurze Zeit nachher, als meine Leute schon einquartiert waren, kehrte er zurück mit vielen Kleinodien aus Gold und Silber, mit Federbüschen und sechstausend Stück Baumwollzeug, sehr reich und verschieden gearbeitet. Nachdem er mir die Geschenke überreicht hatte, setzte er sich auf eine andere Erhöhung, die schnell für ihn hergerichtet worden war, und begann folgende Rede:

»Seit langer Zeit schon besitzen wir durch unsere Voreltern Kenntnis davon, daß weder ich noch alle jetzigen Bewohner des Landes Eingeborene sind, sondern vielmehr Fremde, die aus sehr entfernten Gegenden stammen. Wir wissen auch, daß unser Volk durch einen Herrscher hierhergeführt worden ist, dessen Untertanen sie alle waren. Er kehrte nach seinem Geburtslande zurück und kam erst nach so langer Zeit wieder, daß die Zurückgebliebenen sich unterdessen mit eingeborenen Weibern verheiratet, viele Kinder gezeugt und neue Ortschaften gegründet hatten, in denen sie lebten. Als er sie nun wieder hinwegzuführen gedachte, wollten sie ihm nicht folgen und ihn nicht einmal als ihren Herrn anerkennen, und so entfernte er sich wieder.

Empfang im Palast Moteczumas

(Nach einem Gemälde im Nationalmuseum Mexiko)

Wir haben stets geglaubt, daß seine Nachkommen dereinst erscheinen würden, um dies Land zu unterjochen und uns wieder zu ihren Untertanen zu machen. Nach der Gegend, aus der Ihr gekommen seid, das heißt vom Sonnenaufgang her, und nach Euren Berichten von jenem großen König, der Euch entsendet hat, glauben wir und halten es für gewiß, daß er unser angestammter Herrscher sei, besonders da Ihr sagt, daß er schon seit langer Zeit Kunde von uns erhalten hat. Seid deshalb überzeugt, wir werden Euch gehorchen und Euch als Statthalter jenes großen Herrn anerkennen. Ihr mögt daher in meinem ganzen Lande nach Willkür befehlen, denn es wird befolgt werden, und über alles, was wir besitzen, mag Euch zu verfügen gefällig sein.

Da Ihr Euch nun in Eurer Heimat befindet und im eigenen Hause, so ruhet aus von der Mühseligkeit des Weges und von den Kriegen, die Ihr geführt habt, denn ich kenne sehr wohl alles, was Euch solcherart bis hierher begegnet ist. Ich weiß auch wohl, daß die von Cempoal und Tlaxcala viel Übles über mich gesagt haben, glaubt aber nicht mehr davon, als Ihr mit eigenen Augen sehen werdet, besonders denen nicht, die meine Feinde sind und bei Eurer Ankunft gegen mich rebelliert haben.

Ich weiß auch, daß sie Euch gesagt haben, ich besäße Häuser mit Wänden aus Gold, und der Belag meiner Fußböden und andere Gegenstände des häuslichen Bedarfs seien gleichfalls aus Gold, und ich sei ein Gott oder erhöbe mich zum Gott und dergleichen mehr.« Darauf lüftete er seine Gewänder, zeigte mir seinen bloßen Leib und fuhr fort: »Hier seht Ihr auch, daß ich von Fleisch und Bein bin wie Ihr und jeder andere und daß ich sterblich und antastbar bin« – wobei er sich an den Leib und an die Arme griff –, »seht also, daß sie Euch belogen haben. Wahr ist freilich, daß ich einige Sachen von Gold besitze, die mir von meinen Ahnen hinterlassen worden sind, aber alles, was ich besitze, wird Euer sein, sobald Ihr es wünschen werdet. Jetzt gehe ich in ein anderes Haus, in dem ich wohne. Ihr werdet hier mit allem Nötigen für Euch und Eure Leute versorgt werden. Ihr braucht Euch um nichts zu sorgen, denn Ihr befindet Euch in Eurem Hause und in Eurer Heimat.«

Ich antwortete nun auf alles, was er gesagt hatte, ihn in allem zufriedenstellend, wo es mir ratsam erschien, besonders ihn in seinem Glauben bestärkend, daß Eure Majestät wirklich der längst von ihnen Erwartete sei. Darauf empfahl er sich, und als er fort war, wurden wir sehr gut mit Hühnern, Brot, Früchten und anderem versorgt, besonders auch mit allem Notwendigen zur Einrichtung unseres Quartiers. So vergingen sechs Tage, an denen wir wohl versorgt waren und vielen Besuch erhielten.

XI

Schon zu Anfang dieses Berichts habe ich erwähnt, daß ich bei meinem Abmarsch hundertfünfzig Mann in Veracruz zurückließ, die die angefangene Festung vollenden sollten. Ich habe auch erwähnt, daß ich dort viele Städte und die Eingeborenen als treue Untertanen Eurer Majestät verließ. Während meines Aufenthaltes in Cholula aber bekam ich bereits Briefe von meinem in Veracruz zurückgelassenen Hauptmann (Juan de Escalante), worin er mir mitteilte, daß Qualpopoca, der Kazike von Almeria (Nauhtla), ihm durch Abgesandte habe sagen lassen, er wolle Vasall Eurer Hoheit werden. Er sei bis jetzt nicht gekommen, weil er durch das Gebiet seiner Feinde ziehen müsse. Wenn ihm aber vier Spanier zu seiner Begleitung zugeordnet würden, wolle er sofort kommen. Der Hauptmann habe ihm die vier Spanier geschickt, doch als sie in seinem Hause angelangt waren, befahl er, sie zu töten, aber auf solche Weise, daß er selber nicht in Verdacht kam. Zwei Spanier wurden dann auch getötet, die beiden anderen aber nur verwundet, und sie entwischten in die Wälder. Der Hauptmann sei darauf mit fünfzig Spaniern, seinen zwei Reitern, zwei Geschützen und zehntausend verbündeten Indianern nach Almeria gezogen. Dort habe er viele Einwohner getötet, die übrigen hinausgejagt und die Stadt verbrannt und zerstört. Jener Qualpopoca, der Kazike der Stadt, habe sich aber durch die Flucht gerettet.

Von einigen Gefangenen konnte er erfahren, daß Moteczuma dem Kaziken Qualpopoca und dessen Verbündeten befohlen habe, daß sie, sobald ich Veracruz verlassen haben würde, auf jede mögliche Art die von mir zurückgelassenen Spanier umbringen sollten, auf keinen Fall ihnen aber Hilfe leisten oder sie sonstwie begünstigen. Deshalb hätten sie es getan.

Danach schien es mir, daß es dem Königlichen Dienst und unserer Sicherheit nützlich sei, wenn ihr Herrscher sich in meiner Gewalt befände und nicht in völliger Freiheit, damit er nicht etwa in seinem Entschluß, Eurer Hoheit zu dienen, wankend werde, besonders da wir Spanier ziemlich unverträglich und ungestüm sind, was ihn vielleicht einmal verdrießen würde, worauf er uns großen Schaden zufügen könnte, so daß bei seiner großen Macht nicht einmal das Gedächtnis an uns übrigbleiben würde. Ich bedachte auch, wenn ich ihn in meinem Gewahrsam hätte, dann würden alle von ihm unterworfenen Länder leichter zu Vasallen Eurer Majestät werden, was nachher auch wirklich geschah. Ich beschloß also, ihn gefangenzunehmen und in mein Quartier zu bringen, das wohlbefestigt war. Um aber bei seiner Verhaftung jeden Skandal oder Aufruhr zu vermeiden, überlegte ich mir alle Möglichkeiten, wie ich sie vollziehen könnte. Da erinnerte ich mich dessen, was mir der in Veracruz gebliebene Hauptmann über die Vorfälle in Almeria berichtet hatte, insbesondere daß man in Erfahrung gebracht, alles dort Vorgefallene sei auf Veranlassung Moteczumas geschehen.

Ich stellte also starke Wachtposten an allen Straßenkreuzungen auf und begab mich zum Hause Moteczumas, wie ich auch sonst schon getan hatte. Nachdem ich mich freundlich und gefällig mit ihm einige Zeit unterhalten und er mir goldene Kleinodien, eine seiner Töchter und andere Frauen vornehmer Herkunft für meine Offiziere geschenkt hatte, sagte ich ihm, ich wisse nun von dem, was sich in der Stadt Almeria oder Nauhtla begeben habe, auch von den Spaniern, die man dort ermordet, und Qualpopoca führe zu seiner Entschuldigung an, daß alles auf Befehl Moteczumas geschehen sei. Weil ich aber glaube, daß Qualpopoca es nur so darstelle, um sich zu entschuldigen, so scheine mir, er müsse ihn hierherholen lassen, damit man die Wahrheit erführe und die Schuldigen bestrafen könne. Ich sei aber vollkommen überzeugt, daß die Wahrheit sicher das Gegenteil von jener Aussage sein müsse.

Darauf ließ Moteczuma sofort einige seiner Gefolgsleute kommen, gab ihnen eine kleine Figur aus Stein nach Art eines Siegels und befahl ihnen, sich nach Almeria zu begeben, Qualpopoca herzubringen und nachzuforschen, wer sich sonst an der Ermordung der Spanier beteiligt habe, die ebenfalls zu verhaften seien. Sollten sie sich der Verhaftung widersetzen, so müßten angrenzende Gemeinden aufgeboten werden, um sie mit bewaffneter Hand zu fangen. Die Beauftragten machten sich sofort auf den Weg, worauf ich Moteczuma für den Eifer dankte, mit dem er die Sache betriebe. Jetzt bleibe nur noch übrig, daß er sich zu mir in mein Quartier begebe, bis sich die Wahrheit aufgeklärt habe und man wisse, daß er ohne Schuld sei. Er solle aber keineswegs als Gefangener, sondern in voller Freiheit bei mir sein. Im Dienst und in der Verwaltung seines Landes solle er nicht behindert werden, er möge die Räume zu seinem Aufenthalt beliebig auswählen, er werde ganz nach Belieben leben können, und es solle ihm weder Verdruß noch Leid zugefügt werden. Außer seinem Hofgesinde sollten ihm alle meine Leute zu Diensten sein, wo immer er es befehlen werde.

Wir wechselten viele Gründe und Gegengründe, die alle niederzuschreiben zu weitläufig sein würde. Ich begnüge mich damit, daß er endlich einwilligte, mit mir zu gehen. Er befahl, das Zimmer, das er bewohnen wollte, in Bereitschaft zu setzen. Als dies geschehen war, kamen viele Herren seines Gefolges, rissen sich die Kleider vom Leibe, die sie unter den Arm nahmen, brachten eine Sänfte herbei und hoben ihn weinend hinein. So begaben wir uns nach dem Quartier, in dem ich wohnte, ohne daß es in der Stadt Tumult gab, wenn auch einige Bewegung erkennbar wurde. Moteczuma befahl, daß nichts dergleichen geschehen solle, und so verblieb alles in völliger Ruhe, auch die ganze Zeit hindurch, in der ich ihn gefangenhielt. Er lebte ganz nach seinen Wünschen, mit seiner ganzen Bedienung, wie er sie in seinem Palast gehabt hatte. Ich aber und meine Gefährten erzeigten ihm alle Gefälligkeiten, die uns nur irgend möglich waren.

Drei Wochen nach der Verhaftung Moteczumas kehrten seine Leute zurück, die er nach Qualpopoca und den übrigen Mördern der Spanier ausgesandt hatte. Sie brachten den Kaziken Qualpopoca und seinen Sohn und fünfzehn andere Indianer mit, die angeblich an dem Morde teilgenommen hatten. Qualpopoca wurde als großer Herr in einer Sänfte getragen. Die Gefangenen wurden mir übergeben, und ich ließ sie in gute Verwahrung bringen. Nachdem sie den Mord an den Spaniern eingestanden hatten, ließ ich sie fragen, ob sie Vasallen Moteczumas seien. Qualpopoca antwortete darauf, ob es denn einen anderen Herrn gäbe, dessen Vasall er sein könne. Dann fragte ich sie, ob die Untat auf Moteczumas Befehl geschehen sei, was sie zwar verneinten, aber später, als das Urteil, das sie zum Feuertode verdammte, vollzogen wurde, sagten sie alle wie aus einem Munde, es sei wahr, auf Moteczumas Befehl hätten sie es getan.

So wurden sie denn auf einem großen Platze öffentlich verbrannt, ohne daß es dabei zu einem Aufruhr kam. Am gleichen Tage ließ ich Moteczuma, der nach den Geständnissen die Morde befohlen hatte, Fußfesseln anlegen, worüber er sich nicht wenig entsetzte. Ich ließ sie aber am Abend wieder abnehmen, worauf er recht zufrieden war. Seitdem strebte ich immer danach, ihm gefällig zu sein, soweit es mir möglich war. Ich ließ bekanntmachen und erklärte auch allen Eingeborenen, daß Moteczuma in seinem Herrscheramt verbleibe, da er die Oberhoheit Eurer Majestät anerkannt habe. Seine Untertanen würden also den Willen Eurer Hoheit tun, wenn sie ihm gehorchten, wie sie es vor meiner Ankunft getan hätten.

Unser Verhältnis zueinander war so gut, daß ich es einigemal wagen konnte, ihm die Freiheit anzubieten und ihn zu bitten, wieder in sein Haus zurückzukehren. Er aber sagte mir jedesmal, er fühle sich hier wohl und es fehle ihm nichts, ganz als ob er in seinem eigenen Hause sei. Es könne sich leicht ereignen, daß die großen Herren des Landes, seine Vasallen, ihn beeinflussen würden, etwas zu unternehmen, was nicht zu Eurer Hoheit Diensten passe. Falls sie ihm aber hier etwas einflüstern wollten, so könne er alles mit der Antwort umgehen, daß er sich ja nicht in Freiheit befinde.

Oft bat er mich um Erlaubnis, einige Zeit in seinen Lustschlössern zuzubringen, sowohl innerhalb als außerhalb der Stadt, und niemals wurde es ihm abgeschlagen. So lustwandelte er oft mit fünf oder sechs Spaniern bis zwei Leguas weit von der Stadt und kehrte stets fröhlich und guter Dinge in das Quartier zurück. Jedesmal wenn er ausging, verteilte er Geschenke an die Spanier und auch an die Eingeborenen, die ihn

Cortés läßt Moteczuma Fesseln anlegen
(Aus der französischen Ausgabe von 1730)

mit wenigstens dreitausend Mann umlagerten, meist große Herren und Standespersonen. Er gab viele Gastmähler und Feste, wovon seine spanischen Begleiter dann jedesmal viel zu erzählen wußten.

XII

Um über die Angelegenheiten dieses Landes einen vollständigen Bericht erstatten zu können, bat ich Moteczuma, mir die Bergwerke zu nennen, aus denen man das Gold zutage fördere. Mit anscheinend großer Bereitwilligkeit beschied er einige Diener zu sich und teilte sie je zwei und zwei auf die vier Provinzen ein, in denen das Gold, wie er sagte, gewonnen wird. Dann bat er mich, einige Spanier zu bestimmen, die untersuchen sollten, wie es gefördert werde. Ich gesellte darauf je zwei Spanier zu jeder Gruppe. Eine Abteilung begab sich nun nach der Provinz Cuzula, achtzig Leguas von der Hauptstadt entfernt. Dort zeigte man ihnen drei Flüsse, und aus allen brachte man mir Goldproben, und zwar sehr gute, obschon sie ohne besondere Anstalten gewonnen waren. Sie hatten keine anderen Werkzeuge als die, womit die Indianer es gewannen. Auf ihrer Reise kamen sie durch Landschaften von vortrefflicher Bodenart, mit vielen Dörfern und Städten und mit Gebäuden, wie es, so erzählten sie mir, in Spanien keine besseren gebe. Sie hätten auch eine Festung gesehen, größer und fester als das Kastell von Burgos. Das Volk in einer dieser Provinzen, die Oaxaca heißt, sei besser gekleidet, als wir es bisher gesehen hätten.

Eine andere Abteilung reiste nach Malinaltepec, etwa siebzig Leguas von der Hauptstadt entfernt, aber mehr nach dem Meere hin gelegen. Auch diese brachte Goldproben aus einem großen Flusse mit. Wieder andere waren in ein Land gekommen, das weiter aufwärts an diesem Flusse liegt, wo das Volk eine andere Sprache redet. Weil das Land in einem rauhen, hohen Gebirge liegt, ist es dem Moteczuma nicht untertan, wohl auch, weil das Volk sehr kriegerisch ist. Sie fechten mit Lanzen von fünfundzwanzig Spannen Länge. Die Indianer, die meine Spanier begleiteten, wagten sich nicht in ihr Land, ohne den Gebieter um Erlaubnis gefragt zu haben. Sie baten

Coatelicamat, den Landesherrn, in meinem Namen sowie im Namen Moteczumas, worauf der Kazike erwiderte, was die Spanier betreffe, so sei er es wohl zufrieden, daß sie in sein Land kämen und die Minen und was sie sonst wollten besähen, die von Culúa aber, die Leute des Moteczuma, sollten ihm nicht ins Land kommen, denn sie seien seine Feinde.

Die Spanier waren nun in einiger Verlegenheit, ob sie allein gehen sollten oder nicht, zumal die Mexikaner sagten, man werde sie ermorden. Am Ende entschlossen sie sich aber doch, allein zu gehen, und sie wurden vom Kaziken und den Einwohnern des Landes recht freundlich empfangen. Man zeigte ihnen sieben oder acht Flüsse, aus denen, wie sie sagten, das Gold gewonnen werde. Sie brachten auch Goldproben mit, und Coatelicamat schickte mir einige von den Seinen mit, durch die er sich zum Dienste Eurer Majestät erbot.

Wieder andere begaben sich nach der Provinz Xuchitepec, die fast in der gleichen Richtung nach der Meeresküste liegt. Man zeigte ihnen dort zwei andere Flüsse, aus denen sie ebenfalls Goldproben gewannen. Und weil dort nach den Berichten, die mir daselbst gewesene Spanier erstattet hatten, gute Gelegenheit war, Niederlassungen zu gründen und Gold zu gewinnen, ersuchte ich Moteczuma, in Malinaltepec, wo die Gelegenheit am besten war, eine Ansiedlung bauen zu lassen. Er betrieb die Sache gleich mit einem solchen Eifer, daß man dort binnen zwei Monaten bereits sechzig Fanegas (1 Fanega etwa 90 Liter) Mais und zehn Fanegas Frijoles (Bohnen) ausgesät hatte und daß eine Kapacpflanzung (Kakao) von zweitausend Fuß angelegt worden war. Dies ist eine Frucht wie Mandeln, man verkauft sie gemahlen und schätzt sie im ganzen Lande als Münze, so daß man auf den Märkten allen Bedarf dafür kaufen kann. Moteczuma hatte auch vier Häuser bauen lassen, dazu war ein Teich angelegt worden, in den man fünfhundert Enten gesetzt hatte, die hier sehr geschätzt werden, weil man ihre Federn ausrupft und Gewebe daraus anfertigt. Ferner wurden eintausendfünfhundert Hühner und vieles andere hingeschafft, so daß das Ganze auf einen Wert von zwanzigtausend Pesos geschätzt werden konnte.

Ich fragte Moteczuma auch nach einer Flußmündung an jener Meeresküste, wo ankommende Schiffe einlaufen und sicher ankern könnten. Er sagte mir, er wisse es nicht, aber er wolle die ganze Küste zeichnen lassen. Und so geschah es. Eines Tages brachte er mir ein Tuch, auf dem die Küste abgebildet war, darauf auch ein Fluß, der sich ins Meer ergießt und eine breitere Mündung als andere hatte. Sofort bestimmte ich zehn Männer, darunter einige Steuerleute, die Küste zu erforschen. Sie reisten sechzig Leguas, ohne eine günstige Bucht zu finden, und gelangten schließlich nach der Provinz Coatzacoalco, wo jener Fluß (Grijalva) sich befindet. Der Kazike Tuchintecla empfing sie freundlich und gab ihnen Boote, um den Fluß zu untersuchen. An der Mündung fanden sie die größte Tiefe von dreieinhalb Faden, etwa zwölf Leguas flußabwärts maßen sie fünf bis sechs Faden. Die ganze Flußebene ist eben und fruchtbar und ernährt fast unzählbares Volk. Es sind aber keine Untertanen Moteczumas, und auch hier ließ der Kazike den ankommenden Spaniern sagen, die Mexikaner dürften sein Land nicht betreten, weil sie Feinde seien.

Als die Spanier zurückkehrten, schickte er Abgesandte mit, die mir sagten, daß Tuchintecla schon lange von mir Kenntnis habe, weil seine Freunde am Puntunchan (Grijalva) ihm berichtet hätten, daß ich dort durchgezogen sei und mit ihnen gekämpft habe, daß sie aber nachher gute Freunde und Vasallen Eurer Majestät geworden seien. Er bäte mich jetzt, ihn für meinen Freund zu halten, aber die von Culúa kämen ihm nicht ins Land. Er wolle in den Dienst Eurer Hoheit treten und den jährlichen Tribut entrichten, den ich bestimmen möge. Die nun aus jener Provinz zurückkehrenden Spanier berichteten mir, daß sie einen Hafen gefunden hätten und daß die Landschaft zur Ansiedlung sehr geeignet sei. Ich war darüber hocherfreut, und es gibt auch keinen besseren Hafen küstenabwärts bis zum Pánuco. Ich entsandte einen Hauptmann mit hundertfünfzig Mann, um die Ansiedlung zu gründen und ein Fort zu bauen. Der Kazike hatte nicht nur die Erlaubnis dazu gegeben, sondern lieferte auch das für den Bau nötige Material.

XIII

Ich habe bereits berichtet, daß mir auf dem Zuge nach Tenochtitlán ein hoher Herr im Auftrage Moteczumas entgegenkam, der, wie ich nachher erfuhr, ein Verwandter des Moteczuma und Herrscher von Culhuacan war. Seine Hauptstadt Tetzcuco, dicht an der salzigen Lagune gelegen, sechs Leguas von Tenochtitlán entfernt, mag etwa dreißigtausend Einwohner haben. Außer dieser Stadt aber besitzt er noch zwei andere, Acolman und Otumba, dazu Weiler und Ackerhöfe in großer Zahl auf vorzüglichem Boden.

Dieser Herr, dessen Name Cacama ist, hatte seit Moteczumas Verhaftung dauernd rebelliert, und obgleich er mehrmals zum Hofe befohlen war, weigerte er sich zu kommen. Er antwortete, wenn man etwas von ihm wolle, möge man nach seinem Lande kommen, dort werde man sehen, was er zu bedeuten habe und zu wessen Diensten er verpflichtet sei. Ich erfuhr auch, daß er viel Kriegsvolk zusammengezogen habe. Da nun Ladungen nichts nützten, fragte ich Moteczuma, was zu tun sei, damit er nicht unbestraft bleibe. Moteczuma antwortete, ihm den Krieg zu erklären, sei zu gewagt, da er ein mächtiger Herr sei und viele Streitkräfte aufbieten könne. Er werde nicht zu bezwingen sein, ohne viele Soldaten dabei einzubüßen. Er, Moteczuma, habe aber im Lande Cacamas mehrere Anhänger, die von ihm besoldet würden. Mit diesen wolle er reden und einige Gefolgsleute des Cacama zu gewinnen suchen, und wenn dies gelänge, könne man ihn ohne Gefahr verhaften.

So geschah es auch, und Moteczuma richtete seine Anschläge so ein, daß jene Personen den Cacama zu einer Zusammenkunft in Tetzcuco einluden, um mit ihm wichtige Staatsgeschäfte zu besprechen. So versammelten sie sich dann in einem Hause des Cacama, das nahe am Ufer des Sees liegt. Es ist so gebaut, daß die Boote darunter durchfahren und in die Lagune gelangen können. Hier lagen aber einige Boote mit starker Mannschaft im Hinterhalt für den Fall, daß Cacama Widerstand leisten würde. Während der Ratssitzung wurde er dann plötzlich von jenen Staatsmännern festgenommen, ehe seine eigenen Leute irgend etwas davon gewahr wurden. Sie brachten ihn in einen Kahn, fuhren auf den See hinaus und begaben sich nach der Hauptstadt Tenochtitlán. Dort angekommen, setzten sie ihn, wie sein Rang es erforderte, in eine Sänfte und brachten ihn zu mir. Ich aber ließ ihm Fußfesseln anlegen und ihn in ein sicheres Gewahrsam bringen. Nach Beratung mit Moteczuma setzte ich Cucuzcacin (einen Bruder Cacamas) in seine Herrschaft ein und bewirkte, daß alle Gemeinden und Kaziken dieses Landes ihm Gefolgschaft leisten mußten. Er aber folgte allen Befehlen, die er von mir im Namen Eurer Majestät empfing.

XIV

Einige Tage nach der Verhaftung Cacamas veranlaßte Moteczuma eine Zusammenkunft der Herren aller Städte und Gebiete seines Reiches, und als sie versammelt waren, ließ er mich rufen. Als ich gekommen war, sprach er zu seinen Vasallen in folgender Weise: »Freunde und Brüder! Ihr wißt, daß ihr und eure Väter seit langer Zeit Untertanen meiner Vorfahren und meine Vasallen gewesen seid. Ihr seid zu allen Zeiten gut behandelt und geehrt worden, und ihr habt gehandelt, wie treue Vasallen zu tun verpflichtet sind. Ihr wißt auch von eueren Vorfahren, daß wir ursprünglich keineswegs Kinder dieses Landes sind, sondern aus einem fernen Lande, geleitet von einem Anführer, der sie hier zurückließ. Als er nach langer Zeit wiederkehrte, hatten sich unsere Vorfahren bereits in diesem Lande angesiedelt, waren verheiratet mit Weibern dieses Landes und zählten viele Kinder. Daher wollten sie nicht mit ihm zurückgehen und ihn auch nicht als Landesherrn anerkennen. So entfernte er sich wieder, ließ aber sein Wort zurück, daß er dereinst mit großer Macht wiederkehren oder andere senden werde, um sie zu bändigen und in seinen Dienst zu zwingen. Nach allem aber, was dieser Feldherr uns von seinem Herrscher, der ihn hierher entsandt, und nach der Himmelsgegend, aus der er gekommen ist, halte ich es für gewiß, daß jener Herr der von uns Erwartete ist, besonders da er uns versichert, daß er schon drüben Kunde von uns gehabt habe. Und da unsere Vorfahren nicht getan haben, wozu sie verpflichtet waren, so wollen wir es tun und unseren Göttern danken, daß die Ankunft des Erwarteten in unsere Zeit fiel. Ich bitte euch: so wie ihr bis jetzt mir gehorcht und gehuldigt habt, so gehorcht und huldigt fernerhin jenem großen König über dem Meere, da er euer angestammter Herrscher ist, und betrachtet seinen hier gegenwärtigen Feldherrn als seinen Stellvertreter. Alle Tribute und Dienste, die ihr bisher mir geleistet habt, sollt ihr fortan ihm leisten, wie ich selber ihm mit allem dienen werde, was er mir auferlegt. Außer daß ihr damit eure Pflicht tut, wird es auch mir zum Wohlgefallen gereichen.«

All dies sagte er weinend mit so viel Tränen und Seufzern, wie ein Mensch nur von sich geben kann. Ebenso weinten alle Herren, so daß sie eine ganze Weile nicht antworten konnten. Und auch unter den Spaniern war keiner, der die Rede gehört und nicht großes Mitleid gefühlt hätte. Als die Tränen einigermaßen gestillt waren, sagten die Herren, daß sie tun wollten, was Moteczuma ihnen befehle, daß sie also Vasallen Eurer Majestät sein und alles tun und erfüllen wollten, was ihnen befohlen werde, und daß sie alle Dienste und Tribute, die sie bisher dem Moteczuma geleistet und die zu leisten ihnen noch befohlen würde, erfüllen wollten. Dies alles begab sich vor einem Notar, der darüber in aller Form eine Urkunde ausfertigte.

Einige Tage nach dieser feierlichen Handlung redete ich mit Moteczuma und sagte ihm, Eure Hoheit habe Gold nötig für gewisse Arbeiten und Vorhaben. Ich ersuchte ihn, einige Boten nach den Gütern der Herren zu entsenden, die sich zu Euren Diensten erboten hätten. Ich wolle dann gleichfalls einige Spanier senden, um sie zu ersuchen, einen Teil ihres Besitzes abzugeben. Das sei ein wirklicher Anfang ihrer Dienste, und Eure Hoheit würden von ihrem Eifer, ihm zu dienen, einen günstigen Eindruck bekommen. Darauf verlangte Moteczuma sogleich, ich solle ihm die Spanier übergeben, die ich zu entsenden gedächte. Er teilte sie zwei und zwei und fünf und fünf für viele Städte und Provinzen ein, an deren Namen ich mich nicht mehr erinnere, da meine Schriften nachher verlorengegangen sind. Mit ihnen sandte er einige der Seinigen, denen er aufgab, seinen Vasallen zu sagen, er habe befohlen, daß jeder von ihnen eine bestimmte Menge Gold zu entrichten habe.

Moteczuma und die Großen seines Reiches erklären sich zu Untertanen Karls V. (Nach einem Gemälde von J. Kowalsky)

Alle Herren gaben dann auch sehr reichlich, sowohl an Kleinodien als auch an Gold- und Silberplatten und anderen Dingen, die sie besaßen, so daß, nachdem alles, was sich dazu eignete, eingeschmolzen worden war, das auf Eure Majestät entfallende Fünftel zweiunddreißigtausend Pesos in Gold betrug, dazu all die wertvollen goldenen und silbernen Kleinodien, Federbüsche, Steine und andere Sachen, die ich für Eure Hoheit bestimmte und die wohl hunderttausend Dukaten wert sein konnten. Es waren, abgesehen von ihrem inneren Wert, so wunderbare Dinge, daß es kaum glaublich ist, daß irgendeiner von allen Fürsten der Welt dergleichen besitzen könne. Es ist wahr, wenn ich sage, daß Moteczuma von allen Dingen der Erde und des Meeres, die er kannte, Abbildungen in Gold und Silber, in Edelsteinen und Federschmuck in solcher Vollkommenheit besaß, daß sie gleichsam die Urbilder zu sein schienen. Davon gab er mir einen Teil, dazu andere, wofür ich ihm die Modelle gab, z. B. Heiligenbilder, Kruzifixe, Medaillen, Halsbänder und viele andere Sachen, die er anfertigen ließ. Desgleichen ließ ich von dem abgelieferten Silber kleine Schalen, Schüsseln, Tassen und Löffel arbeiten, dazu bekam ich von Moteczuma viele Stoffe von einer Art, die in der ganzen Welt nicht zu finden ist, ferner wunderbare Gewänder, Bettvorhänge und dergleichen und schließlich auch ein Dutzend Armbrüste von der Art, mit denen er selber schoß. Sie waren vortrefflich bemalt und hatten Haken und Visiere aus Gold, dazu gab er mir ein goldenes Netz für die Kugeln, die ich auch aus Gold, wie er sagte, bekommen sollte.

XV

Um nun eine Beschreibung der großen Stadt Tenochtitlán und der Herrlichkeit des Moteczuma, von den Sitten und Gebräuchen dieses Volkes und von der Ordnung und Regierung dieses Landes zu geben, würde es eines erfahreneren Berichterstatters bedürfen, da ich nicht den hundertsten Teil dessen zu sagen weiß, was gesagt werden könnte. Ich will aber doch einiges von dem erzählen, was ich gesehen habe, wenn ich auch überzeugt bin, daß man es nicht glauben wird, da wir ja selbst, die wir es mit eigenen Augen gesehen haben, es mit unserer Vernunft nicht begreifen können. Wo aber ein Fehler in meiner Berichterstattung vorkommen sollte, wird es mehr daran liegen, daß ich eher zuwenig als zuviel gesagt habe. Ich werde aber die Wahrheit sagen, ohne Dinge einzuschieben, die sie verringern oder vergrößern könnten.

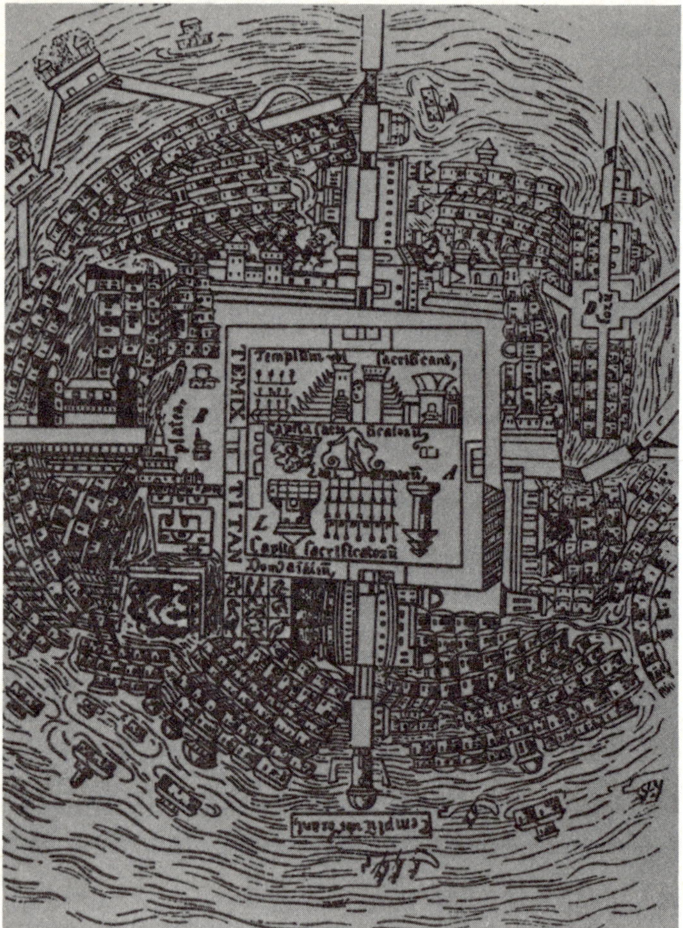

Alter Stadtplan von Tenochtitlán

Zuerst muß etwas über die Lage des Landes Mexiko gesagt werden. Es ist rundum von hohen, rauhen Bergen umgeben. Das in der Mitte liegende Tal hat etwa siebzig Leguas im Umkreis. Dieses Tal wird von zwei Landseen fast völlig eingenommen. Eine dieser beiden Lagunen hat süßes Wasser, die andere aber Salzwasser. Beide sind durch eine Hügelkette getrennt, vereinigen sich jedoch endlich wieder in einem engen Tale. Zwischen beiden Lagunen und den daran gelegenen Städten und Dörfern verkehren die Bewohner in Booten, ohne eines Landweges zu bedürfen. Und weil die große, salzige Lagune regelmäßig steigt und fällt wie das Meer, so treten bei jeder Flut ihre Gewässer zu der anderen, süßen hinüber und folglich bei jeder Ebbe die süße zu der salzigen.

Die Hauptstadt Tenochtitlán liegt in diesem salzigen Landsee, und von jedem Punkte des Festlandes, von welcher Seite man auch kommen möge, sind es zwei Leguas. Sie hat vier Zugänge, alle über Steindämme führend, die von Menschenhand erbaut und etwa zwei Reiterlanzen breit sind. Die Stadt ist so groß wie Sevilla und Córdoba. Ihre Hauptstraßen sind sehr breit und gerade, einige sind zur Hälfte fester Boden, zur anderen Hälfte aber Wasser, auf dem die Boote fahren. Alle Straßen sind in größeren Zwischenräumen durchschnitten, so daß zwischen ihnen eine Wasserverbindung besteht. Alle diese Durchschnitte, wovon einige sehr breit sind, haben ihre Brücken aus starken, zusammenfügbaren Balken, so daß zehn Reiter in Front hinüberziehen können. Da ich aber einsah, daß die Eingeborenen dieser Stadt, wenn sie Verrat gegen uns üben wollten, nur die Brücken abzuwerfen brauchten, um uns Hungers sterben zu lassen, ohne daß es uns möglich gewesen wäre, ans Festland zu gelangen, ließ ich gleich nach unserem Einmarsch vier Brigantinen bauen, die in kurzer Zeit fertiggestellt wurden, so daß damit, sooft es uns gefiel, dreihundert Mann und alle Pferde zum Festland übergesetzt werden konnten.

Die Stadt hat viele öffentliche Plätze, auf denen ständig Markt gehalten wird. Dann hat sie noch einen anderen Platz, so groß wie zweimal ganz Salamanca, der rundum mit Säulenhallen umgeben ist, wo sich täglich mehr als sechzigtausend Einwohner treffen, Käufer und Verkäufer von Lebensmitteln, von

Tenochtitlán zur Zeit der Ankunft der Spanier (Versuch einer Rekonstruktion)

Kleinodien aus Gold und Silber, Blech, Messing, Knochen, Muscheln, Hummerschalen und Federn. Außerdem verkauft man behauene und unbehauene Steine, Kalk- und Ziegelsteine und Bauholz. Dort ist auch eine Jägerstraße, wo alle Vogelarten feilgehalten werden, die es im Lande gibt: Hühner, Rebhühner, Wachteln, Enten, Fliegenschnäpper, Wasserhühner, Tauben, Rohrvögel, Papageien, Geier, Adler, Falken, Sperber und Weihen. Man verkauft Kaninchen, Hasen, Hirsche und kleine Hunde, die verschnitten und gemästet worden sind. Es gibt eine Gärtnerstraße, wo alle im Lande erzeugten heilkräftigen Wurzeln und Kräuter beisammen sind. Es gibt Apotheken, in denen man Arzneien verkauft, und Barbierstuben, wo die Köpfe gewaschen und geschoren werden. Es gibt Häuser, wo man für Geld essen und trinken kann. Es gibt Leute wie die, die man in Kastilien Ganapanes nennt, zum Lastentragen. Man verkauft viel Holz, Kohlen, tönerne Kohlenpfannen und Matten von verschiedener Art als Schlafmatten, ferner als feinere Sitz- und Fußdecken.

Es gibt dort alle Arten von Gartengewächsen, besonders Zwiebeln, Porree, Knoblauch, Kresse, Borretsch, Ampfer, Karden und Artischocken, dazu Früchte verschiedener Art, wie Kirschen und Pflaumen, den spanischen ähnlich. Man verkauft Bienenhonig und Wachs, Sirup aus der Maisstaude, honigartig und süß, auch den süßen Saft einer Pflanze (Agave), den man Maguey nennt. Auch steht mannigfaltiges Baumwollzeug in allen Farben zum Verkauf – man glaubt sich auf den Seidenmarkt von Granada versetzt. Man verkauft Wildhäute mit und ohne Haar, Töpferwaren aus einem besonderen Ton, die meisten glasiert und bemalt. Man handelt mit Mais in Körnern und Broten, mit Pasteten von Geflügel und Torten von Fischen, mit frischen Fischen, Hühnereiern und Eierkuchen.

Kurz, man verkauft auf diesen Märkten alles, was sich irgend auf der ganzen Erde findet. Ich will nicht alles aufzählen, um nicht zu weitschweifig zu sein. Jede Warengattung hat ihre besondere Straße, und es wird darin scharfe Ordnung gehalten. Alles wird nach Zahl und Maß verkauft, aber nach Gewicht bis jetzt noch nicht. Auf dem Marktplatz steht ein schönes Haus, wo stets zehn bis zwölf Richter sitzen, die alle auf dem Markt vorkommenden Fälle entscheiden und die Verbrecher bestrafen lassen. Dann gibt es noch Ordner auf dem Markt, die unter dem Volk umhergehen und auf alles achtgeben, was verkauft wird, und auf das Maß, womit man verkauft. Manches sah ich sie zerbrechen, weil es als falsch befunden wurde.

Es gibt in dieser großen Stadt viele Götzentempel von sehr schöner Bauart für die verschiedenen Stadtteile. In den vornehmsten befinden sich Priester, für die schöne Räume eingerichtet sind. Sie gehen schwarz gekleidet und schneiden weder ihr Haar noch kämmen sie es, bis sie wieder herauskommen. Alle Söhne angesehener Familien treten in den Priesterberuf ein und tragen dessen Tracht vom siebten oder achten Jahre an, bis man sie wieder herausnimmt und verheiratet. Keine Gemeinschaft mit Weibern ist ihnen gestattet, und kein Weib darf den Tempel betreten. Sie müssen sich auch bestimmter Speisen enthalten, besonders zu gewissen Jahreszeiten.

Einer dieser Tempel, der bedeutendste unter ihnen, ist so groß, daß innerhalb seiner hohen Mauern an die fünfhundert Menschen wohnen könnten. Er hat wohl vierzig Türme, in deren größtem man fünfzig Stufen hinaufsteigen muß. Der Hauptturm ist höher als der Turm der Kathedrale von Sevilla. Die Wände im Innern der Kapellen, wo die Götzenbilder stehen, sind mit Arabesken und Stuckarbeiten verziert, und alles Holzwerk ist mit Ungeheuern und sonstigen Gestalten bemalt. Die Türme sind Begräbnisplätze großer Herren, und die darin befindlichen Kapellen sind je einem bestimmten Götzen geweiht. Im Innern des Tempels befinden sich drei große Säle, wo die Hauptgötzen aufgestellt sind, und innerhalb dieser Säle befinden sich andere Kapellen mit kleinen Eingangstüren und innen ganz ohne Licht, in denen sich nur die Religiösesten aufhalten dürfen.

Die vornehmsten Götzenbilder, auf die sie am meisten Glauben und Vertrauen setzten, warf ich von ihren Postamenten, ließ sie die Treppen hinabstürzen und darauf die Kapellen reinigen, in denen sie gestanden hatten, denn sie waren alle voll des bei den Opfern vergossenen Blutes.

Ich ließ die Bilder unserer Lieben Frau und anderer Heiliger im Tempel aufstellen, worüber Moteczuma und die Eingeborenen nicht wenig betrübt waren. Zuerst sagten sie mir, ich möge das unterlassen, denn wenn das Volk es erführe, würde es gegen mich aufstehen, weil sie glaubten, daß die Götzen ihnen die Früchte auf dem Felde verdorren lassen würden, so daß sie vor Hunger sterben müßten. Ich aber ließ ihnen durch die Dolmetscher sagen, wie falsch es sei, ihre Hoffnung auf solche Götzenbilder, das Werk ihrer eigenen Hände, zu setzen. Sie müßten wissen, daß es einen einzigen Gott gebe, den Herrn über uns alle, der den Himmel geschaffen habe und die Erde und alle Dinge und sie und uns. Ihn müßten sie anbeten und an ihn glauben, nicht aber an irgendein Geschöpf oder Ding.

Sie alle, vornehmlich aber Moteczuma, antworteten darauf, sie hätten mir bereits gesagt, daß sie nicht Kinder dieses Landes seien und sich in einigen Dingen irren könnten, weil sie so lange von ihrem Ursprungsland entfernt seien. Ich möge vielleicht mehr über die Dinge wissen, die sie annehmen und glauben sollten. Ich möchte sie ihnen daher verständlich machen, dann wollten sie tun, wie ich ihnen gesagt hätte und wie es ohne Zweifel am besten sei.

Der Kriegsgott Uitzilopochtli
(Nach einer indianischen Zeichnung)

Moteczuma und viele vornehme Herren der Stadt begleiteten mich nachher, als ich die Götzenbilder hinauswerfen, die Kapellen reinigen und unsere Heiligenbilder dort aufstellen ließ, und sie machten ein ganz vergnügliches Gesicht zu alledem. Ich verbot ihnen nun, weiter kleine Kinder den Götzen zu opfern, da dies ein Greuel vor Gott sei und Eure Majestät es durch Gesetz verboten und befohlen habe, daß, wer töte, auch des Todes sterben solle. Wirklich unterließen sie es jetzt, und während ich in dieser Stadt verweilte, sah man niemals, daß ein Kind geschlachtet und geopfert wurde.

Die Büsten und Statuen der Götzen, an die diese Leute glauben, sind weit über Menschengröße. Sie werden aus einer gemahlenen und gekneteten Masse aller Sämereien und Gemüse verfertigt, angefeuchtet mit dem Herzblut menschlicher Schlachtopfer, denen sie lebendig die Brust öffnen und das Herz herausreißen. Mit dem herausströmenden Blut mengen sie den Teig an und fahren damit fort, bis eine Masse beisammen ist, die für die Verfertigung einer so großen Bildsäule reicht. Dann wurden dem fertigen Bildwerk noch mehr Herzen geopfert, und mit dem Blute wurde ihnen das Gesicht verschmiert. Für jede Sache haben sie ein eigenes Götzenbild, so haben sie einen Götzen, dessen Beistand sie im Kriege erflehen, einen anderen für den Ackerbau, und so haben sie für jegliche Sache, von der sie wollen, daß sie gut vonstatten geht, ihre Götzen, die sie verehren und denen sie Opfer darbringen.

Quetzalcoatl als Windgott
(Nach einer indianischen Zeichnung)

Es gibt so viele große Häuser in dieser Stadt, weil alle Vasallen des Moteczuma alljährlich eine Zeitlang in Tenochtitlán residieren, außerdem wohnen hier reiche Bürger, die gleichfalls prächtige Häuser besitzen. Alle Häuser haben schöne, große Gemächer und Blumengärten in den unteren und oberen Stockwerken.

XVI

An einem der in die Stadt führenden Dämme laufen zwei Röhren aus Mörtelwerk entlang, jede etwa zwei Schritte breit und eine Mannslänge hoch. Durch eine der Röhren kommt ein Strom guten, süßen Wassers bis mitten in die Stadt, und alle nehmen davon und trinken es. Die andere Röhre wird nur benutzt, wenn die erste gereinigt werden muß. Man fährt in Booten das Wasser zum Verkauf durch alle Straßen. Wo das Wasser ausgegeben wird, sind Wächter angestellt, die eine Abgabe einnehmen. Auf allen Märkten und Plätzen der Stadt sind täglich viele Arbeitsleute und Handwerker zu finden, die darauf warten, daß man sie in Tagelohn verdinge. Das Volk dieser Stadt ist manierlicher und geschickter in Kleidung und Dienstleistungen als in anderen Städten und Landschaften, weil Moteczuma hier ständig residiert und deshalb mehr auf Ordnung und Gesittung geachtet wird. Um nicht zu weitschweifig zu werden, will ich nur noch sagen, daß dieses Volk etwa dieselbe Lebensart besitzt wie in Spanien, die gleiche Zweckmäßigkeit und Ordnung. Und wenn man bedenkt, daß diese Leute Barbaren sind und so weit entfernt von der Erkenntnis Gottes und vom Verkehr mit anderen zivilisierten Völkern, so ist es bewundernswert, wie sie es in allen Dingen halten.

Die Größe der Herrschaft Moteczumas war man noch nicht zu ermessen imstande, aber zweihundert Leguas weit nach jeder Richtung hin schickte er seine Boten, und seinen Befehlen wurde gehorcht, obwohl einzelne Länder dazwischen lagen, mit denen er sich im Kriege befand. Nach dem aber, was ich feststellen konnte, war sein Gebiet ungefähr so groß wie Spanien. Alle großen Herren residierten, wie ich schon gesagt habe, einen Teil des Jahres in der Hauptstadt, und die meisten ihrer erstgeborenen Söhne standen im Dienst Moteczumas. In allen Gebieten dieser

Herren besaß er Festungen für seine Statthalter und Steuereinnehmer. Sie haben für die Abgaben Listen in ihrer Figurenschrift aufgestellt, und jede Provinz liefert je nach Beschaffenheit des Landes, so daß Moteczuma von allen Produkten seinen Teil bekam. Er war aber so gefürchtet, wie niemals ein Fürst dieser Welt es gewesen ist.

Moteczuma besaß viele Lusthäuser, jedes für eine besondere Art des Zeitvertreibs eingerichtet. Innerhalb der Stadt gehörten ihm so wunderbare Wohnhäuser, daß es mir unmöglich erscheint, sie zu beschreiben. Bei einem der Häuser befand sich ein sehr schöner Garten mit darüber aufsteigenden Türmen, deren Säulen und Platten vortrefflich aus Jaspis gearbeitet waren. In diesem Hause waren hinreichend Zimmer, um zwei große Fürsten mit ihrem ganzen Hofstaat aufzunehmen. Im Garten befanden sich zehn große Weiher mit allen im Lande vorkommenden Wasservögeln. Jede Art bekam das ihrer Natur angemessene Futter, Fische, Würmer, Mais oder anderes. Die Fischfresser bekamen täglich zweihundertfünfzig Pfund, die in der salzigen Lagune gefangen wurden. Die Aufsicht wurde von dreihundert Wärtern ausgeübt, die sich sonst um nichts zu kümmern hatten.

In einem Raum des Hauses wurden Männer, Frauen und Kinder gehalten, sämtlich weiß geboren und weiß von Angesicht, Leib, Haupthaar, Brauen und Wimpern. Er hatte auch einen Hof, der mit sehr hübschen Quadratplatten gepflastert war, ganz nach Art eines Schachfeldes. Alle Felder waren Käfige, anderthalb Mannslängen hoch und mit einem sehr sauber geflochtenen Rohrnetz überzogen. In jedem dieser Käfige befand sich ein Raubvogel, vom Turmfalken bis zum Adler, und alle in großer Zahl. Allen diesen Vögeln gab man nichts anderes als Hühner zu fressen. Unten im Hause befanden sich große Säle mit Käfigen aus starkem Bauholz, in denen sich Löwen, Tiger, Wölfe, Füchse und Katzen in großer Zahl befanden. Auch für diese Tiere waren dreihundert Wärter angestellt.

In einem anderen Hause hielt er viele mißgestaltete Männer und Weiber. Es gab da Zwerge, Bucklige und andere Mißgeburten, und jede Art dieser Ungeheuer hatte ihr eigenes Zimmer. Auch für sie waren besondere Pfleger bestimmt. Ich übergehe nun aber die vielen anderen Belustigungsmittel, die er in der

Stadt besaß. Seine Hofhaltung begann täglich bei Sonnenaufgang damit, daß etwa sechshundert Standespersonen in sein Haus kamen, wo sie sich niedersetzten oder umhergingen, sich unterhielten und die Zeit vertrieben, ohne dorthin zu kommen, wo er sich aufhielt. Ihre Dienerschaft und ihr Gefolge füllten zwei große Räume und dazu die Straße. Dort blieben sie den ganzen Tag bis zum Sonnenuntergang. Wenn man dem Moteczuma sein Mittagsmahl brachte, erhielten auch sie zu essen. Speisekammer und Keller standen aber immer offen für die, welche essen oder trinken wollten.

Die Art, das Essen aufzutragen, war folgende: drei- bis vierhundert Jünglinge brachten die Gerichte, die zahllos waren, denn bei jeder Mittags- und Abendmahlzeit trug man ihm alle Arten von Speisen auf – Fleisch, Fisch, Früchte und Kräuter –, wie sie das Land nur liefern mochte. Weil aber das Land ziemlich kalt ist, standen alle Schüsseln auf Wärmpfannen mit glühenden Kohlen, damit die Speisen nicht erkalteten. Alle Gerichte wurden zusammen aufgetragen, so daß der ganze Eßsaal davon angefüllt schien. Moteczuma saß auf einem kleinen Lederpolster, während fünf oder sechs alte Würdenträger ihn umstanden, denen er von seinen Speisen zuteilte. Zu Anfang und Ende der Mahlzeit wurde ihm stets Wasser zum Händewaschen gereicht, und das Handtuch, das er dabei benutzte, gebrauchte er nie wieder. Auch die Schüsseln und Schalen und die Wärmpfannen wurden nicht wieder aufgesetzt.

Er kleidete sich täglich viermal auf verschiedene Art, immer in ganz neue Gewänder, die er nur einmal trug. Die Herren, die zu ihm kamen, mußten barfuß gehen, und wenn sie vor ihm erschienen, beugten sie den Körper, hielten Kopf und Augen gesenkt und schauten ihm nie ins Angesicht. Ich weiß, daß einige dieser Herren den Spaniern Vorwürfe machten und sagten, sie stünden ja gerade und schauten mir ins Gesicht, wenn sie mit mir redeten, das sähe aber unehrerbietig und unverschämt aus. Wenn – was nur selten geschah – Moteczuma ausging, so senkten alle, die ihn begleiteten oder ihm begegneten, das Antlitz und hüteten sich, ihn anzuschauen. Alle übrigen warfen sich nieder, bis er vorüber war. Er ließ immer drei dünne Stäbe vor sich hertragen, ich glaube, damit man wußte, daß er gegenwärtig sei. Wenn er aus der Sänfte stieg, nahm er einen dieser Stäbe in die Hand und trug ihn bis zu dem Ort, wohin er wollte. Keiner der Sultane oder sonstigen ungläubigen Herrscher, von denen man bis jetzt Kunde hat, läßt so viele Zeremonien bei seiner Bedienung verrichten.

Dies ist nun die große Stadt, in der ich jene Angelegenheiten besorgte, die mir dem Dienst Eurer Majestät zu entsprechen schienen, nämlich Frieden zu stiften, große Länder mit sehr großen Städten und Flecken zu gewinnen, Minen zu entdecken und viele Geheimnisse der Länder unter der Herrschaft Moteczumas und anderer, die daran grenzen und die so groß und wunderbar sind, daß es fast unglaublich ist; und alles mit so viel Willfährigkeit und Zufriedenheit des Moteczuma und aller Eingeborenen, als hätten sie von Anbeginn Eure Majestät als König und Herrn erkannt, und nicht weniger verrichteten sie gutwillig alle Dinge, die ich ihnen in Dero Namen auftrug.

XVII

Mit all den erwähnten Angelegenheiten verbrachte ich die Zeit vom 8. November 1519 bis zum Mai des laufenden Jahres und befand mich in der Hauptstadt in vollkommener Ruhe und Behaglichkeit, hatte viele Spanier nach verschiedenen Gegenden abgeordnet, beruhigte und kolonisierte das Land und erwartete mit großer Sehnsucht Schiffe, die mir Antwort Eurer Majestät bringen sollten, mit denen ich dann aber diesen Bericht absenden könnte und zugleich all die Sachen von Gold und die Kleinodien, die ich für Eure Hoheit empfangen habe.

Da besuchten mich Eingeborene von der Meeresküste, die mir meldeten, daß vor der Bai San Juan (bei Veracruz) achtzehn Schiffe erschienen seien, was für welche, das wüßten sie nicht, denn sie hätten sich gleich aufgemacht, mir die Nachricht zu überbringen. Gleich darauf kam ein Eingeborener mit dem Brief eines Spaniers, den ich an der Küste postiert hatte. Dieser Brief aber lautete, an dem und dem Tage sei dem Hafen San Juan gerade gegenüber ein einzelnes Schiff in Sicht gekommen, worauf er die ganze Küste beobachtet, aber kein anderes zu Gesicht bekommen habe. Er glaube, es sei das Schiff, das ich nach Spanien abgesandt, denn es sei an der Zeit, daß es zurückkehren könne. Er warte nun darauf, daß das Schiff in den Hafen einlaufe, um sich näher zu unterrichten, und er werde mir dann sofort weiteren Bericht erstatten.

Ich entsandte nun zwei Boten auf verschiedenen Wegen, um einen etwa von dem Schiff abgehenden Kurier nicht zu verfehlen. Ich befahl ihnen, bis zu jenem Hafen zu gehen und sich zu erkundigen, wieviel Schiffe angekommen seien, woher sie kämen und was sie brächten, dann aber so schnell wie möglich zurückzukehren. Zugleich entsandte ich einen anderen Boten nach Veracruz, um dort zu sagen, was ich erfahren hatte, damit man sich auf Kundschaft lege und mir alles melde. Schließlich sandte ich noch einen Boten an den Hauptmann, den ich mit hundertfünfzig Mann zur Kolonisation des Landes und Hafens Coatzocoalco abgesandt hatte. Ich schrieb ihm, daß er dort, wo er den Boten treffe, haltmachen und nicht weiter vorrücken solle, bis ich ihm Weiteres mitteilen werde, da ich Nachricht erhalten habe, daß Schiffe im Hafen angelangt seien. Später hörte ich, daß er bereits von der Ankunft der Schiffe wußte.

Vierzehn Tage vergingen nun ohne weitere Nachrichten, worüber ich nicht wenig besorgt war. Dann kamen andere Indianer, von denen ich erfuhr, daß die Schiffe bereits im Hafen lägen und ihre Mannschaft an Land gesetzt hätten. Sie brachten eine Aufzeichnung mit, wonach achthundert Mann mit achtzig Pferden und zehn bis zwölf Kanonen gelandet waren. Dies hatten sie auf landesübliches Papier gemalt, das sie Moteczuma zeigen wollten. Sie sagten mir, daß sich der Spanier, den ich an der Küste stationiert hatte, und die von mir abgesandten Boten bei jenen Leuten befänden. Man habe ihnen gesagt, der Befehlshaber der Schiffe wolle sie nicht zurückkehren lassen, und sie möchten mir dies melden.

Als ich dies nun erfahren hatte, entschloß ich mich, einen zu meinem Gefolge gehörenden Geistlichen (Pater Bartolomé de Olmedo) mit einem Brief von mir und einem Schreiben der Alkalden und Regidoren der Stadt Veracruz, die sich gerade bei mir in der Hauptstadt befanden, abzusenden. Diese Briefe waren an den im Hafen angekommenen Befehlshaber und seine Mannschaft gerichtet, die ich recht ausführlich wissen ließ, was mir in diesem Land begegnet war und wie ich es erobert hatte, ferner daß ich den Fürsten des Landes gefangenhalte, daß ich mich in der Hauptstadt befinde und Gold und Kleinodien für Eure Majestät besitze, wovon ich Eure Hoheit bereits unterrichtet habe. Sie möchten mich wissen lassen, woher sie kämen und ob sie auf königlichen Befehl in dies Land gekommen seien, ob sie eine Niederlassung gründen und bleiben oder ihren Weg fortsetzen oder auch zurückkehren wollten. Wenn sie Mangel hätten, würde ich ihnen mit allem helfen, was mir nur möglich sei. Wenn sie aber etwa von außerhalb der Königreiche Eurer Hoheit herkämen, sollten sie mich wissen lassen, ob sie irgendeinen Bedarf hätten, weil ich ihnen auch dann helfen würde. Hätten sie aber keinen, so fordere ich sie im Namen Eurer Majestät auf, sich augenblicklich aus dem Lande zu entfernen und nicht darin umherzustreifen. Falls sie der Aufforderung nicht folgten, würde ich mit meiner ganzen Macht von Spaniern und auch Eingeborenen gegen sie aufbrechen und sie gefangennehmen oder töten, da sie versuchten, als Fremde in die Reiche meines Königs einzudringen.

Nachdem nun der Geistliche mit seiner Depesche abgegangen war, kamen fünf Tage darauf zwanzig Spanier von der Besatzung in Veracruz nach Tenochtitlán. Sie brachten mir einen Geistlichen und zwei weltliche Personen, die sie gefangengenommen hatten.

Ich erfuhr nun, daß Flotte und Mannschaft in jenem Hafen dem Diego Velázquez gehörten und in dessen Auftrag gekommen waren. Befehlshaber sei ein gewisser Panfilo de Narvaéz, der achtzig Pferde und viel Pulvergeschütz bei sich hätte sowie achthundert Fußsoldaten, unter denen sich achtzig Büchsenschützen und hundertzwanzig Armbrustschützen befänden. Er nenne sich Generalkapitän und stellvertretender Gouverneur all dieser Länder für Diego Velázquez, und er bringe dafür die Bestallung Eurer Majestät mit. Die von mir abgesandten Boten und der Mann von der Küstenwache befänden sich bei Narvaéz und dürften nicht zurückkehren. Er habe bereits Kundschaft über alles eingezogen, was ich hierzulande verrichtet hätte, über die Städte, die ich bereits erobert und die ich besetzt halte, auch die große Hauptstadt Tenochtitlán und das Gold und die Kleinodien, die ich im Lande vorgefunden. Zunächst aber habe Narvaéz sie in die Stadt Veracruz gesandt, um die Besatzung zur Empörung gegen mich zu verleiten.

Zugleich mit diesen Gefangenen überbrachte man mir mehr als hundert Briefe von Narvaéz an die Besatzung, worin es hieß, man möge den Worten, die dieser Geistliche und seine Gefährten in seinem Namen sagen würden, Glauben schenken, dann solle ihnen viel Gnade erwiesen werden. Wer aber das Gegenteil tun würde, solle sehr übel behandelt werden.

Beinahe zur gleichen Zeit kam ein Spanier an von der Truppe, die unterwegs nach Coatzacoalco war, der mir von seinem Hauptmann Juan Velázquez de Leon die Kunde brachte, die im Hafen liegenden Schiffe unterständen dem Panfilo de Narvaéz und seien im Namen des Diego Velázquez gekommen. Er sandte mir einen Brief, den Narvaéz durch einen Indianer an ihn als einen Verwandten des Velázquez geschickt hatte und in dem er ihm schrieb, durch meine Boten habe er von ihm erfahren, und nun solle er sofort mit seiner Mannschaft zu ihm stoßen. Der Hauptmann aber ging nicht darauf ein, sondern setzte sich mit seiner Mannschaft augenblicklich in Marsch, um zu mir zu stoßen.

Nachdem ich mich bei dem Geistlichen und seinen Begleitern nach der Stimmung in der Truppe des Narvaéz erkundigt hatte, erfuhr ich, daß sie mit der fluchwürdigen Absicht gekommen wäre, mich und viele meiner Gefährten (nach einer mitgebrachten Liste) zu töten, daß aber die Richter des Königlichen Gerichtshofes auf Española, als sie von den Plänen des Velázquez erfuhren, den Lizentiaten Ayllon mit dem Befehl zum Gouverneur von Kuba gesandt hätten, die Flotte nicht auszusenden. Die Flotte sei aber bereits fertig zum Auslaufen gewesen, was dann auch trotz der Befehle und Mahnungen des Lizentiaten geschehen sei. Ayllon aber befand sich nun im Hafen, wohin er mit der Flotte gekommen war, weil er glaubte, den Schaden noch abwenden zu können.

Ich sandte nun den Geistlichen Guevara mit einem Brief zu Narvaéz, worin ich ihm schrieb, ich hätte in Erfahrung gebracht, daß er der Befehlshaber jener Flotte sei, worüber ich mich freue. Ich hätte mich allerdings gewundert, daß er mir nicht geschrieben oder Boten gesandt habe, um mich von seiner Ankunft zu unterrichten, da ich doch glaube, daß er im Dienste Eurer Hoheit gekommen sei, dem mein höchstes Streben gelte. Noch mehr aber hätte ich mich über die Briefe gewundert, die meine Leute gegen mich aufwiegeln und zu ihm herüberziehen sollten, gleich als wären von uns die einen Ungläubige und die anderen Christen oder die einen Vasallen Eurer Hoheit und die anderen Dero Widersacher. Er möge also in Zukunft eine solche Handlungsweise unterlassen, vielmehr mir den Grund seiner Ankunft mitteilen. Man habe mir berichtet, daß er sich Generalkapitän und Stellvertreter des Gouverneurs Diego Velázquez tituliere und sich als solchen öffentlich habe ausrufen lassen, daß er Alkalden und Regidoren ernannt und Rechtsvollstreckungen vorgenommen habe, was sehr zum Mißfallen Eurer Hoheit gereichen werde und durchaus gegen Dero Gesetze sei. Denn da dieses Land Eurer Majestät gehöre, von Dero Vasallen kolonisiert sei und es hier bereits Justiz und Stadtratskollegien gebe, dürfe er sich nicht so titulieren, ohne zuvor in diesen Ämtern anerkannt zu sein – selbst wenn er die Bestallung Eurer Majestät mitbringe. Er möge aber eine solche Bestallung zuerst mir und dem Stadtrat von Veracruz vorlegen, worauf dann ihr Inhalt erfüllt werde, soweit dies dem königlichen Dienst förderlich sei. Denn ich befände mich in der Hauptstadt, halte den Herrscher gefangen und besäße eine große Summe an Gold und Kleinodien, die Eurer Hoheit sowohl als auch meinen Gefährten und mir gehören – ich dürfe deshalb nicht wagen, das Gebiet zu verlassen, aus Furcht, daß das Volk, sobald ich abzöge, rebellieren werde und ich alles Gold und die Hauptstadt dazu verlieren könnte, was zugleich den Verlust des ganzen Landes bedeuten würde.

Ich gab dem Geistlichen Guevara auch einen Brief an den Lizentiaten Ayllon mit, den Narvaéz aber, wie ich später erfuhr, verhaftet und als Gefangenen mit zwei Schiffen fortgeschickt hatte.

XVIII

An dem Tage, als der Geistliche abgereist war, kam ein Bote von meinen Leuten in Veracruz, der mir die Nachricht überbrachte, daß die ganze eingeborene Bevölkerung in Aufruhr und für Narvaéz gewonnen sei, besonders die von Cempoal und ihr Anhang. Keiner wolle mehr in der Festung Dienst tun, denn Narvaéz habe ihnen gesagt, ich sei ein Taugenichts und sie seien gekommen, mich und alle meine Gefährten zu verhaften und uns gefangen fortzuführen. Sie selbst würden dann auch das Land verlassen. Das Volk des Narvaéz sei sehr zahlreich, das meinige aber nur gering, und er habe viel mehr Pferde und Geschütze als ich.

Man benachrichtigte mich auch, daß Narvaéz in der Stadt Cempoal Quartier genommen habe, weshalb sie glaubten, er werde von dort aus, unterstützt durch die Indianer, über sie herfallen. Daher ließen sie mich nun wissen, daß sie Veracruz räumen und ins Gebirge ziehen wollten. Da ich aber das große Unglück voraussah, das im Anzuge war, schien es mir, daß sich vieles vielleicht friedlich schlichten lasse, wenn ich mich dorthin begäbe, wo Narvaéz sich befand. Denn wenn die Indianer mich persönlich sähen, würden sie es nicht wagen, sich zu empören. Dann wollte ich mit Narvaéz Ordnung machen, wie das Übel, das schon begonnen hatte, beendigt werden könne.

So brach ich noch am gleichen Tage auf. Ich ließ fünfhundert Mann mit einigen Geschützen in meinem festen Quartier zurück, das ich mit Mais und Wasser verproviantiert hatte.

Ich nahm auch einige Leute aus dem Gefolge Moteczumas mit und sagte ihm, er möge wohl bedenken, daß er Vasall Eurer Hoheit sei, und ich empfähle ihm jetzt meine Spanier mit all dem Gold und den Kleinodien, die er selber mir für Eure Hoheit gegeben habe oder habe geben lassen. Ich müsse jetzt zu den neuangekommenen Leuten gehen, da ich Ursache hätte zu glauben, daß sie Bösewichter und keineswegs Vasallen Eurer Hoheit seien. Er versprach mir, die Meinigen mit allem Nötigen zu versorgen, und diejenigen aus seinem Gefolge, die mit mir gingen, würden mich einen Weg führen, auf dem ich gar nicht aus seinem Gebiet herauskäme. Sie würden mir alles verschaffen, was ich brauche. Wenn die Angekommenen wirklich Übeltäter seien, möge ich es ihn wissen lassen, damit er sogleich für eine starke Kriegsmannschaft sorgen könne, um sie aus dem Lande zu treiben. Ich dankte ihm und schenkte ihm und seinen Gefolgsleuten, die um ihn waren, viele Kleinodien und Stoffe.

In der Stadt Cholula traf ich mit Juan Velázquez de Leon zusammen, dem Hauptmann, den ich nach Coatzacoalco gesandt hatte, der aber nun mit seiner ganzen Mannschaft mit mir zog. Fünfzehn Leguas hinter Cholula begegnete ich dem Pater Olmedo, den ich nach dem Hafen geschickt hatte. Er überbrachte mir einen Brief des Narvaéz, in dem er mir mitteilte, er besitze eine Bestallung, dieses Land für Diego Velázquez zu sichern, ich möge also zu ihm kommen, um diesen Auftrag gehorsam zu vollziehen. Er habe bereits eine Stadt gegründet und Alkalden und Regidoren ernannt. Weiter erfuhr ich durch den Pater, daß er bestürmt worden sei, einige meiner Leute zu gewinnen, daß sie zu Narvaéz überliefen. Sie hätten vor ihm mit der ganzen Mannschaft zu Fuß und zu Pferde Parade abgehalten und ihre Geschütze auf den Schiffen und am Lande abgefeuert, um ihn und die anwesenden Indianer in Furcht zu versetzen, worauf sie zu ihm gesagt hätten: »Seht nun selbst, ob ihr euch gegen uns verteidigen könnt, wenn ihr nicht tut, was wir wollen!«

Weiter erzählte mir der Pater, daß er bei Narvaéz einen Vasallen Moteczumas, den Statthalter des ganzen Landes zwischen den Pässen und dem Meere, angetroffen habe, und er habe erfahren, daß dieser im Auftrage Moteczumas mit Narvaéz geredet und ihm goldene Kleinodien gegeben hatte, und Narvaéz habe ihm gleichfalls einige Sächelchen geschenkt. Weiter konnte er erfahren, daß Narvaéz Boten an Moteczuma geschickt hatte, um ihm zu sagen, daß er ihn befreien wolle. Er komme, um mich und alle meine Gefährten zu verhaften, dann aber sofort zurückzukehren und das Land zu verlassen. Endlich habe der Pater erfahren, daß Narvaéz sich in den Besitz des Landes setzen und gegen uns marschieren und uns nach Kriegsbrauch behandeln werde, wenn weder ich noch meine Gefährten ihn als Feldherrn und Oberrichter anerkennen wollten. Dazu habe er sich mit den Eingeborenen des Landes, besonders mit Moteczuma, verbündet.

Als ich nun die schädlichen Folgen sah, die sich aus all dem ergeben würden, rückte ich ihm näher, trotz seiner Drohungen, mich und meine Gefährten aufzuheben, wo immer er uns greifen könne. Ich hatte die Hoffnung, ihn von seinem bösen Vorsatz und verdammten Anschlag ablenken zu können, und so verfolgte ich meinen Weg. Fünf Leguas vor Cempoal, wo Narvaéz Quartier genommen hatte, kamen mit dem Geistlichen aus meinem Gefolge, der mein Schreiben an Narvaéz übermittelt hatte, ein zweiter Geistlicher und ein gewisser Andrés de Duero, der ebenfalls im Gefolge des Narvaéz gekommen war. (Es war der Geheimschreiber des Velázquez, der Cortés auf Kuba unterstützt hatte.) Die Abgesandten sagten mir im Auftrag des Narvaéz, ich möge zu ihm kommen, ihn als meinen Feldherrn anerkennen und ihm das Land übergeben. Andernfalls werde mir großer Schaden erwachsen, denn er habe große Macht, und außer den Spaniern ständen auch noch die Eingeborenen auf seiner Seite. Wenn ich mich ergeben wolle, werde er mir alle seine Schiffe und die Vorräte überlassen und mich mit allen, die mich begleiten wollten, und mit allem, was wir mitnehmen möchten, ungehindert absegeln lassen. Einer der Geistlichen sagte mir, so sei es schriftlich von Diego Velázquez befohlen worden, und sie wollten mir hierüber alle Sicherheit geben, die ich verlangen könne. Ich antwortete ihnen, in alldem sähe ich noch keinen Befehl Eurer Hoheit, habe Narvaéz aber die königliche Vollmacht, so möge er sie mir und dem Stadtrat von Veracruz vorlegen, wie es spanische Ordnung und Sitte sei. Bis dahin aber könne mich nichts bewegen, solchen Anträgen nachzukommen, lieber würde ich mit den Meinigen bei der Verteidigung des Landes sterben. Wir wollten nicht Verräter und Treubrüchige an unserem König sein. Sie machten mir darauf noch viele Vorschläge, um mich für ihren Plan zu gewinnen, aber ich wollte auf keinen eingehen, ohne die königliche Order gesehen zu haben.

Schließlich kam ich mit dem Geistlichen und Andrés de Duero überein, daß Narvaéz mit zehn Gefolgsleuten und ich mit ebenso vielen zusammenkommen sollten, wobei er mir die königlichen Befehle, falls er sie besitze, vorlegen und ich mich dazu erklären würde. Ich sandte ihm nun eine von mir unterzeichnete Geleitsurkunde, und er schickte mir die seinige. Er hatte aber, wie es schien, nicht die Absicht, sie zu halten. Vielmehr wurde ein Anschlag geplant, mich während der Zusammenkunft wie zufällig und unversehens zu ermorden. Dazu wurden zwei von den zehn Begleitern bestimmt, während die anderen mit meiner Schutzwache kämpfen sollten. Man sagte sich, wenn ich erst tot sei, würde ihre Sache schon durchgeführt werden. So wäre es auch wirklich geschehen, hätte nicht Gott, der in solchen Fällen zu helfen pflegt, auch mir geholfen durch eine Nachricht, die ich von Teilnehmern des verräterischen Anschlags erhielt, gleichzeitig mit dem Geleitbrief, den man mir sandte.

Als ich dies nun erfahren hatte, schrieb ich einen Brief an Narvaéz und einen anderen an die Vermittler, in dem ich ihnen mitteilte, daß ihr bösartiger Anschlag mir kundgeworden sei und daß ich nicht zu der geplanten Zusammenkunft kommen werde. Weiter ließ ich an Narvaéz den ausdrücklichen Befehl ergehen, daß er mir eine königliche Bestallung vorlegen solle, sich bis dahin weder Generalkapitän noch Oberrichter nennen und in keiner Weise in die Verwaltung dieser Ämter einmischen dürfe. Gleichzeitig befahl ich allen seinen Leuten, ihn weder anzuerkennen noch ihm zu gehorchen, sondern vor mir zu erscheinen und die Befehle zu empfangen, wie sie den königlichen Dienst zu tun hätten, andernfalls würde ich sie wie Verräter und Abtrünnige behandeln, sie also nach Recht und Gesetz gefangennehmen und aburteilen.

Die Antwort, die ich hierauf von Narvaéz empfing, bestand darin, daß er den Notar und eine Begleitperson, die ihm mein Schreiben überbrachten, verhaften ließ. Sie wurden festgesetzt bis zur Ankunft eines anderen Boten, den ich abgeschickt hatte, um über sie Erkundigungen einzuziehen. Dann wurde in ihrer Gegenwart Musterung über das ganze Volk abgehalten, mit Drohungen gegen sie und mich, wenn wir ihnen nicht das Land übergeben würden.

Als ich nun sah, daß so großer Schaden auf keinem anderen Wege mehr abzuwenden sei und daß der Aufstand der Indianer immer weiter um sich griff, gab ich Gonzalo de Sandoval, dem Großprofos (Oberster Militärrichter), den Befehl, Narvaéz und seine sogenannten Alkalden und Regidoren gefangenzunehmen. Ich übergab ihm achtzig Mann, um die Verhaftung auszuführen. Und mit hundertsiebzig Mann – denn wir waren im ganzen nur zweihundertfünfzig, lauter Fußvolk, ohne Geschütze und ohne Pferde – folgte ich zu seiner Unterstützung, falls Narvaéz und seine Gefolgschaft sich der Verhaftung widersetzen sollten.

XIX

An dem Tage nun, an dem der Großprofos und ich mit unseren Leuten nach der Stadt Cempoal zogen, wo Narvaéz Quartier genommen hatte, war er, von unserem Anmarsch unterrichtet, mit achtzig Pferden und fünfhundert Fußsoldaten ins Feld gerückt – ohne die übrigen, die er in seinem Quartier zurückließ, das im Haupttempel lag und gut befestigt war. Er ging etwa eine Stunde weit vor, als er mich aber nicht antraf, glaubte er, man habe ihn zum besten gehalten, und kehrte ins Quartier zurück, wo er seine Truppe in Bereitschaft hielt. Etwa eine Legua vor der Stadt stellte er zwei Vorposten auf.

Da ich allen Skandal möglichst vermeiden wollte, schien es mir, er würde wenigstens geringer sein, wenn ich in der Dunkelheit, möglichst unbemerkt, gerade auf das Quartier des Narvaéz losginge und ihn gefangennähme. Denn wäre er nur erst festgesetzt, so glaubte ich, würde es weiter keinen Skandal mehr geben, die übrigen würden wohl der Justiz gehorchen wollen, besonders da die meisten nur gekommen waren, weil Velázquez sie dazu gezwungen hatte und sie befürchten mußten, daß er ihnen die Indianer, die sie auf Kuba besaßen, nehmen würde.

So geschah es, daß ich das Quartier am heiligen Pfingsttage kurz nach Mitternacht überfiel. Vorher war ich auf die beiden von Narvaéz ausgestellten Vorposten gestoßen, und mein Vortrupp hatte einen von ihnen gefangengenommen, der andere war entwischt. Damit nun der entkommene Posten mir nicht zuvorkommen und Alarm schlagen konnte, beeilte ich mich, konnte jedoch nicht verhindern, daß er eine halbe Stunde vor mir ankam. Und als ich nun bei Narvaéz anlangte, waren bereits alle seine Leute unter Waffen, die Pferde gesattelt und alles auf seinem Platz. Wir kamen aber so geräuschlos heran, daß ich, als man uns gewahr wurde und Lärm schlug, bereits in den Hof des Quartiers einrückte, wo das ganze Volk kaserniert und beisammen war. Sie hielten auch die Türme besetzt, und in einem dieser Türme, wo Narvaéz wohnte, hielt er die Treppe mit neunzehn Büchsenschützen besetzt. Wir aber stürmten so schnell den Turm hinauf, daß sie nicht Zeit genug hatten, mehr als einen Schuß abzufeuern, und bei diesem gab Gott, daß er nicht losging und keinen Schaden anrichtete.

So ging es den Turm hinan bis zum Schlafgemach des Narvaéz, wo er sich mit fünfzig Mann gegen den Großprofos Sandoval und dessen Mannschaft verteidigte.

Während der Großprofos den Narvaéz verhaftete, ließ ich die ganze Artillerie nehmen und verstärkte mich durch sie, so daß ohne mehr Verluste als zwei Mann, die ein Kanonenschuß tötete, binnen einer Stunde alle gefangen waren, die gefangen sein sollten, und die übrigen entwaffnet. Diese aber versprachen, dem Willen Eurer Majestät zu gehorchen, wobei sie versicherten, bis jetzt getäuscht worden zu sein. Man habe ihnen gesagt, ich habe mir die Herrschaft über das Land angemaßt und sei ein Verräter an Eurer Majestät. Als sie nun die Wahrheit und die bösen Absichten des Diego Velázquez und des Narvaéz erfuhren, waren sie hocherfreut, daß Gott es so gefügt hatte.

Wenn Narvaéz gesiegt hätte, wäre es das größte Unglück für Spanien gewesen. Er hätte mich und viele meiner Gefährten gehenkt, damit niemand übrigbleibe, von dem Geschehenen Kunde zu geben. Die Indianer aber hatten sich verständigt, daß dann, wenn Narvaéz mich gefangennähme, viele von seinen als auch von meinen Leuten dabei umkommen würden. Unterdessen wollten sie meine in der Hauptstadt zurückgelassenen Leute töten, wie es auch wirklich versucht wurde. Endlich wollten sie dann über die übrigen herfallen, so daß ihr Land wieder frei sein, von den Spaniern aber selbst das Gedächtnis an sie ausgetilgt würde. Dann aber wäre man in zwei Jahrzehnten nicht imstande gewesen, ein solches Land wieder zu erobern und friedlich zu beherrschen, das jetzt schon so völlig gewonnen und befriedet war.

Da sich in der Stadt Cempoal für so vieles Volk nicht genug Unterhalt fand – denn sie war nach der Plünderung durch Narvaéz fast zerstört, die Einwohner entflohen und die Häuser leer –, so entsandte ich zwei Hauptleute mit je zweihundert Mann, den einen (Juan Velázquez de León) nach Coatzacoalco, um dort die Kolonisation durchzuführen, wozu er vorher schon unterwegs gewesen war, den anderen (Diego de Ordas) nach dem Flusse Pánuco, den die Schiffe des Francisco de Garay bereits aufgesucht hatten. Weiter schickte ich zweihundert Mann nach der Stadt Veracruz, wohin ich die von Narvaéz mitgebrachten Schiffe kommen ließ. Mit den übrigen Leuten blieb ich in der Stadt. Nach der Hauptstadt Tenochtitlán aber schickte ich einen Boten, durch den ich die dort zurückgelassenen Spanier unterrichten ließ, wie es mir inzwischen ergangen war.

Dieser Bote kehrte nach zwölf Tagen zurück und überbrachte mir Briefe meines dort gebliebenen Alkalden, der mir mitteilte, daß die Indianer unsere Festung von allen Seiten angegriffen, an vielen Stellen Feuer angelegt und Stollen gegraben hätten. Die Spanier seien in größter Gefahr gewesen und wären getötet worden, wenn nicht Moteczuma befohlen hätte, den Kampf einzustellen, daß man sie aber auch jetzt noch eingeschlossen habe und keinem von ihnen sich aus der Festung zu entfernen gestatte. Ferner habe man ihnen während der Kämpfe einen großen Teil der Vorräte weggenommen, und auch die vier Brigantinen seien verbrannt worden. Die Spanier befänden sich in größter Not, und ich möge ihnen um Gottes willen eilends zu Hilfe kommen.

XX

Als ich nun erwog, in welche Bedrängnis jene Spanier versetzt worden waren und daß, wenn ich ihnen nicht zu Hilfe käme, ihr Leben und alles zusammengebrachte Gold verlorengehen würden, ja daß auch noch die beste und edelste Stadt der neuentdeckten Welt uns wieder verlustig sein könnte, schickte ich sofort Boten an die mit einem Teil der Mannschaft ausgesandten Hauptleute mit dem Befehl, sofort umzukehren und auf dem kürzesten Wege nach Tlaxcala zu marschieren, wohin ich selbst mit meiner Schar vorauszog, um mich dort samt meiner Artillerie und siebzig Reitern mit ihnen zu vereinigen. Als das geschehen war, marschierte ich mit siebzig Pferden und fünfhundert Fußsoldaten in aller Eile nach der Hauptstadt.

Auf dem ganzen Wege erschien nicht ein einziger Abgesandter Moteczumas zu meiner Begrüßung, wie es sonst üblich war. Das ganze Land war in Aufruhr und fast entvölkert, woraus ich schweren Argwohn schöpfte. Ich glaubte, die in der Stadt gebliebenen Spanier seien getötet worden und das versammelte

Moteczuma, Herrscher der Azteken
(Nach einem Bilde, das sich im Besitz der Nachkommen befand)

Kriegsvolk des Landes erwarte mich an irgendeinem Engpaß, wo man leicht mit mir fertig zu werden gedachte. Ich marschierte deshalb mit größter Vorsicht, bis ich die Stadt Tetzcuco erreichte. Dort erkundigte ich mich bei einigen Eingeborenen nach den in der Hauptstadt zurückgebliebenen Spaniern. Sie sagten mir, daß sie noch am Leben seien, und ich befahl ihnen, mir ein Boot zu beschaffen, weil ich einen Spanier hinübersenden wollte, um sich davon zu überzeugen. Während seiner Abwesenheit solle ein anderer Eingeborener als Geisel bei mir bleiben. Von den vornehmen Herren, die ich früher gekannt hatte, ließ sich jetzt keiner sehen. Als der Kahn beschafft war, schickte ich einige Indianer mit dem Spanier ab. Da kam aber ein anderes Boot über den See mit einem der zurückgebliebenen Spanier, von dem ich nun erfuhr, daß alle Spanier mit Ausnahme von fünf oder sechs Leuten, die von den Indianern getötet worden seien, noch lebten, daß sie aber noch immer eingeschlossen würden und man sie weder aus der Feste herauslasse noch sie mit Proviant versorge – außer gegen hohen Tauschpreis, obgleich jetzt, nachdem sie von meinem Anmarsch gehört hätten, etwas leidlicher verfahren werde.

Moteczuma habe gesagt, er warte nur, bis ich wieder da sei, dann würden sie sich wieder in der Stadt frei bewegen können. Er ließ mir durch einen Boten sagen, er glaube, daß ich schon wissen werde, was in der Stadt vorgefallen sei, und er denke, ich werde darüber erzürnt und vielleicht willens sein, ihm irgendeinen Schaden zuzufügen, aber er bitte mich, meinen Zorn fahren zu lassen, denn es sei nichts nach seinem Willen oder mit seiner Zustimmung geschehen. Ich möchte kommen, um in der Stadt wie früher zu wohnen. Man werde wie früher alles tun, was ich befehle. Ich ließ ihm sagen, daß ich gar nicht gegen ihn erzürnt sei, weil ich seinen guten Willen wohl kenne, und ich wolle tun, wie er gesagt habe.

Am folgenden Tage, dem Vorabend des Johannistages, setzte ich mich in Marsch und übernachtete drei Leguas von der Hauptstadt entfernt. Am Johannistage brach ich, nachdem ich die Messe gehört hatte, wieder auf und zog gegen Mittag in die Stadt ein. Ich sah nur wenige Einwohner. Einige Wälle an den Kreuzungen und Nebenstraßen waren verlassen, was mir nicht geheuer schien, obgleich ich noch glaubte, sie hätten sich aus Furcht zurückgezogen, und wenn ich nur erst in der Stadt wäre, würde ich sie schon beruhigen. Und so gelangte ich an unsere Festung, in der meine Truppen einquartiert wurden, soweit ich sie nicht in den Haupttempel legte. Die in der Festung aber empfingen uns mit solcher Freude, als hätten wir ihnen das Leben wiedergegeben, das sie schon verloren geglaubt hatten. Höchst vergnügt verbrachten wir den Tag und die Nacht miteinander und glaubten, daß nun überall Friede sei.

Am nächsten Tage schickte ich einen Boten nach Veracruz, um dort die gute Nachricht zu verkünden, daß ich in der Stadt angekommen sei und sie sicher in der Hand habe. Der Bote kam jedoch schon nach einer halben Stunde zurück, völlig zerschlagen und verwundet. Er verkündete mit großem Geschrei, daß die Indianer der Stadt heranrückten und alle Zugbrücken bereits aufgezogen hätten. Hinter ihm sahen wir dann auch wirklich eine solche Menschenmasse von allen Seiten heranstürzen, daß man die Straßen und die platten Dächer vor lauter Volk nicht mehr sehen konnte, und es kam mit so großem Geschrei und einem so entsetzlichen Gebrüll heran, wie man es sich in der Welt nur denken kann. Und der Steine, die sie uns mit Schleudern in die Festung warfen, waren so viele, daß es aussah, als regneten sie vom Himmel. Und die Pfeile und Wurfgeschosse kamen in solcher Menge, daß alle Hofräume damit angefüllt wurden und wir uns darin fast nicht mehr rühren konnten.

Ich machte nun an mehreren Punkten einen Ausfall gegen die Feinde, aber sie hielten sich recht tapfer. Auf einer Seite war einer meiner Hauptleute mit zweihundert Mann ausgerückt, aber ehe er sich wieder zurückziehen konnte, wurden ihm vier Mann getötet und er selbst mit vielen anderen verwundet. Auch ich wurde verwundet und viele Spanier mit mir, wir aber konnten nur wenige töten, denn sie zogen sich hinter ihre Brücken zurück und belästigten uns mit Steinwürfen von den Dächern und Terrassen herab, von denen wir einige erstürmten und in Brand steckten. Aber es waren so viele und alle mit so vielen Indianern besetzt und mit Steinen und anderen Waffen so gut versehen, daß wir nicht ausreichten, sie alle zu erobern und uns dort zu behaupten.

In der Festung selbst wurde ebenfalls hart gekämpft, und an mehreren Stellen kam es zum Feuerlegen. Einmal mußten wir die Wände einschlagen und stückweise herunterstürzen, um das Feuer zu dämpfen. Nur durch viele Büchsen- und Armbrustschützen und Kanonen, die ich dort aufstellte, gelang es, den

Ansturm der Feinde zurückzuschlagen. So kämpften wir den ganzen Tag hindurch bis tief in die Nacht. Während der Nacht aber ließ ich die durch das Feuer entstandene Bresche wieder ausbessern und andere Punkte in der Festung verstärken, die mir zu schwach erschienen. Ich verteilte die Leute auf die uns verbliebenen Räume, bestimmte die Mannschaft für die Ausfälle am nächsten Tage und ließ die Verwundeten verbinden, die mehr als achtzig zählten.

Sobald es Tag geworden war, begannen die Scharen unserer Feinde einen weit heftigeren Angriff als tags zuvor. Sie erschienen in solcher Menge, daß unsere Artilleristen gar nicht zu zielen, sondern aufs Geratewohl mitten in die Haufen der Indianer hineinzuschießen brauchten. Aber obgleich unsere Artillerie ihnen vielen Schaden zufügte, da dreizehn Donnerbüchsen ohne die Flinten und Armbrüste spielten, so machte sie uns doch nur wenig Luft, denn wo ein Schuß zehn oder zwölf Feinde hinweggerafft hatte, schloß sich die Masse sofort wieder, so daß man hätte glauben können, es sei gar kein Schaden geschehen. Nachdem ich in der Festung eine Besatzung zurückgelassen hatte, die mir angemessen erschien, machte ich wieder einen Ausfall, nahm ihnen einige Brücken, verbrannte mehrere Häuser und tötete viele ihrer Verteidiger. Es waren aber so viele, daß in ihrer Masse nur eine geringe Bresche entstand, und während wir den ganzen Tag kämpfen mußten, fochten sie nur stundenweise, indem sie sich ablösten. Auch an diesem Tage verwundeten sie mir fünfzig oder sechzig Spanier, obgleich keiner starb. Wir kämpften, bis es dunkel wurde, und zogen uns völlig ermüdet in die Festung zurück.

Wir verwandten nun die Nacht und den ganzen folgenden Tag darauf, drei Maschinen aus Bauholz zu verfertigen, die je zwanzig Mann faßten, die darin standen, um nicht von den Steinen, die von den Dächern geschleudert wurden, verletzt zu werden. Die Maschinen waren nämlich mit Brettern bedeckt, die Mannschaft darin bestand aus Armbrust- und Büchsenschützen und anderen, die Hacken und Brechstangen trugen, um die Häuser und die über die Straßen gezogenen Quermauern niederzureißen. Während wir aber diese Maschinen bauten, ließ der Angriff unserer Widersacher keineswegs nach, und als wir einmal einen Ausfall machten, versuchten sie gleichzeitig in die Festung einzudringen, woran wir sie nur mit größter Mühe hindern konnten.

Moteczuma, der immer noch mit einem seiner Söhne und vielen Würdenträgern unser Gefangener war, sagte mir, man möge ihn auf das Dach der Festung bringen, er wolle von dort zu den Anführern seines Volkes reden, damit der Krieg ein Ende nehme.

(Bernal Diaz berichtet anders darüber: In dieser Not kam Cortés auf den Gedanken, daß Moteczuma den Feind vom Söller herab anreden und ihm die Einstellung der Feindseligkeiten befehlen sollte, da wir entschlossen seien, die Stadt zu räumen. Als man dieses Ansinnen an den Monarchen stellte, soll er mit tiefster Wehmut ausgerufen haben: »Warum wendet sich Malinche (so nannten ihn die Indianer) nur an mich? An mich, der des Lebens satt ist und der kein Wort mehr von ihm hören mag, nachdem er mich in all diesen Jammer gestürzt hat!« Moteczuma blieb bei seiner Weigerung und äußerte, wie man mir erzählt hat, dann weiter: »Ich will nichts mehr von diesem Mann sehen und hören. An seine falschen Worte und Versprechungen glaube ich nicht mehr, denn alles ist eitel Lügenwerk!« Da gingen Pater Olmedo und Christóbal de Oli zu ihm und redeten ihm mit den freundlichsten und herzlichsten Worten zu. »Ach«, erwiderte er darauf, »zu all dem ist es jetzt zu spät. Ich bin überzeugt, daß die Mexikaner auf mein Verlangen die Feindseligkeiten nicht mehr einstellen werden. Sie haben ja bereits einen anderen auf den Thron gehoben, und ihr Entschluß steht fest, keinen von euch mit dem Leben davonkommen zu lassen. Es ist für mich kein Zweifel, ihr werdet alle euer Grab in dieser Stadt finden.«

Am Ende ließ Moteczuma sich doch erbitten, einen Versuch zu machen. Unter Bedeckung einer starken Abteilung unserer Mannschaft trat er an die Brüstung des Söllers und begann, seine Untertanen mit den gütigsten Worten anzureden und sie aufzufordern, die Feindseligkeiten einzustellen, da wir Mexiko räumen wollten. Er wurde von vielen vornehmen Offizieren erkannt, die ihren Leuten sogleich geboten, sich still zu verhalten und das Schießen und Werfen einzustellen. Vier von ihnen traten sogar hervor und sagten ihm mit weinenden Augen: »Ach, gnä-

diger Herr, wie nahe geht uns Euer Unglück und das Unglück Eurer Kinder und Verwandten! Wir dürfen Euch aber nicht verhehlen, daß wir einen Eurer Vettern auf den Thron dieses Landes gehoben haben.« Hier nannten sie den neuen Monarchen. Es war der bisherige Fürst von Iztapalapa. Sie müßten, fuhren sie fort, den Krieg beendigen, wie sie ihn begonnen, dies hätten sie ihren Götzen versprochen und ihnen geschworen, nicht früher von uns abzulassen, als bis keiner mehr von uns übrig wäre. Sie hätten täglich ihre Götter Uitzilopochtli und Tetzcatlipoca angefleht, ihn aus unserer Gewalt zu befreien, und sollte er frei werden, so wollten sie ihn in größeren Ehren halten als zuvor, wie sie auch hofften, daß er ihnen ihr jetziges Betragen verzeihen werde ... Unglücklicherweise brachen die Feindseligkeiten gleich wieder los, und ehe man's sich versah, war Moteczuma durch drei Steinwürfe und einen Pfeilschuß an Kopf, Arm und Bein getroffen, so daß man den unglücklichen Monarchen in seine Gemächer zurückbringen mußte. Man wollte ihn gleich verbinden und bat ihn, etwas zur Stärkung zu sich zu nehmen, allein er wies alles zurück, und gegen jede Erwartung kam bald hierauf die Meldung, daß er verschieden sei.)

Ich ließ den Leichnam durch gefangene Indianer hinaus zu ihren Leuten tragen, doch ich weiß nicht, was sie damit angefangen haben, wohl aber, daß der Krieg deshalb nicht aufhörte, vielmehr täglich heftiger und erbitterter wurde. Am gleichen Tage aber riefen sie aus der Gegend, von wo aus Moteczuma verwundet worden war, ich möge dorthin kommen, weil einige Anführer mit mir zu reden wünschten. Ich tat es und wechselte mit ihnen viele Gespräche, worin ich sie bat, nicht mehr gegen mich zu kämpfen, da sie gar keinen Grund dazu hätten. Sie möchten bedenken, wieviel Gutes ich ihnen erwiesen hätte. Ihre Antwort war, ich solle abziehen und das Land verlassen, andernfalls könne ich überzeugt sein, daß sie uns den Garaus machen würden. Ich aber glaubte, sie sagten das nur, um mich herauszulocken und beim Zug durch die Stadt zwischen den Brücken über uns herzufallen. Daher erwiderte ich, daß ich nicht aus Furcht vor ihnen um Frieden bäte, sondern nur um eine so schöne Stadt wie diese nicht zugrunde gerichtet zu sehen. Sie antwor-

Kampf um den Palast Moteczumas im Juni 1520
(Im Palasthof spanische Krieger mit Hernán Cortés, Doña Marina und tlaxcatekischen Bundesgenossen. Eine Kartaune im Tor. Auf dem Dach Moteczuma, der mit Steinwürfen bedacht wird. Oben rechts die brennende christliche Kapelle.
Aus einer indianischen Bilderhandschrift)

teten nochmals, daß sie nicht aufhören würden zu kämpfen, bis ich aus ihrer Stadt abzöge.

Da nun die erwähnten Maschinen fertig waren, machte ich am Tage wieder einen Ausfall, um ihnen einige Brücken und Azoteen abzunehmen. Die Maschinen gingen voran, hinter ihnen vier Feuerschlünde, dann viel anderes Volk mit Armbrust und Tartsche und über dreitausend Indianer aus Tlaxcala, die mit mir gekommen waren. An einer Brücke angelangt, rückten wir die Maschinen an die Mauern einiger Azoteen, dazu einige Leitern, die wir zu ihrer Ersteigung mitgebracht hatten. Aber die Steine, die man von oben herabwarf, waren so zahlreich und so groß, daß unsere Maschinen unbrauchbar gemacht, ein Spanier getötet und mehrere verwundet wurden, ohne daß wir ihnen einen Schritt Boden abgewinnen konnten. Wir kämpften vom Morgen bis zum Mittag und kehrten ziemlich betrübt nach der Festung zurück.

Nun wuchs ihnen der Mut, so daß sie fast bis an die Tore nachrückten und uns den Haupttempel (den Teocalli des Uitzilopochtli) abnahmen. Etwa fünfhundert Indianer stiegen den höchsten Turm hinauf, und es wurde viel Proviant hinaufgeschafft, vor allem auch Steine. Sie trugen alle sehr lange Lanzen mit Spitzen aus Kieselstein, breiter als die unsrigen und ebenso scharf. Da sie uns nun von dort viel Schaden zufügten, weil unsere Festung recht nahe lag, wurde der Turm zwei- oder dreimal von den Spaniern angegriffen und zu erstürmen versucht, aber er war sehr hoch und der Aufgang schwierig, denn er hatte hundert und mehr Stufen. Sooft die Spanier hinaufkletterten, so kamen sie auch Hals über Kopf wieder herunter.

Ich fiel nun aus der Festung aus, obgleich ich die linke Hand wegen einer tags zuvor erhaltenen Wunde noch nicht wieder gebrauchen konnte. Die Tartsche am Arm festgebunden, begab ich mich mit einigen Spaniern nach dem Turm und ließ ihn unten ganz umstellen. Die Posten hatten es sauer genug, da sie auf allen Seiten mit dem Feinde kämpfen mußten. Ich begann nun die Treppe des Turmes hinaufzusteigen, hinter mir einige Spanier. Und obschon der Aufgang tapfer verteidigt und drei oder vier Spanier wieder hinabgestürzt wurden, gelangten wir doch endlich durch die Hilfe Gottes und seiner gebenedeiten Mutter hinauf, deren Bildnis wir schon dort aufgestellt hatten. Einmal aber dort oben angelangt, bekämpften wir die Feinde so hart, daß sie Not genug hatten, vom Turm herab auf einige ihn umgebende Azoteen zu springen, einige aber stürzten ganz hinunter und wurden von den Spaniern getötet, die um den Turm postiert waren. Die Feinde aber, die sich auf den Azoteen gehalten hatten, kämpften so tapfer, daß wir drei Stunden brauchten, um sie sämtlich niederzumachen. Eure Majestät mag es glauben, daß die Eroberung dieses Turmes ein großes Unternehmen war. Wenn Gott ihnen nicht die Flügel knickte, so reichten zwanzig Spanier aus, um tausend Feinden den Aufgang zu verwehren. Bei alledem fochten sie sehr tapfer bis zum letzten Atemzuge. Ich ließ sodann diesen und auch die anderen Türme in Brand stecken. Die Heiligenbilder, die wir darin aufgestellt hatten, waren schon früher von den Indianern entfernt worden.

XXI

Nachdem wir ihnen diese starke Stellung abgenommen hatten, verloren sie etwas von ihrem Übermut, so daß sie sich auf mancherlei Weise schwächer zeigten. Ich ging deshalb wieder auf die Azoteen, um nochmals mit den Anführern zu reden. Ich sagte ihnen, sie möchten wohl bedenken, wie wir ihnen täglich großen Schaden zufügten, viele von ihnen töteten, ihre Stadt zerstörten und nicht aufhören würden, bis weder von ihr noch von ihnen das mindeste übrig sei. Sie erwiderten, daß sie das wohl wüßten, doch wären sie nun entschlossen, alle zu sterben, wenn sie uns gleichzeitig vernichten könnten. Ich möge nur schauen, wie vollgepfropft von Menschen alle Straßen, Plätze und Dächer seien, so daß ich, wenn sie fünfundzwangzigtausend Tote auf einen von uns hätten, doch früher am Ende sein würde als sie. Sie hätten alle Dämme zerstört, wie es auch wirklich mit Ausnahme eines einzigen geschehen war, wir könnten also nur übers Wasser heraus. Sie wüßten auch wohl, daß wir wenig Proviant und Wasser hätten und nicht mehr lange ausdauern könnten, ohne vor Hunger zu sterben, wenn nicht von ihrer Hand.

Wir hatten dann noch mehrere Unterredungen, jeder in seinem Sinne. In der Nacht aber machte ich mit einigen Spaniern einen Ausfall, und da wir den Feind überraschten, eroberten wir eine Straße und verbrannten darin mehr als dreihundert Häuser. Als nun die Massen dorthin stürzten, kehrten wir auf einem anderen Wege zurück und verbrannten auch hier viele Häuser, namentlich solche, von deren Azoteen sie uns vielen Schaden zugefügt hatten. In dieser Nacht ließ ich auch die Maschinen wieder instand setzen.

Um nun den Sieg zu verfolgen, rückte ich bei Tagesanbruch wieder aus, und zwar nach der Straße zu dem einzigen noch brauchbaren Damm zum Festland. Wir setzten, obgleich dazwischen acht abgetragene Brücken und viele hohe Azoteen und

Türme an der Straße lagen, so großen Mut daran, daß wir ihnen vier von jenen Brücken abnahmen und alle bis zur letzten gelegenen Häuser und Türme in Brand steckten, obschon der Feind viele Quermauern aus Steinen und Lehm gezogen hatte, so daß unsere Feuergewehre und Armbrüste für sie unschädlich wurden. Wir füllten nun die Durchlässe an den Brückenübergängen mit den Steinen und dem Lehm der Quermauern und mit dem Schutt der angezündeten Häuser. Während der Nacht ließ ich die Brücken bewachen, damit sie nicht wieder verlorengingen.

Mit Anbruch des nächsten Tages rückte ich wieder aus, und obgleich zahllose Feinde die Brücken und Durchstiche verteidigten, die sie in der Nacht wieder angelegt hatten, wurden sie sämtlich von uns erobert, und einige unserer Reiter verfolgten die fliehenden Indianer bis zum Festland. Ich war gerade dabei, die Brücken ausbessern und die Durchstiche auffüllen zu lassen, als mir mit großem Geschrei gemeldet wurde, die Indianer hätten unsere Festung angegriffen, begehrten aber Frieden, und einige Befehlshaber erwarteten mich dort. Ich begab mich nun dorthin, nur von zwei Reitern begleitet, um zu sehen, was jene Herren von mir wollten. Sie sagten mir, wenn ich ihnen für das Geschehene Straflosigkeit zusichern wolle, würden sie die Blockade aufheben, die Brücken wieder auflegen, die Dämme ausbessern lassen und Eurer Majestät wieder dienen wie zuvor. Und sie baten mich, einen ihrer sogenannten Geistlichen kommen zu lassen, den ich gefangenhielt und der eine Art Ordensgeneral bei ihnen war. Er kam, redete mit ihnen und stiftete eine Vereinbarung zwischen ihnen und mir, worauf sie Boten an die Befehlshaber ihrer verschiedenen Stellungen mit dem Befehl aussandten, den Angriff auf die Festung und den ganzen Kampf einzustellen. Damit verabschiedeten wir uns, und ich ging in unser Quartier, um zu Mittag zu speisen.

Ich hatte aber kaum angefangen, als man in großer Eile mir zu melden kam, die Indianer hätten die ihnen abgenommenen Brücken zurückerobert und einige Spanier getötet. Gott weiß, welchen Schrecken mir dies verursachte, und so eilig ich nur konnte, stieg ich zu Pferde und jagte, von einigen Reitern begleitet, die Straße hinab. Ohne mich irgendwo aufzuhalten, brach ich mitten unter die Indianer, nahm ihnen die Brücken wieder ab und verfolgte sie bis zum Festland. Das Fußvolk aber, sehr abgemattet und meist verwundet, folgte mir nicht, ungeachtet der drohenden Gefahr. Als ich nun sämtliche Brücken passiert hatte und umkehren wollte, fand ich sie wieder vom Feinde besetzt. Auf beiden Seiten des Dammes wimmelte es von Indianern, sowohl auf dem Lande wie in Booten auf dem Wasser. Und sie beschossen und steinigten uns so, daß es unmöglich gewesen wäre, hier fortzukommen, hätte nicht Gott selbst uns nach seinem geheimnisvollen Ratschluß retten wollen. Unter den Zurückgebliebenen hatte sich schon das Gerücht von meinem Tode verbreitet. Als ich an die letzte Brücke vor der Stadt gelangte, sah ich, daß alle bei mir befindlichen Reiter darauf gestürzt waren, ebenso ein loses Handpferd. Ich war also genötigt, ganz allein gegen meine Feinde Front zu machen, womit ich denn auch so viel Platz schaffte, daß die Pferde wieder vorwärts konnten. Nun fand ich die Brücke frei und passierte sie, wenn auch mit großer Anstrengung, denn das Pferd mußte auf Mannslänge von einer Seite zur anderen übersetzen. Da wir gut gepanzert waren, kamen wir unverwundet davon, jedoch ziemlich mürbe gebleut.

So verblieb den Feinden in dieser Nacht der Sieg und der Besitz jener vier Brücken, die anderen vier aber ließ ich wohlbemannt und begab mich nach der Festung, um eine Brücke von Bauholz anfertigen zu lassen, die von vierzig Mann getragen werden konnte. In Erwägung der großen Gefahr, in der wir uns befanden, und des Schadens, den die Indianer uns täglich zufügten, und in der Besorgnis, daß sie auch noch den letzten Damm gleich den anderen zerstören könnten, was uns allen den Tod bringen mußte, und da auch alle meine Gefährten auf baldigen Abzug drängten und viele von ihnen so schwer verwundet waren, daß sie nicht mehr fechten konnten, so beschloß ich den Abzug noch für die selbige Nacht. Ich nahm daher alles Gold und die Kleinodien, soviel davon fortzuschaffen war, legte es in einem Saal zusammen und übergab es in Bündeln den königlichen Beamten. Sämtliche Alkalden, Regidoren und andere Leute ersuchte ich um Beistand, daß alles gerettet werde, und ich selber gab noch eine mir gehörende Stute dazu her. Dann bestimmte ich einige Spanier als Eskorte für das Eurer Hoheit gehörende Gold und ließ alles übrige an die Spanier verteilen, um es fortzuschaffen.

So verließ ich die Festung und zog mit vielen Schätzen in aller Heimlichkeit davon. Mit mir führte ich einen Sohn und zwei Töchter Moteczumas, den Kaziken Cacama von Cuitlahuac und andere Herren verschiedener Provinzen und Städte, die ich gefangenhielt. Als wir nun an die erste von den Indianern abgeworfene Brücke gelangten, wurde die von uns mitgenommene tragbare Brücke ohne sonderliche Mühe übergelegt, denn niemand hinderte uns daran. Ehe wir aber an die zweite Brücke gelangten, hatten wir schon eine unendliche Zahl von Feinden auf dem Halse, die uns von der Land- wie von der Wasserseite her anfielen. Ich schlug mich aber mit fünf Reitern und hundert Mann zu Fuß schnell durch, durchschwamm mit ihnen alle Brückenöffnungen und gewann das Festland. Hier ließ ich meine Mannschaft als Vorhut aufgestellt und kehrte zum Nachtrab zurück, der in heftige Kämpfe verwickelt war. Der Schaden aber, den die Unsrigen und die Indianer von Tlaxcala erlitten, war außer allem Vergleich. Aber auch die Spanier töteten viele Eingeborene, und ebenso waren viele Spanier und Pferde getötet, und alles, was wir an Gold und anderen Sachen mitgenommen hatten, ging verloren, dazu unsere ganze Artillerie.

Nachdem ich nun die noch Lebenden gesammelt hatte, warf ich sie wieder nach vorn, ich aber bildete mit drei oder vier Reitern und etwa zwanzig Fußsoldaten, die den Mut dazu hatten, die Nachhut, ununterbrochen mit den Indianern kämpfend, bis wir an die Stadt Tacuba gelangten, die am Ende des Dammes liegt. Gott aber weiß, welche Gefahr ich dabei ausgestanden hatte, denn jedesmal, wenn ich gegen die Feinde Front gemacht, kam ich gespickt mit Pfeilen und langen Wurfspießen und wie gesteinigt wieder heraus. Da wir zu beiden Seiten Wasser hatten, griffen sie uns von dort aus ohne Furcht an, und wenn sie ans Land kamen, sprangen sie wieder ins Wasser, sobald wir uns gegen sie wandten.

In Tacuba angekommen, fand ich mein ganzes Volk auf einem Platze zusammengeknäuelt, nicht wissend, wo aus noch ein. Ich befahl ihnen, schleunigst auf das Feld zu rücken, ehe die Leute in der Stadt sich sammelten und die Azoteen besetzten, von wo aus sie uns großen Schaden zufügen könnten. Ich befehligte selbst den Vortrab und führte die Truppe aus der Stadt auf ein Stück Ackerland. Hier wehrte ich die Indianer kämpfend ab, bis mein Fußvolk einen Hügel erreicht hatte, auf dem ein Turm stand, den wir als festes Quartier besetzten. Die Feinde aber blockierten uns und ließen uns nicht eine Stunde Ruhe. Bei dieser Niederlage kamen, wie die Listen ergaben, hundertfünfzig Spanier ums Leben, fünfundvierzig Hengste und Stuten und über zweitausend Indianer, die im Dienste der Spanier standen, unter ihnen auch der Sohn und die Töchter Moteczumas und alle die anderen Standesherren, die wir gefangen mit uns geführt hatten.

XXII

Gegen Mitternacht marschierten wir in größter Stille ab und ließen unsere Feuer in dem Quartier brennen. Wir wußten aber nicht, wohin wir gingen, nur daß uns ein Indianer aus Tlaxcala gesagt hatte, er wolle uns nach seinem Lande führen. In der Nähe standen aber indianische Wachtposten, die uns witterten und alle Dörfer rundum alarmierten, so daß sich viel Volk ansammelte, das uns bis zum Tagesanbruch verfolgte. In der Morgendämmerung fielen fünf Reiter über das Volk am Wege her und töteten einige davon, die übrigen ergriffen die Flucht in dem Glauben, daß noch mehr Leute zu Fuß und zu Pferde heranrückten.

Als ich dann die feindlichen Scharen immer mehr anwachsen sah, begann ich die Unsrigen wieder zu ordnen. Was noch leidlich gesund war, wurde als Vorhut, Nachhut und Seitenwache aufgestellt, die Verwundeten gingen in der Mitte. Ebenso verteilte ich die Reiter, und so marschierten wir den ganzen Tag, nach allen Seiten hin ständig im Gefecht, so daß wir auf diesem Nacht- und Tagesmarsch nicht mehr als drei Leguas zurücklegten. Als die Nacht hereinbrach, gefiel es Gott dem Herrn, uns einen Turm und gutes Quartier auf einem Hügel zu zeigen, wo wir uns abermals verschanzten. In dieser Nacht hatten wir Ruhe, nur um die Morgenröte gab es einen blinden Alarm.

Am folgenden Tage brach ich gegen Mitternacht auf. Die Vorhut und der Nachtrab wurden mit besonderer Wachsamkeit geführt, denn die Feinde folgten uns mit Gebrüll und riefen damit die ganze volkreiche Landschaft zu den Waffen. Wir Reiter griffen sie an, taten ihnen aber wenig Schaden, denn da der Boden hier ziemlich schwierig war, retteten sie sich auf die Hügel. So marschierten wir an diesem Tage und umkreisten einige Lagunen (den Doppelsee von Xaltocan) bis zu einer größeren Ortschaft, wo wir glauben mußten, neue Händel mit den Einwohnern zu bekommen. Sie flohen aber bei unserer Ankunft und begaben sich nach anderen in der Runde gelegenen Ortschaften.

Hier blieb ich diesen und den folgenden Tag, denn meine Leute, verwundete wie gesunde, waren höchst ermüdet und angegriffen, auch die Pferde waren äußerst marode. Es fand sich hier einiger Mais, den wir gekocht und geröstet verzehrten oder mit auf den Weg nahmen. Am nächsten Tage brachen wir dann wieder auf, stets begleitet von einigen Trupps unserer Widersacher, die uns mit Gebrüll und kurzen Überfällen von hinten packten. Wir verfolgten den Weg, den der Tlaxcateke uns führte, und es war schon spät, als wir in ein Tal mit einigen kleinen Häusern gelangten, wo wir uns für die Nacht einquartierten, aber ziemliche Not an Lebensmitteln litten. Am anderen Tage setzten wir uns in aller Frühe wieder in Marsch, doch wir hatten noch nicht die Straße erreicht, als sich das feindliche Volk schon wieder bei unserer Nachhut zeigte. Ständig scharmützelnd, kamen wir an ein großes Dorf, und rechts davon standen einige Indianer auf einem Hügel. Da ich sie zu erwischen hoffte und auch nachschauen wollte, ob noch mehr Volk hinter ihnen stünde, ritt ich mit fünf Reitern und zehn Fußsoldaten um den Hügel herum. Dahinter aber lag eine große Stadt (Otumba) mit zahlreichem Volk, gegen das wir auf dem steinigen Grund so hart kämpfen mußten, daß wir es vorzogen, uns auf das Dorf zurückzuziehen, wo die Unsrigen standen. Ich war durch zwei Steinwürfe am Kopf verwundet worden, und als ich verbunden war, ließ ich die Spanier aus dem Dorfe abrücken, weil es mir kein sicheres Quartier zu sein schien.

So ging es dann wieder vorwärts, immer von den Indianern angegriffen, wobei einige Spanier und Pferde verwundet wurden. Ein Pferd wurde sogar getötet, und Gott weiß, wie sehr wir es vermißten und betrauerten, weil nächst Gott unsere ganze Sicherheit auf den Pferden beruhte. Nichtsdestoweniger trösteten wir uns an seinem Fleische und verzehrten es, ohne weder Haut noch irgend etwas zurückzulassen, so groß war die Not, die wir litten. Da uns nun täglich immer mehr Volk an den Hals kam, verfügte ich an diesem Abend, daß die Verwundeten und Kranken, die bis dahin auf den Pferden oder auch huckepack mit fortgebracht waren, sich Krücken und andere Stützen zurechtmachten, damit die Pferde und die gesunden Spanier ungehindert und frei kämpfen konnten. Und es schien, als habe mich der Heilige Geist mit diesem Einfall erleuchtet, wenn man bedenkt, was sich am nächsten Tage begab.

Nachdem wir in der Frühe aufgebrochen und etwa anderthalb Leguas auf der großen Heerstraße marschiert waren, stießen wir auf eine so große Menge Indianer, daß weder vor noch hinter uns und an den Seiten nicht ein Stück Feld von ihnen frei war. Sie griffen uns von allen Seiten so heftig an, daß wir uns kaum noch untereinander erkennen konnten, so verwickelt waren sie mit uns. Wir glaubten angesichts der Übermacht, unser Jüngster Tag sei gekommen, da wir fast alle verwundet und durch Hunger geschwächt waren. Aber Gott der Herr offenbarte an uns seine große Macht und Barmherzigkeit, denn trotz all unserer Schwäche brachen wir doch ihren Stolz und Übermut, so daß viele von ihnen umkamen. Denn es waren ihrer so viele, daß einer dem anderen im Wege stand und deshalb weder zu fechten noch zu fliehen vermochte. In dieser Arbeit verharrten wir einen großen Teil des Tages, bis bei ihnen eine sehr vornehme Person getötet wurde, mit deren Tod die Schlacht plötzlich ein Ende nahm.

So marschierten wir nun, wiewohl noch ermatteter als zuvor, aber uns gegenseitig aufmunternd, bis an ein kleines Haus im Tale, wo wir auf den Feldern unser Nachtquartier aufschlugen. Von hier aus bekamen wir schon die Berge von Tlaxcala in Sicht, und wir wußten nun, wohin wir zu gehen hatten. Wir waren uns aber noch keineswegs sicher, die Eingeborenen dieses Landes als unsere treuen Freunde wiederzufinden, wir fürchteten vielmehr, wenn sie uns so geschlagen ankommen sähen, würden sie uns den Garaus machen wollen, um die vorher besessene Freiheit wiederzugewinnen. Dieser Argwohn aber versetzte uns in ebenso großen Kummer, wie wir jemals im Kampfe mit den Mexikanern gehabt hatten.

XXIII

Am folgenden Tage begannen wir schon in der Frühe unseren Marsch auf einem sehr ebenen Wege, der stracks nach Tlaxcala führte. Es folgte uns nur ein kleiner Haufen unserer Widersacher, obschon viele große Ortschaften in der Nähe lagen. So kamen wir am 8. Juli, der ein Sonntag war, aus dem Gebiet von Mexiko heraus und gelangten in das Land Tlaxcala. Das erste Dorf, das wir betraten, hieß Hueyotlipan, mit drei- bis viertausend Einwohnern, wo wir gut aufgenommen wurden, doch mußten wir die Lebensmittel mit Gold bezahlen, und wir waren in unserer Not gezwungen, es zu geben.

In diesem Dorfe blieb ich drei Tage, und während dieser Zeit kamen Maxixcatzin und Xicotencatl mit anderen Großen des Landes und einige von Guaxocingo, die großes Bedauern über das ausdrückten, was uns begegnet war. Sie sagten mir, sie hätten mich früher gewarnt, daß die von Culúa Verräter seien, ich habe ihnen aber nicht glauben wollen, und jetzt solle ich mich freuen, daß ich ihnen lebendig entronnen sei. Sie wollten mir aber nun behilflich sein, mir Genugtuung zu verschaffen, denn dazu seien sie nicht nur verpflichtet als Vasallen Eurer Hoheit, sondern sie hätten auch ihre gefallenen Söhne und Brüder zu beklagen und überhaupt wegen vielen erlittenen Unrechts, das ihnen in der Vergangenheit widerfahren sei. Ich möge es für gewiß halten, daß sie mir bis zum Tode zuverlässige und wahre Freunde sein wollten. Da ich selbst verwundet sei und meine Mannschaft völlig erschöpft, möchten wir nach ihrer nur vier Leguas entfernten Hauptstadt marschieren, um dort auszuruhen. Sie wollten uns von all unseren Mühseligkeiten und Strapazen heilen.

Ich folgte ihrer Bitte und begab mich mit ihnen nach der Stadt Tlaxcala, wo wir die beste Aufnahme fanden. Maxixcatzin überließ mir ein Bett und einiges Bettzeug, denn wir hatten nichts dergleichen bei uns. Auch den übrigen half er mit allem, was er besaß. Ich hatte in dieser Stadt, als ich nach Tenochtitlán ging, mehrere Kranke und auch einige meiner Bedienten mit Silberzeug, Wäsche und anderem Hausbedarf und Vorrat zurückgelassen, um mich freier bewegen zu können. Nun waren alle Schriften und Urkunden, die ich mit den Kaziken dieser Länder aufgenommen hatte, verlorengegangen, auch alle Kleidungsstücke der Spanier, die nichts mitgenommen hatten, als was sie auf dem Leibe trugen. Ich erfuhr ferner, daß ein weiterer Bedienter von Veracruz hierhergekommen sei, um mir allerlei Vorräte und Sachen zu überbringen. Er habe fünf Reiter und vierzig bis fünfzig Mann zu Fuß bei sich gehabt. Er sei aber mit den von mir zurückgelassenen Leuten abgezogen und habe das Silberzeug, die Wäsche und andere Sachen mitgenommen, die mir und meinen Gefährten gehörten, dazu siebentausend Pesos in geschmolzenem Golde und andere Kleinodien, ungerechnet einzelner Stücke Goldes im Werte von vierzehntausend Pesos, die dem Hauptmann gegeben worden waren, der eine Kolonie am Coatzacoalco gründen sollte, endlich noch viele andere Sachen, mehr als dreißigtausend Pesos wert. Die Indianer von Culúa aber hätten sie unterwegs sämtlich erschlagen und alles geraubt, was sie bei sich hatten.

Nun erfuhr ich auch noch die Ermordung anderer Spanier auf den Heerstraßen, die sie gezogen waren, um nach Tenochtitlán zu gelangen, wo sie mich in Frieden und Sicherheit glaubten. Hierüber fielen wir in solche Traurigkeit, daß sie nicht größer sein konnte, denn durch den Verlust dieser Spanier und dessen, was mit ihnen verlorenging, wurde uns der Verlust und Tod all jener vergegenwärtigt, die man in der Hauptstadt und unterwegs erschlagen hatte, besonders da ich große Besorgnis hegte, daß auch unsere Besatzung in Veracruz angegriffen worden sei, als die Nachbarvölker von unserer Niederlage gehört hatten. Um Gewißheit darüber zu erlangen, sandte ich zuverlässige Männer mit einigen Indianern als Wegweiser dorthin und befahl ihnen, sich außerhalb der Straße zu halten, bis sie in der Stadt angelangt seien, mir dann aber auf dem schnellsten Wege Bericht zu erstatten. Sie trafen die Spanier dort wohlbehalten und die Indianer in unverbrüchlicher Treue an. Die Nachricht darüber war einiger Ersatz für unsere Verluste und die ausgestandene Betrübnis, obgleich der Bericht von unseren Schicksalen und unserer Niederlage für sie eine schlimme Überraschung gewesen war.

In Tlaxcala verweilte ich nun zwanzig Tage, heilte mich

selbst von den Wunden, die sich wegen der schlechten Pflege während des Marsches verschlimmert hatten, und ließ alle verwundeten Kameraden behandeln. Einige starben jedoch an ihren Wunden oder an den erlittenen Strapazen, andere blieben verkrüppelt und lahm, denn sie hatten sehr schwere Wunden und zuwenig Hilfe. Auch ich wurde zum Krüppel, da ich zwei Finger an der linken Hand verlor.

XXIV

Als meine Gefährten nun sahen, wie viele von uns tot waren, die Überlebenden aber schwach, verwundet und eingeschüchtert durch alle Gefahren und Strapazen, die sie durchgemacht hatten und die noch zu befürchten waren, wurde ich mehrfach von ihnen aufgefordert, nach Veracruz zu marschieren, um uns dort in der Festung zu verschanzen, ehe die noch befreundeten Eingeborenen des Landes unsere Niederlage und unsere geringe Stärke gewahrten, sich mit unseren Feinden verbünden und die noch von uns zu passierenden Bergschluchten besetzen könnten, um von der einen Seite über uns, von der anderen über die von Veracruz herzufallen. Wir würden, sagten sie, wenn wir alle vereinigt und die Schiffe bei uns wären, viel stärker sein und uns besser verteidigen können, bis wir etwa Verstärkung von den Inseln kommen ließen. Ich aber bedachte, daß es den Eingeborenen gerade Lust machen würde, sich gegen uns zu erheben, wenn wir Mutlosigkeit zeigten, und in der Erwägung, daß dem Kühnen stets das Glück hilft, beschloß ich, auf keinen Fall nach den Häfen an der Küste zu ziehen. Ich teilte den Meinigen mit, daß ich trotz aller Mühen und Gefahren keineswegs gedächte, dies Land aufzugeben, denn wir würden dadurch, außer daß es schimpflich für mich und gefährlich für uns alle wäre, großen Verrat an Eurer Majestät begehen. Ich sei vielmehr entschlossen, unseren Feinden von neuem entgegenzutreten und ihnen auf jede mögliche Weise Schaden zuzufügen.

Nachdem ich zwanzig Tage in Tlaxcala verweilt hatte, brach ich, obschon ich noch nicht von meinen Wunden geheilt und meine Gefährten noch recht schwach waren, nach der Provinz Tepeaca auf, die mit unseren Feinden, den Mexikanern, verbündet war. Hier hatten die Indianer, wie mir berichtet worden war, zwölf Spanier ermordet, die von Veracruz nach der Hauptstadt wollten. Als wir das Gebiet von Tepeaca betraten, kam viel Volk heraus, um mit uns zu kämpfen. Sie hatten starke und für uns gefährliche Stellungen besetzt, und als sie der Aufforderung, unseren Befehlen zu gehorchen, nicht folgen wollten, überzogen wir sie mit Krieg. Sie kämpften viele Male mit uns, aber wir schlugen sie und töteten viele, ohne daß sie mir während des ganzen Kampfes auch nur einen einzigen Spanier getötet oder verwundet hätten. Und obschon diese Provinz sehr groß ist, war es doch nur das Werk von zwanzig Tagen, viele Städte und Dörfer unter unsere Herrschaft zu bringen. Ihre großen Herren kamen zu uns, um sich Eurer Majestät als Vasallen zu ergeben, außerdem vertrieb ich aus allen Städten viele Mexikaner, die gekommen waren, die Eingeborenen gegen uns aufzuhetzen und zu verhindern, daß sie mit Güte oder Gewalt unsere Freunde und Verbündeten würden. Daher habe ich bis jetzt mit diesem Kriege genug zu tun gehabt, und noch immer sind einige Städte und Ortschaften zu unterwerfen.

In der Gegend, wo man jene Spanier ermordet hatte, zeigten sich die Eingeborenen besonders kriegslustig und rebellisch und ließen sich nur mit Waffengewalt bändigen, wobei ich einige Sklaven machte.

(Was Hernán Cortés nun verschweigt, darüber berichtet Bernal Diaz recht eingehend: Cortés beschloß im Einvernehmen mit den Kronbeamten, nunmehr alle Sklaven mit dem heißen Eisen zu markieren und das königliche Fünftel davon abzuziehen. Es wurde daher bei der ganzen Mannschaft bekanntgemacht, daß jeder seine Gefangenen in einem bestimmten Hause abliefern solle, damit sie mit dem Eisen gezeichnet werden könnten. Da kamen wir denn alle mit den Frauen und Knaben, die wir eingefangen hatten, denn an den Männern lag uns nichts, da sie schwer zu hüten waren und wir sie nicht brauchten, weil die Tlaxcateken uns genügten. Nachdem nun alle beieinander und sie sämtlich mit dem G [Guerra = Krieg] markiert waren, wurde erst das königliche Fünftel und dann das Fünftel für Cortés abgezählt. Allein in der Nacht zuvor hatte man bereits die besten unter den indianischen Frauen auf die Seite gebracht,

so daß nur alte, häßliche Weiber übriggeblieben waren. Darüber entstand eine große Unzufriedenheit gegen Cortés und alle, die uns auf solche Weise übervorteilt hatten, und einige von Narvaéz' Mannschaft sagten dem Feldhauptmann ins Gesicht, sie hätten bis jetzt nicht gewußt, daß es in den spanischen Reichen zwei Könige gebe und zwei königliche Fünftel erhoben werden könnten. Ja, ein gewisser Juan Bono de Quexo setzte hinzu, daß er Sr. Majestät und dem Rat von Indien davon Anzeige machen wolle.)

Es trieb mich, die Sklaven zu machen, nicht nur weil sie jene Spanier ermordet hatten – sie essen auch alle Menschenfleisch, eine so notorische Sache, daß ich mich enthalte, den Beweis dafür anzutreten.

(Auch die Verbündeten des Cortés aßen Menschenfleisch, wenn dies auch von den zeitgenössischen Berichterstattern meist übertrieben dargestellt wurde. So schreibt Antonio de Herrera über einen Vorfall nach der Schlacht mit den Einwohnern von Tepeaca: In jener Nacht hatten die indianischen Verbündeten ein Gastmahl von Armen und Beinen, denn außer einer unglaublichen Anzahl von Braten an hölzernen Spießen gab es fünfzigtausend Töpfe voll geschmorten Menschenfleisches.)

Während meines Aufenthaltes in Tepeaca empfing ich Briefe von Veracruz, worin man mich benachrichtigte, daß zwei von der Flotte des Francisco de Garay verschlagene Schiffe im dortigen Hafen angekommen seien. Es scheint, daß er seine Schiffe wieder nach dem großen Flusse (Pánuco) entsandt hatte. Die Eingeborenen kämpften mit ihm, töteten siebzehn bis achtzehn Christen und verwundeten viele andere. Auch sieben Pferde verloren sie, und die übriggebliebenen Spanier waren schwimmend nach den Schiffen zurückgekommen, nachdem sie sich durch gutes Fersengeld gerettet hatten. Der Hauptmann und alle anderen waren verwundet und sehr heruntergekommen, deshalb hatte mein Statthalter in Veracruz sie gut aufgenommen und für ihre Heilung gesorgt.

Dies machte uns nun wieder so großen Kummer wie unser

eigenes Unglück. Vielleicht wäre ihnen das nicht zugestoßen, wenn sie damals zu mir gekommen wären, wovon ich bereits berichtet habe. Da ich über die Verhältnisse jener Gegend gut unterrichtet war, hätten sie von mir so gute Ratschläge erhalten können, daß ihnen dergleichen nicht begegnet wäre, zumal ich den Kaziken von Pánuco für den Dienst Eurer Majestät gewonnen hatte. Zum Beweis seiner Ergebenheit hatte er mir Geschenke nach Tenochtitlán geschickt, wie ich bereits berichtete. Ich habe übrigens nach Veracruz geschrieben, daß man, wenn der Hauptmann des Francisco de Garay mit seiner Mannschaft wieder abzureisen wünsche, seine Schiffe instand setzen und ihm jede Unterstützung leisten solle.

Nachdem ich die Provinz Tepeaca zur Ruhe gebracht hatte, beratschlagte ich mit den königlichen Beamten, wie unsere Sicherheit gewährleistet werden könnte. Um zu vermeiden, daß die Eingeborenen sich abermals zu Rebellion und Aufruhr verführen lassen könnten, wurde beschlossen, in der besten Gegend dieser Provinz, wo unsere Ansiedler günstige Verhältnisse antreffen würden, eine Stadt zu gründen. Diese Absicht habe ich ausgeführt und der Stadt im Namen Eurer Majestät den Namen Segura de la Frontera (Sicherheit der Grenze) gegeben und Alkalden, Regidoren und andere Beamte ernannt, wie es hergebracht ist. Zur größeren Sicherheit dieser Stadt haben wir begonnen, das Material für eine Zitadelle herbeizuschaffen. Die Sache soll so schnell wie möglich erledigt werden.

Während ich damit beschäftigt war, diesen Bericht zu schreiben, kamen Abgesandte aus der Stadt Cuauhquechollan, die fünf Leguas von hier an einem Engpaß liegt, der nach Mexiko führt. Sie meldeten mir im Auftrage ihres Kaziken, daß in ihrer Stadt einige mexikanische Heerführer einquartiert seien und eine Besatzung von dreißigtausend Mann darin läge, die den Engpaß bewachen sollten, damit wir nicht etwa auf diesem Wege einrücken könnten. Außerdem wollten sie verhindern, daß die Eingeborenen dieses Landes unsere Freunde und Verbündeten würden. Sie würden von dem zahlreichen Kriegsvolk arg belästigt und mißhandelt, man nehme ihnen ihre Weiber und Habe und dergleichen mehr. Ich möge ihnen mit Rat und Tat zu Hilfe kommen.

Sofort gab ich ihnen dreizehn Reiter, zweihundert Mann Fußvolk und etwa dreißigtausend der mit uns verbündeten Indianer mit und riet ihnen, die Truppen einen Weg zu führen, wo sie nicht bemerkt würden. Wenn sie in die Nähe der Stadt kämen, sollte ihr Kazike sich mit seinen Kriegern in Bereitschaft halten, die Quartiere der feindlichen Heerführer zu umzingeln und sie zu fangen und zu töten. Ehe aber ihre Leute ihnen zu Hilfe kommen könnten, würden die Spanier schon in der Stadt sein und sie schlagen. Sie zogen ab und gelangten durch einen Teil der Provinz Guaxocingo. In einem Dorfe dieser Landschaft wurde den Spaniern vorgeschwätzt, die Eingeborenen dieser und der benachbarten Provinzen hätten sich mit denen von Mexiko verbündet, um vereinigt über die Spanier herzufallen und sie niederzumachen. Da aber die Furcht, die uns die Mexikaner eingejagt hatten, noch nicht ganz überwunden war, verbreitete diese Nachricht Angst und Schrecken unter den Spaniern. Der Hauptmann stellte Untersuchungen an, wie er es eben verstand, und sie verhafteten die bei ihnen befindlichen Standesherren und Gesandten, die sie sämtlich unter gehöriger Bedeckung zu mir brachten. Dazu schrieb der Hauptmann, seine Leute seien eingeschüchtert und es scheine ihm diese Expedition recht schwierig zu werden.

Als die Arrestanten angekommen waren, redete ich mit ihnen durch einen Dolmetscher, und bald schien es mir, daß mein Hauptmann sie mißverstanden hatte. Ich ließ sie sofort in Freiheit setzen und gab ihnen Genugtuung durch die Versicherung, daß ich sie für treue Vasallen Eurer Majestät hielte und jetzt persönlich mit ihnen ziehen wolle, um die Mexikaner zu schlagen. Um nun auch die Spanier zu ermutigen, brach ich mit größtmöglicher Eile noch zur selben Stunde auf und gelangte am gleichen Tage nach der acht Leguas entfernten Stadt Churultecal, wo ich die Spanier traf, die noch immer an den geplanten Verrat glaubten. Am folgenden Tage rückte ich weiter und quartierte mich in Guaxocingo ein, eben dort, wo jene Herren verhaftet worden waren. Tags darauf brach ich nach Verabredung mit den Abgesandten in der Morgendämmerung auf und erreichte die Stadt Cuauhquechollan gegen zehn Uhr morgens. Eine halbe Legua vor der Stadt kamen uns einige Abgesandte entgegen und sagten mir, daß alles vorbereitet sei und die Mexikaner keinen Argwohn hätten, da ihre Posten, die an der Straße aufgestellt waren, von den Eingeborenen gefangen worden seien. Ebenso seien die Wachtposten auf den Mauern und Türmen beseitigt worden. Die Feinde befänden sich also im Zustand völliger Sorglosigkeit, deshalb möge ich nur herankommen.

Ich beeilte mich nun sehr, zu der Stadt zu kommen, da wir durch eine Ebene marschierten, die von dort gut zu überschauen war. Und später hörten wir, daß die Einwohner, sobald sie uns herannahen sahen, die Quartiere der mexikanischen Heerführer umzingelt und mit ihren Leuten zu kämpfen begonnen hatten. Als ich mich auf Armbrustschußweite der Stadt näherte, brachten sie mir bereits vierzig Gefangene entgegen, und ich eilte nun um so mehr, hineinzukommen. In der Stadt war in allen Straßen großes Geschrei zu hören, und von einem Einwohner geführt, kam ich an das Quartier, in dem sich die Heerführer befanden. Es war von mehr als dreitausend Mann umzingelt, die noch um das Eingangstor kämpften, die Azoteen aber schon besetzt hatten. Die Heerführer und ihre Leute fochten so brav, daß jene nicht in das Quartier eindringen konnten, das allerdings auch sehr fest war. Als ich indessen einmal angekommen war, kam ich auch bald hinein, und zugleich mit mir ein solcher Schwarm von Eingeborenen, daß es unmöglich war, die Überrumpelten zu schützen, die in kürzester Frist sämtlich niedergemacht wurden. Gern hätte ich einige gefangengenommen, um mich bei ihnen über die Lage in der Hauptstadt zu unterrichten, wer dort nach Moteczumas Tode die Herrschaft übernommen und vieles mehr. Ich konnte aber nur einen einzigen fassen, und auch diesen mehr tot als lebendig, und von ihm erfuhr ich, was ich weiter unten berichten werde.

In der Stadt wurden viele niedergemacht, die dort einquartiert waren, diejenigen aber, die noch lebten, als ich einrückte, flohen dorthin, wo die Besatzung stand. Der Kampflärm alarmierte aber die mexikanischen Truppen, die außerhalb der Stadt auf einer Anhöhe standen und sich mit den Flüchtlingen vereinigten. Es waren mehr als dreißigtausend Mann und eine glänzendere Truppe, als wir je gesehen hatten, denn sie trugen viele Kleinodien aus Gold und Silber und Federbüsche. Sie fingen an, die Stadt bei ihrem Einrücken anzustecken. Dies wurde mir sofort durch die Eingeborenen gemeldet, und da mein Fußvolk schon sehr ermüdet war, rückte ich allein mit den Reitern aus. Wir warfen sie, und sie zogen sich in einen Paß zurück, den wir ihnen gleichfalls abgewannen. Wir verfolgten sie bis auf die Höhe eines Abhanges, der so steil war, daß weder die Feinde noch wir vorwärts oder rückwärts konnten. Nun kamen unsere indianischen Freunde, und da sie frisch waren, töteten sie viele davon, so daß in kurzer Zeit das Schlachtfeld von Lebendigen leer war, aber ganz bedeckt mit Leichnamen.

Wir gelangten nun zu den Stellungen und Quartieren, die sie kürzlich angelegt hatten, und zwar in drei Lagern, von denen jedes einer größeren Stadt glich, denn außer dem Kriegsvolk war viel Dienerschaft dabei gewesen. Diese Lager wurden nun von unseren indianischen Freunden geplündert und verbrannt. Ich versichere Eurer Majestät, daß ich an diesem Tage schon hunderttausend Mann beisammen hatte. Als wir die Feinde bis jenseits der Pässe getrieben hatten, kehrten wir in die Stadt zurück und ruhten uns dort drei Tage aus, was uns sehr not tat.

Um diese Zeit kamen Eingeborene aus einer Ortschaft, die zwei Leguas von dem zerstörten Lager der Feinde lag, am Fuße des Berges, aus dem Rauch aufsteigt. Diese Ortschaft heißt Ocuituco. Sie sagten, ihr Herr habe sich mit den Mexikanern verbündet, seit langer Zeit aber hätten sie meine Freundschaft gewünscht, sie hätten jedoch ihren Kaziken vergeblich dazu bekehren wollen. Ein Bruder des Kaziken aber sei bei ihnen geblieben, und sie bäten mich nun, diesen in die Herrschaft einzusetzen. Ich sagte ihnen, wegen ihres Bündnisses mit den Mexikanern hätten sie eigentlich eine schwere Strafe verdient, da sie aber jetzt gekommen seien und sagten, daß ihr Herr sie zum Aufstand geführt habe, wolle ich ihnen verzeihen und sie wieder in den königlichen Dienst aufnehmen. Ich warnte sie jedoch, daß sie ein nächstes Mal schwer bestraft und gezüchtigt würden. Sie versprachen mir, treue Vasallen Eurer Hoheit sein zu wollen.

Die Stadt Cuauhquechollan liegt in einer Ebene und lehnt sich an einer Seite an ein sehr rauhes und hohes Gebirge. Das Tal ist von zwei Flüssen eingefaßt, jeder mit tiefen Schluchten, und zwar so, daß nur wenige Zugänge zur Stadt führen, die schwer hinab- und hinaufzusteigen sind, besonders für die Pferde. Die ganze Stadt ist mit einer starken Mauer aus Steinen umgeben, nach außen etwa vier Mannslängen hoch, innen aber fast gleich mit dem Erdboden. Um die ganze Mauer läuft eine Brustwehr, und zum Fechten im Felde hat sie vier Ausgänge, so breit, daß ein Reiter zu Pferde hindurch kann. Auf der ganzen Ringmauer liegen ständig große Mengen von Steinen bereit, deren man sich im Kampfe bedient. Die Stadt mag fünf- bis sechstausend Einwohner haben und in den umliegenden Weilern noch ebenso viele. Sie nimmt einen großen Raum ein, denn es gibt innerhalb der Mauern viele Gärten mit Früchten und Duftgewächsen, wie es hier Brauch ist.

Nachdem wir in dieser Stadt drei Tage gerastet hatten, begaben wir uns nach der vier Leguas entfernten Stadt Itzocan. Man hatte mir berichtet, daß auch hier eine mexikanische Besatzung läge und die Einwohner mit ihr hielten, weil ihr Kazike ein Verwandter des Moteczuma sei. In meinem Gefolge zog so viel verbündetes Volk mit, daß alle in unserem Gesichtskreis liegenden Felder und Berge fast bedeckt waren, es waren mehr als hundertzwanzigtausend Mann. Als wir gegen zehn Uhr nach Itzocan kamen, war die Stadt von Weibern und Kindern entvölkert, aber etwa fünf- bis sechstausend Kriegsleute waren darin. Als wir Spanier nun herankamen, begannen sie, ihre Stadt zu verteidigen, gaben dies aber bald auf, weil wir von einer für uns günstigen Seite her eingedrungen waren. Wir verfolgten sie durch die ganze Stadt, bis sie gezwungen waren, von den Mauerzinnen in einen Fluß zu springen, der hier vorüberfloß. Sie hatten die Brücken abgebrochen, deshalb hielten wir uns beim Übergang eine Zeitlang auf, dann setzten wir die Verfolgung noch eineinhalb Leguas weiter fort, und es entkamen nur wenige.

Sodann zur Stadt zurückgekehrt, entsandte ich zwei Gefangene, mit den geflohenen Oberhäuptern der Stadt zu reden und sie zur Rückkehr zu bewegen. Drei Tage darauf kamen einige Standespersonen und baten um Verzeihung, indem sie sagten, sie hätten tun müssen, was ihr Herr ihnen befohlen, fortan aber wollten sie uns treu dienen, weil ihr Kazike sie verlassen habe. Ich ermutigte sie, in ihre Häuser zurückzukehren und auch ihre

Frauen und Kinder mitzubringen, und binnen zwei Tagen bevölkerte sich die Stadt wieder, und alle ihre Hintersassen kamen herbei und erboten sich zu Vasallen Eurer Hoheit. Es entstand jedoch eine Meinungsverschiedenheit über den Nachfolger des nach Mexiko entflohenen Gebieters. Man einigte sich schließlich dahin, daß der Sohn des Kaziken von Cuauhquechollan die Nachfolge antreten solle. In meiner Gegenwart wurde dem zehnjährigen Knaben die Huldigung geleistet, gleichzeitig aber auch eine Regentschaft von vier Standesherren berufen, das Land zu regieren, bis er selbst das Alter erreicht habe, um die Regierung übernehmen zu können.

Die Stadt Itzocan hat drei- bis viertausend Einwohner, sehr gute Straßen und hundert sehr feste Tempel mit vielen Türmen, die sämtlich niedergebrannt wurden. Sie liegt in einem Tal an einem Hügel, und gegen das Tal hin ist sie durch einen tiefen Fluß begrenzt, der ihre Ringmauer bespült. Die Umgebung ist sehr fruchtbar an Obst und Baumwolle, da das Tal im Schutze des Gebirges liegt.

XXV

In dieser Stadt verweilte ich, bis sie wieder bevölkert und beruhigt war. Hierher kam auch der Kazike von Guaxocingo, um seine Unterwerfung anzubieten, desgleichen fanden sich Indianer aus acht Dörfern der Provinz Oaxaca ein, die vierzig Leguas von Itzocan entfernt liegen. Sie baten um Verzeihung, daß sie nicht früher gekommen seien, aber sie hätten es aus Furcht vor den Mexikanern nicht gewagt. Sie seien aber niemals an einem Aufstand oder an der Ermordung von Spaniern beteiligt gewesen.

Eure Hoheit können überzeugt sein, daß das Verlorene in kurzer Zeit ganz oder doch größtenteils wieder ersetzt sein wird, denn täglich kommen Abgesandte aus vielen Städten und Provinzen, die früher dem Moteczuma untertan waren, um sich zu Vasallen zu entbieten, weil sie sehen, daß alle, die dies tun, von mir gut aufgenommen und behandelt, die Widerspenstigen aber zugrunde gerichtet werden.

Von den in der Stadt Cuauhquechollan gemachten Gefangenen erfuhr ich Ausführliches über den Stand der Dinge in der

Hauptstadt Tenochtitlán, und daß nach Moteczumas Tod sein Bruder Cuitlahuac, Kazike der Stadt Iztapalapa, die Herrschaft übernommen hatte, weil der Sohn und eigentliche Erbe des Aztekenherrschers an den Brücken umgekommen, von zwei noch lebenden Söhnen aber der eine wahnsinnig und der andere paralytisch war. Ich erfuhr auch, daß die Hauptstadt und viele andere Städte mit Mauern und Wällen befestigt würden und viele Waffen erhielten. Man verfertigte besonders lange Lanzen wie unsere Piken, um sie gegen die Pferde zu gebrauchen. Wirklich haben wir einige davon schon bei unseren Kämpfen in Tepeaca und Cuauhquechollan zu Gesicht bekommen.

Ich werde vier Schiffe nach der Insel Española absenden, die schleunigst mit Pferden und Hilfstruppen befrachtet zurückkehren sollen. Weiter gebe ich Auftrag, vier andere Schiffe zu kaufen, die mir Pferde, Waffen, Wurfgeschütze und Schießpulver zuführen sollen, denn dies ist hier das Notwendigste. Fußvolk mit Tartschen allein kann hier wenig nützen, weil die Zahl der Feinde zu groß ist und sie viele feste Städte haben. Ich schreibe auch an den Lizentiaten Rodrigo de Figuera und die anderen Beamten Eurer Hoheit auf Española, mir jede mögliche Unterstützung zu gewähren. Sobald diese Hilfe kommt, werde ich mich sofort wieder gegen die Hauptstadt wenden, und ich glaube, daß ich in sehr kurzer Frist den früheren Zustand der Dinge wiederherstellen werde und daß uns der erlittene Verlust ersetzt wird.

Unterdessen beschäftigte ich mich damit, zwölf Brigantinen bauen zu lassen, die ich auf der Lagune brauchen werde. Die Bretter und Balken dazu sind schon in Arbeit. Ich werde sie demnächst über Land fortschaffen und an Ort und Stelle zusammenbauen lassen, was in kurzer Zeit geschehen kann. Auch wird jetzt schon das nötige Nagelwerk angefertigt, dazu Pech, Werg, Segel, Ruder und andere Materialien und Gerätschaften beschafft. Ich werde nicht ruhen noch rasten, bis ich mein Ziel erreicht habe, ohne alle Rücksicht auf Gefahren und Kosten, die mir daraus erwachsen können.

Vor einigen Tagen erfuhr ich durch Briefe meines Statthalters in Veracruz, im Hafen sei eine Karavelle mit dreißig Matrosen und Soldaten eingelaufen, angeblich um die Mannschaft aufzusuchen, die Francisco de Garay ausgesandt hatte. Ihr Mangel an Proviant sei so groß gewesen, daß sie vor Hunger und Durst umgekommen wären, hätten sie nun nicht Hilfe gefunden. Ich erfuhr ferner, daß sie am Fluß Pánuco gewesen seien, ohne etwas von den Einwohnern gewahr zu werden, woraus man schließen muß, daß die Gegend wegen der dortigen Vorfälle von den Bewohnern verlassen worden ist. Die Mannschaft der Karavelle hat weiter ausgesagt, daß gleich nach ihr zwei andere Schiffe mit Truppen und Pferden gefolgt sein müßten, die aber wohl weiter die Küste abwärts gefahren seien. Damit nun diese Schiffe nicht verlorengingen, schickte ich die Karavelle nach ihnen aus, um sie in den Hafen zu leiten. Gott gebe, daß man sie treffe, ehe die Leute irgendwo an Land gegangen sind, denn die Eingeborenen sind gut unterrichtet, die Spanier aber ohne Nachricht, so daß sie großen Schaden erleiden können. Das aber würde jene Hunde zu noch ärgeren Teufeln machen, als sie schon sind.

Kürzlich erfuhr ich, daß Cuitlahuac, der Bruder Moteczumas, Boten in alle seine Provinzen gesandt hat, um seinen Vasallen zu verkünden, er wolle ihnen für ein Jahr alle Tribute und Dienste erlassen unter der Bedingung, daß sie gegen alle Christen den grausamsten Krieg führen müßten, bis diese sämtlich getötet oder aus dem Lande gejagt worden seien. Ebenso sollten sie gegen die mit uns verbündeten Indianer vorgehen. Ich befinde mich deshalb in äußerster Bedrängnis, wie ich den Verbündeten Beistand und Hilfe gewähren soll, denn täglich kommen sie aus vielen Städten und Dörfern, um Hilfe gegen die Mexikaner zu begehren. Doch Gott dem Herrn wird es gefallen, unsere schwache Kraft zu stärken, und er wird uns Beistand senden, seinen eigenen wie den, der von Española kommen soll.

Nach allem, was ich über die Ähnlichkeit dieses Landes mit Spanien gesehen und vernommen habe, sowohl in der Fruchtbarkeit und in der Größe als auch in der zuweilen vorkommenden großen Kälte und in vielen anderen Dingen, schien mir am angemessensten, dieses Land Neuspanien zu nennen, und so habe ich ihm im Namen Eurer Majestät diesen Namen beigelegt. Ich bitte Eure Hoheit untertänig, zu geruhen und zu befehlen, daß es also genannt werde.

Ich habe Eurer Majestät nun, wenn auch schlecht stilisiert, die lautere Wahrheit geschrieben über alles, was sich in dieser Weltgegend zugetragen hat, und über das, was Eurer Hoheit zu wissen außerdem notwendig sein kann. Durch einen anderen Brief, der diesen begleiten wird, gelangt noch eine Bitte an Eure Königliche Exzellenz, eine Vertrauensperson hersenden zu lassen, die alles untersuchen und erforschen und Eurer Majestät darüber Bericht erstatten möge. Hier wiederhole ich diese untertänige Bitte noch einmal und werde ihre Erfüllung als ausgezeichnete Gnade schätzen wie auch die Gewährung unbedingten Glaubens an das, was ich geschrieben habe.

Allerhöchster und vortrefflichster Fürst! Möge Gott der Herr Eurer Majestät Leben, Person und Staat erhalten und fördern für lange Zeit, mit Zuwachs noch viel größerer Königreiche und Herrschaften, wie Dero königliches Herz es nur begehren mag.

Eurer Majestät untertänigster Knecht und Vasall
Hernán Cortés

BERICHT VOM 15. MAI 1522

I

Allerhöchster, Großmächtigster Fürst,
Unüberwindlicher Kaiser, König und Herr!

Durch Alonso de Mendoza, gebürtig aus Medellín, den ich am 5. März 1521 aus diesem Neuspanien abfertigte, erstattete ich an Eure Majestät über alles hier Vorgefallene einen Bericht. Derselbe war schon am 30. Oktober 1520 beendigt, aber es entstand wegen des widrigen Wetters und des Verlustes von drei Schiffen eine große Verzögerung. Am Schlusse jenes Berichtes habe ich Eurer Majestät zu wissen getan, daß ich, nachdem die Indianer uns gewaltsam aus der Hauptstadt Tenochtitlán vertrieben hatten, fest beschlossen hatte, wiederum gegen jene Hauptstadt vorzurücken. Zu diesem Zwecke hatte ich begonnen, dreizehn Brigantinen zu bauen, um ihnen auf der Lagune jeden nur möglichen Schaden tun zu können. Weiter habe ich geschrieben, daß ich nach Española um Unterstützung mit Mannschaften, Pferden, Geschütz und Waffen geschrieben, zugleich auch den dort residierenden Beamten Eurer Majestät Geld für die Ausgaben mitgeschickt.

Desgleichen habe ich an Eure Majestät berichtet, daß im Hafen von Veracruz eine Karavelle des Francisco de Garay, Leutnants des Gouvernements der Insel Jamaica, in großer Not angekommen war, worauf ich eine Karavelle abgeschickt habe, um zwei andere Schiffe des Garay am Pánuco aufzusuchen. Seit ich dies schrieb, ist eines dieser Schiffe mit einem Hauptmann und einer Mannschaft von einhundertzwanzig Köpfen hier angekommen. Ich redete mit dem Hauptmann, der nach dem Pánuco zurücksegeln wollte, und überzeugte ihn, daß er dort große Verluste durch die Indianer erleiden würde. Während er noch im Hafen lag, brach ein heftiger Sturm los, und das Schiff wurde von seinen Ankern gerissen und auf die See hinausgetrieben. Es lief zwölf Leguas von der Stadt entfernt in den Hafen San Juan de Ulúa ein, hier strandete es aber bei einer sehr ungestümen See an der Küste, nachdem die ganze Mannschaft, acht Hengste und ebenso viele Stuten an Land gesetzt worden waren.

Als mir dies gemeldet wurde, schrieb ich an den Hauptmann, wie leid mir tue, was ihn betroffen habe, und daß ich meinem Statthalter in Veracruz aufgetragen habe, ihm die bestmögliche Aufnahme zu gewähren. Er möge nun aber überlegen, was fernerhin zu tun sei, es stehe ihnen frei, auf die Schiffe zurückzugehen. Der Hauptmann aber und seine Leute beschlossen, hierzubleiben und zu mir zu kommen. Von dem anderen Schiffe haben wir jedoch bis jetzt keine Kunde erhalten. Möge Gott es glücklich in einen Hafen geleiten!

Als ich im Begriff stand, die Provinz Tepeaca zu verlassen, erfuhr ich, daß die Provinzen Cecatamni und Guaxocingo sich empört hatten. Einige Spanier waren dort auf dem Wege nach Veracruz ermordet worden. Um nun die Straße zu sichern und ein Exempel für diejenigen zu statuieren, die sich nicht friedlich fügen wollten, entsandte ich einen Hauptmann mit zwanzig Reitern, zweihundert Mann Fußvolk und vielen Indianern, dem ich empfahl, die Eingeborenen dieser Provinzen friedlich zu gewinnen und gegen sie jede Mäßigung zu beobachten, andernfalls aber sollte er sie mit Krieg überziehen. Nach Beendigung der Operation solle er nach Tlaxcala zurückkehren, wo ich ihn erwarten wolle.

Mitte Dezember brach ich von Segura de la Frontera auf und ließ dort einen Hauptmann mit sechzig Mann zurück, weil die Eingeborenen mich darum gebeten hatten. Mein ganzes Fußvolk schickte ich nach der Stadt Tlaxcala, wo die Brigantinen gebaut wurden. Ich aber nahm mit zwanzig Reitern mein Nachtquartier in der Stadt Cholula, wo man meine Anwesenheit gewünscht hatte, denn an der Blatternkrankheit, die die Einwohner dieses Landes wie die der Inseln ergriffen hat, waren viele große Herren der Stadt gestorben, und man wünschte, daß nach meinem Gutdünken andere eingesetzt würden. (Die Pocken oder Blattern waren durch einen Neger im Gefolge des Narvaéz eingeschleppt worden und wüteten gräßlich in Mexiko.) Nachdem ich diese Angelegenheit erledigt und ihnen gesagt hatte, daß ich auf dem Wege sei, den Krieg gegen Tenochtitlán zu beginnen, ersuchte ich sie, mich zu unterstützen und bis zum Tode Freundschaft mit uns zu halten.

Nachdem sie mir dies versprochen hatten, begab ich mich nach Tlaxcala, wo alle dort befindlichen Spanier und die Einwohner hocherfreut waren. Am nächsten Tage kamen alle Herren der Stadt und des Landes, um mit mir zu reden und mir zu melden, daß Maxixcatzin, ihr oberster Herr, an der Blatternkrankheit gestorben sei. Er habe einen zwölfjährigen Sohn hinterlassen, und da ihm die väterliche Herrschaft zufalle, bäten sie mich, daß ich ihm das Erbe verleihen möge. Ich tat dies also im Namen Eurer Majestät, und alle wurden dadurch äußerst zufriedengestellt.

Als ich in dieser Stadt ankam, fand ich, daß die Meister und Zimmerleute fleißig dabei waren, das Rippen- und Bretterwerk für die Brigantinen zu verfertigen. Ich ließ deshalb sofort von Veracruz alles dort befindliche Eisen- und Nagelwerk, die Segel, Taue und anderes Material schicken, und da es an Pech fehlte, mußten einige Spanier es im benachbarten Gebirge herstellen. Während der vierzehn Tage, die ich in der Stadt verbrachte, beschäftigte ich mich mit nichts anderem, als meine Schiffsmeister anzutreiben und Waffen für unseren Marsch vorzubereiten.

Zwei Tage vor dem Christfest kam der Hauptmann mit seiner Mannschaft an, den ich nach den Provinzen Cecatamni und Guaxocingo geschickt hatte. Er brachte einige Kaziken mit, denen ich in Dero königlichem Namen ihre Empörung und die Ermordung einiger Spanier verzieh, da sie in Zukunft treue Vasallen sein wollten. So war nun Sicherheit für die Spanier geschaffen, die auf dem Wege nach Veracruz oder umgekehrt diese Provinzen zu passieren hatten.

Am zweiten Tage nach dem Christfest hielt ich Musterung in der Stadt Tlaxcala und zählte vierzig Mann zu Pferde, fünfhundertfünfzig zu Fuß, darunter achtzig Armbrust- und Büchsenschützen, und acht Feldstücke mit sehr wenig Pulver. Aus den Reitern bildete ich vier Abteilungen, jede zu zehn Pferden, aus dem Fußvolk neun Kompanien, jede zu sechzig Spaniern.

Ich hielt eine Rede vor den versammelten Truppen und sagte ihnen, sie wüßten zur Genüge, wie sie und ich, um Eurer Majestät zu dienen, uns in diesem Lande niedergelassen hätten, wie alle Eingeborenen sich zu Vasallen ergeben und auch einige Zeit geblieben seien, freundliche Worte von uns empfangend und wir von ihnen, wie jedoch ohne die mindeste Ursache die Eingeborenen von Culúa, das heißt die Einwohner der Hauptstadt Tenochtitlán und aller untertänigen Provinzen, nicht nur gegen Eure Majestät rebelliert, sondern auch viele von uns ermordet und uns aus dem Lande geworfen hätten; sie möchten sich erinnern, durch welche Gefahren und Strapazen wir gegangen seien, sie müßten also einsehen, daß es dem Dienste Gottes und Eurer Majestät entspräche, das Verlorene wiederzugewinnen, wozu wir die gerechtesten Gründe hätten, und zwar die Ausbreitung unseres Glaubens gegen barbarisches Volk, ferner die Sicherheit des eigenen Lebens, endlich die Hilfe für die befreundeten Eingeborenen – lauter triftige Gründe, unsere Herzen zu ermutigen. Ich bäte sie daher, froh und guten Mutes zu sein. Schließlich forderte ich sie auf, alle zur Erhaltung der Ordnung und über das Kriegswesen erlassenen Befehle und Verfügungen zu beachten und zu erfüllen, weil daraus ein großer Dienst für Gott und Eure Majestät erwachsen werde.

Alle versprachen mir, dies zu tun und zu erfüllen, und sie wollten das Leben einsetzen für die Rückgewinnung des Verlorenen und die Bestrafung derer von Tenochtitlán und ihrer Verbündeten für den an uns begangenen Verrat. Ich dankte ihnen im Namen Eurer Majestät, und wir kehrten in guter Stimmung in unsere Quartiere zurück. Am folgenden Tage ließ ich alle großen Herren von Tlaxcala zu mir kommen, und als sie versammelt waren, sagte ich zu ihnen, daß ich in Kürze aufzubrechen gedächte, um in das Land unserer Feinde einzurücken. Sie sähen wohl ein, daß ich die Stadt Tenochtitlán nicht ohne die Brigantinen einnehmen könne, deshalb bäte ich sie, den beim Bau der Schiffe beschäftigten Leuten allen Bedarf zu liefern. Sie möchten sich für den Zeitpunkt bereithalten, wenn ich von Tetzcuco aus, sofern Gott uns den Sieg verleihe, nach den Bauteilen der Brigantinen senden werde. Sie versprachen mir, dies zu tun, und sie wollten mir jetzt gleich Kriegsvolk mitgeben. Wenn es dann zum Transport der Brigantinen käme, wollten sie samt ihrem ganzen Volke mitkommen, um sich an ihren Todfeinden zu rächen. Am nächsten Tag, dem Tag der Unschuldigen Kinder, brach ich mit meiner ganzen wohlgeordneten Mannschaft auf. Wir machten in Tezmolocan, zur Provinz Guaxocingo gehörig, Nachtquartier. Die Einwohner hatten stets wie die von Tlaxcala Freundschaft mit uns gehalten.

Ich bedachte nun, welchen Einfallspunkt ich nehmen sollte, um die Mexikaner irgendwo unvorbereitet zu überraschen. Da sie wußten, daß wir unter drei Straßen wählen konnten, beschloß ich, über Tezmolocan einzurücken. Ich glaubte, da hier der Bergpaß steiler und unwegsamer war, würde der Feind weniger auf der Hut sein. Wir brachen also auf, und ich führte den Vortrab mit zehn Reitern und sechzig Mann Fußvolk, lauter im Kriegshandwerk gewandten Leuten, und wir stiegen den Bergpaß mit möglichster Ordnung und Vorsicht hinauf. Die Nacht verbrachten wir auf der Höhe des Passes, und da es sehr kalt war, halfen wir uns mit dem vielen Holz, das es hier gab. In der Frühe des nächsten Tages verfolgten wir wieder unseren Weg den Paß abwärts ins Tal, und ich sandte vier Reiter und einige Fußsoldaten auf Kundschaft aus, während wir bergabwärts unseren Weg fortsetzten, die Reiter voran unter meinem Befehl, dann die Armbrust- und Büchsenschützen, zuletzt das übrige Volk in gehöriger Ordnung, denn wir zweifelten nicht daran, daß der Feind sich irgendwo an der Straße zeigen oder aus einem Hinterhalt hervorbrechen werde.

Als die Kundschafter vorrückten, fanden sie die Straße durch umgehauene Bäume und starke Äste gesperrt. Sie suchten ihren Weg fortzusetzen, fanden aber die Straße immer mehr versperrt. Und sie glaubten nun den Feind hinter jedem Baum auf der Lauer zu sehen. Nachdem sie trotzdem eine ziemliche Strecke marschiert waren, sagte einer der Reiter: »Brüder, laßt uns nicht weitergehen, sondern umkehren und dem Feldhauptmann die Hindernisse melden und die große Gefahr, in die wir alle geraten, weil wir unsere Pferde hier nicht gebrauchen können. Wenn ihr aber nicht wollt, nun gut, dann vorwärts!« Die anderen erwiderten, sein Vorschlag sei gut, doch wollten sie nicht zurückkehren, bevor sie etwas vom Feinde gesehen und wie weit sich die Straßensperre noch erstrecke. Sie marschierten wieder vorwärts, als sie aber sahen, daß die Straße noch lange so blieb, ließen sie mir durch einen Fußsoldaten melden, was sie erkundet hatten. Da ich nun den Vortrab führte, befahlen wir uns Gott und verfolgten den schlimmen Weg weiter. Ich ließ den Nachtrab scharf folgen, und als ich den Erkundungstrupp erreicht hatte, marschierten wir vereint weiter. Nach einer halben Legua gelangten wir ins Licht, und wir konnten das ganze Land mit der Hauptstadt Mexiko und den Lagunen daran überschauen. Bei diesem Anblick überkam uns eine tiefe Traurigkeit, und wir gelobten uns, nicht wieder besiegt davonzugehen, sondern lieber das Leben zu lassen.

Da die Feinde uns nun gewahr wurden, begannen sie, im ganzen Lande Rauchsignale aufsteigen zu lassen. Und schon begannen die Indianer aus ihren Hütten und Weilern ihr Gebrüll hören zu lassen, womit sie das ganze Volk zu den Waffen riefen, um uns an einigen Brücken und schlimmen Passagen entgegenzutreten. Wir aber eilten so sehr, daß wir, ehe sie sich versammeln konnten, bereits die Ebene erreicht hatten. Einige indianische Haufen stellten sich uns auf der Straße entgegen, aber meine Reiter jagten sie mit ihren Lanzen davon.

Wir schlugen jetzt den Weg nach der Stadt Tetzcuco ein, und da das Fußvolk ziemlich müde war, machten wir unser Nachtquartier in einer drei Leguas davon entfernten Ortschaft namens Coatepec, die wir menschenleer fanden. Wir überlegten, daß das Land vor uns so bevölkert sei, daß man wohl einhundertfünfzigtausend Mann versammelt hatte und uns vielleicht überfallen wolle, deshalb machte ich selbst den Anfang, mit zehn Reitern Wachdienst zu tun und dafür zu sorgen, daß die ganze Mannschaft sehr auf der Hut war.

II

Am folgenden Tage, dem letzten im Dezember, setzten wir unseren Marsch fort. Als wir eine Viertelstunde von Coatepec entfernt waren, kamen uns auf der Heerstraße vier vornehme Indianer entgegen, die eine goldene Fahne mit sich führten, vier Mark Gold wert, wodurch sie uns ihre friedlichen Absichten zu verstehen gaben. Ich ließ meine Leute halten und ging ihnen allein entgegen. Nachdem wir uns begrüßt hatten, sagten sie mir, sie kämen im Auftrag Coanochtzins, des Oberherrn von

Tetzcuco, um mich zu bitten, Stadt und Land zu verschonen, denn sie hätten keine Schuld an dem, was ich durch die von Tenochtitlán erlitten habe. Wir möchten in ihre Stadt kommen, dann würden wir an ihren Werken erkennen, daß sie unsere Freunde seien. Ich antwortete ihnen durch die Dolmetscher (Doña Marina und Aguilar), ich erfreue mich gern der Freundschaft und des Friedens mit ihnen, doch sie wüßten wohl, daß man mir neulich einige Leguas jenseits der Stadt Tetzcuco fünf Reiter, fünfundvierzig Fußsoldaten und mehr als dreihundert Lastträger aus Tlaxcala ermordet und viel Gold, Silber, Kleidungsstücke und andere Sachen abgenommen habe. Und da sie sich hierfür schwerlich entschuldigen könnten, so möge ihre Strafe sein, uns das Unsrige wiederzugeben. Obgleich sie alle wegen der Ermordung so vieler Christen den Tod verdient hätten, wolle ich Frieden mit ihnen halten, da sie Frieden begehrten, andernfalls aber solle nach aller Strenge gegen sie verfahren werden.

Sie antworteten darauf, alles, was dort geplündert worden sei, hätten die Gebieter von Tenochtitlán an sich genommen, sie wollten aber zusammensuchen, was sie noch fänden, und mir geben. Und sie fragten mich, ob ich noch heute in die Stadt zu ziehen gedenke oder in den Vorstädten Coatlichan und Huexotla Quartier nehmen wolle. Letzteres war ihr Wunsch, wie sich später zeigte, aber ich sagte ihnen, ich gedächte nicht haltzumachen, bis ich in Tetzcuco eingerückt sei. Darauf erwiderten sie, sie wollten voraufgehen und Quartier machen, und damit entfernten sie sich. Um die Mittagsstunde rückten wir in Tetzcuco ein, wo in einem großen Hause, das dem Vater des jetzigen Fürsten gehört hatte, das Quartier bereitet war. Ehe wir aber einrückten, ließ ich der Mannschaft bekanntmachen, daß bei Todesstrafe niemand ohne meine Erlaubnis das Quartier verlassen dürfe. Ich tat dies, damit die Einwohner sich beruhigen und in den Häusern bleiben sollten, denn es schien, daß wir nicht den zehnten Teil des Volkes sahen, das sonst in dieser Stadt wohnte, vor allem gewahrten wir weder Weiber noch Kinder, was nicht gerade beruhigend war.

An diesem Tage, dem Vorabend des Neujahrstages, dachten wir jedoch noch, daß die Einwohner sich aus Furcht nicht sehen ließen. Gegen Abend bestiegen einige Spanier eine hohe Azotee, von der man die ganze Stadt überschauen konnte, und sie sahen sämtliche Einwohner beim Abzug aus der Stadt, einige in Kähnen auf der Lagune, andere auf dem Weg ins Gebirge. Ich traf sofort Maßnahmen, ihren Abzug zu verhindern, da es aber unterdessen dunkel geworden war, konnte nichts mehr ausgerichtet werden. Und der Herr der Stadt, den in der Hand zu haben mir so wichtig wie mein Seelenheil gewesen wäre, entkam mit vielen anderen Herren über die Lagune nach der nur sechs Leguas entfernten Stadt Tenochtitlán, und alle ihre Habe nahmen sie mit. Und nur um in Sicherheit tun zu können, was sie wollten, waren die Abgesandten uns entgegengeschickt worden, uns möglichst aufzuhalten.

Wir verbrachten drei Tage in der Stadt ohne irgendein Zusammentreffen mit den Indianern. Dann kamen die Kaziken von Coatlichan, Guaxuto und Atengo, die mir weinend sagten, ich möge ihnen verzeihen, daß sie sich aus ihrem Gebiet entfernt hätten. Sie hätten niemals gegen mich gefochten, wenigstens nicht freiwillig, und sie wollten nun alles tun, was ich ihnen befehlen werde. Ich antwortete ihnen durch die Dolmetscher, sie hätten ja früher schon die gute Behandlung gekannt, die ich ihnen widerfahren lasse, und jetzt das Land verlassen zu haben, das gereiche ihnen allerdings zur Schuld. Da sie mir aber nun versprächen, gute Freunde zu sein, so möchten sie ihre Häuser wieder bevölkern, ihre Weiber und Kinder zurückbringen. Wie sie sich dann betragen würden, so würde ich sie behandeln. Damit kehrten sie dem Anschein nach höchst zufrieden zurück.

Als die Herrscher von Mexiko und Tenochtitlán und alle übrigen Herren von Culúa (worunter man alle zur Oberherrschaft von Tenochtitlán gehörenden Länder und Provinzen versteht) in Erfahrung brachten, daß jene Kaziken sich bei mir zu Vasallen erboten hatten, schickten sie Abgesandte, die ihnen eröffneten, sie hätten übel getan, da sie wissen sollten, daß ihrer sehr viele seien und mächtig genug, mich und alle Spanier und Tlaxcateken umzubringen. Sei es aber geschehen, um ihre Güter nicht im Stich zu lassen, so möchten sie nach Tenochtitlán kommen, wo man ihnen größere und bessere geben wolle. Die Kaziken verhafteten nun diese Gesandten und brachten sie zu mir. Sie gestanden mir augenblicklich, sie hätten die Kaziken nach Tenochtitlán holen wollen, damit sie als meine Freunde mit mir über den Frieden verhandeln könnten. Die befreundeten Kaziken aber sagten, die von Tenochtitlán wollten nichts als Krieg. Ich glaubte ihnen, und es war auch die Wahrheit, aber ich wollte nichts versäumen, wovon Krieg oder Frieden abhängen konnte. Ich ließ also die Abgesandten losbinden und sagte ihnen, sie möchten nach Tenochtitlán zurückgehen und den Herren dort sagen, daß ich keineswegs den Krieg mit ihnen wünsche, obgleich ich Ursache genug dazu habe, aber ich wünsche Freund mit ihnen zu sein, wie wir zuvor gewesen. Ich wisse wohl, daß die eigentlichen Urheber des vergangenen Krieges nicht mehr am Leben seien, was geschehen sei, möge also geschehen sein, und sie möchten mir keinen Grund geben, ihre Länder und Städte zu verwüsten, weil mir dies sehr leid tun würde. So entließ ich die Abgesandten, und sie gingen mit dem Versprechen, mir Antwort zu geben.

Nachdem ich sieben oder acht Tage in der Stadt Tetzcuco zugebracht hatte, ohne daß es zu irgendeinem Gefecht kam, sah ich ein, daß man nicht gegen mich ins Feld rücken wollte. Ich setzte mich mit zweihundert Spaniern, darunter achtzehn Reitern, und drei- bis viertausend Indianern in Marsch und zog an der Lagunenküste entlang nach der Stadt Iztapalapa, die auf dem Wasserwege nur zwei Leguas von der Hauptstadt Tenochtitlán entfernt ist. Die Stadt kann etwa zehntausend Einwohner haben und liegt zur Hälfte oder mehr im Wasser. Gebieter der Stadt war früher ein Bruder Moteczumas, nach dessen Tod hatten die Indianer einen anderen eingesetzt, und zwar den Haupturheber der Feindseligkeiten gegen uns und damit unserer Vertreibung aus der Hauptstadt. Deshalb und auch weil ich in Erfahrung gebracht hatte, daß die Einwohner von Iztapalapa sehr feindlich gegen uns gesinnt seien, beschloß ich, auf sie loszugehen.

Als die Feinde uns schon zwei Leguas vor der Stadt gewahr wurden, erschienen augenblicklich ihre Kriegsleute, sowohl auf dem Felde als auch in Booten auf der Lagune. Wir mußten bald gegen die einen auf dem Lande, bald gegen die anderen auf der Lagune Front machen, und etwa zwei Drittel Legua vor der

Stadt fanden wir den Damm durchstochen, so daß das Wasser sich ungestüm von der salzigen Lagune nach der süßen ergoß. Wir aber drangen vorwärts, verfolgten den Feind und gelangten im Gemenge mit ihm in die Stadt. Hier fanden wir alle auf dem Lande gelegenen Häuser leer und alles Volk mit seiner Habe in die Häuser auf der Lagune geflohen. Wir trieben unseren Angriff bis ins Wasser, brusttief darin stehend und sogar schwimmend, nahmen viele Häuser, und es starben sechstausend Männer, Weiber und Kinder, da unsere Indianer an nichts dachten als an Totschlagen rechts und links.

Als es dunkel wurde, sammelte ich meine Leute und steckte einige Häuser in Brand. Und während dieses Feuerlegens schien es, daß Gott mich inspirierte und mir den durchstochenen Damm ins Gedächtnis rief. In größter Eile wendete ich nun mit meiner gesamten Mannschaft, die Stadt wieder zu verlassen, nachdem es schon dunkle Nacht geworden war. Als ich dann gegen neun Uhr abends bei dem Durchstich ankam, fand ich das Wasser so groß und reißend, daß wir es gleichsam fliegenden Fußes überschreiten mußten. Dabei ertranken einige unserer Indianer, und die ganze Beute ging verloren, aber wenn wir nicht das Wasser am selben Abend überquert hätten, wäre kein Mann von uns davongekommen, denn wir wären gänzlich vom Wasser umschlossen gewesen, ohne einen Ausweg zu haben. Als es Tag wurde, sahen wir, daß das Wasser beider Lagunen ohne jede Strömung in gleicher Höhe stand. Die ganze salzige Lagune aber war voll von Booten mit Kriegsmannschaft, die uns dort zu fassen gedacht hatten.

Am gleichen Tage kehrte ich nach Tetzcuco zurück, einige Male im Gefecht mit denen, die sich vom See herauswagten, aber ich konnte ihnen nur wenige Verluste beibringen, da sie sich gleich wieder in ihre Boote zurückzogen. Bei der Ankunft in Tetzcuco fand ich die dort zurückgelassene Mannschaft in völliger Ruhe. Sie freuten sich über unsere Ankunft und unseren Sieg. Am Tage nach meiner Rückkehr starb ein Spanier an seinen Wunden, dies war der erste, den die Indianer mir bis jetzt getötet hatten.

Am nächsten Tage kamen Abgesandte aus Otumba und vier anderen Städten, die mich baten, ihnen zu verzeihen, was etwa an Schuld aus dem früher gegen mich geführten Kriege auf ihnen laste. Es war ja bei Otumba gewesen, wo beim Rückzug nach unserer Niederlage die ganze Macht von Mexiko sich versammelt hatte, um uns den Garaus zu machen. Die von Otumba brachten zu ihrer Entschuldigung vor, daß sie auf Befehl gehandelt hätten, doch sahen sie wohl ein, daß sie sich von dieser Schuld nicht reinigen konnten. Sie sagten, die Herren von Tenochtitlán hätten ihnen gesagt, sie möchten bei ihrem Bündnis gegen mich bleiben, andernfalls werde man sie überfallen und vernichten. Sie aber zögen es vor, zu tun, was ich ihnen befehlen werde. Ich erwiderte, daß ich ihnen verzeihen wolle, wenn sie mir alle in ihrem Lande befindlichen Mexikaner gebunden vorführen würden. Sie mögen heimkehren und sich als rechtschaffene Vasallen zeigen und bewähren.

Am Tage meiner Rückkehr von Iztapalapa nach Tetzcuco beschloß ich, den Großprofos Gonzalo de Sandoval mit zwanzig Reitern und zweihundert Fußsoldaten für zwei hochwichtige Zwecke zu entsenden: erstens, um einige Abgeordnete bis zur Grenze zu begleiten, die in Tlaxcala nach dem Stande des Baues der Brigantinen schauen sollten, zweitens, um die Gegend zu säubern, damit die Spanier in Zukunft sicher kommen und gehen könnten. Denn jetzt konnten wir weder aus der Provinz Acu   luacan (um Tetzcuco) heraus, ohne feindliches Gebiet zu betreten, noch konnten die Spanier von Veracruz oder sonstwo zu uns kommen, ohne sich großer Gefahr von seiten der Feinde auszusetzen. Ich befahl deshalb Sandoval, sobald er meine Abgeordneten in Sicherheit gebracht habe, nach der Provinz Chalco zu ziehen, denn ich hatte Nachrichten, daß die Eingeborenen dort zum Bündnis mit uns geneigt seien, aber wegen einer mexikanischen Besatzung daran gehindert blieben.

Sandoval begab sich auf den Marsch, und mit ihm gingen alle Indianer von Tlaxcala, die unser Gepäck getragen hatten und irgendeine Beute gewonnen hatten. Als sie ein Stück vorgerückt waren, fielen Indianer aus den Lagunendörfern über die Tlaxcateken her, nahmen ihnen die Beute ab und töteten einige, aber der Befehlshaber fiel sie heftig an, und viele wurden mit Lanzen oder sonstwie getötet, die übrigen warfen sich ins Wasser und flohen in die Dörfer. Die Indianer aus Tlaxcala begaben sich nun in ihr Land, desgleichen die von mir geschickten Abgeordneten, und Gonzalo de Sandoval verfolgte seinen Weg nach Chalco. Am anderen Morgen versammelte sich viel feindliches Volk zu seinem Empfang, aber unsere Reiterei zerstreute es so völlig, daß ihr in kurzer Zeit das Feld überlassen blieb, wo sie dann mit Feuer und Schwert waltete.

Nachdem nun die Straße frei geworden war, kamen die Einwohner von Chalco zu ihrem Empfang heraus, und beide Teile waren sehr froh darüber. Die Kaziken sagten, sie würden zu mir kommen, um mich zu sehen und zu sprechen. Die Unsrigen zogen ab und waren zur Nachtzeit wieder in Tetzcuco. Bald darauf kamen auch die Standesherren mit zwei Söhnen des Kaziken von Chalco. Sie gaben mir einiges Gold in Stücken, etwa dreihundert Pesos wert, und sagten, ihr Vater sei gestorben und habe kurz vor seinem Tode gesagt, es sei der größte Kummer, den er mit sich nehme, daß er mich vor seinem Tode nicht mehr sehen könne. Darauf habe er ihnen befohlen, mich zu besuchen und mich als ihren Vater zu betrachten. Sie wären gern gleich gekommen, hätten es aber aus Furcht vor den Mexikanern nicht gewagt, bis mein Befehlshaber in ihr Land gekommen sei. Sie sagten auch, daß sich zwei Spanier zur Bewachung eines Maisvorrates in ihrem Lande befunden hätten, die sie nach Guaxocingo gebracht hätten, damit sie nicht durch die Mexikaner ermordet würden. Ich dankte ihnen für ihren guten Willen und versprach ihnen, sie allezeit gut behandeln zu wollen.

Als die Söhne des Kaziken von Chalco heimzukehren wünschten, befahl ich Gonzalo de Sandoval, sie mit einer Mannschaft zu Pferde und zu Fuß zu begleiten und sich dann nach Tlaxcala zu begeben und einige dort befindliche Spanier, zugleich aber den Bruder des Cacama, der Christ geworden war und den Namen Don Fernando bekommen hatte, zu mir zu bringen. Da Tetzcuco herrenlos geworden war, weil ihr Herr, sein Bruder Coanochtzin, sie verlassen und sich nach Tenochtitlán begeben hatte, bewirkte ich, daß die Einwohner von Tetzcuco ihn als Herrn anerkannten, wenn sie auch jetzt nur in geringer Zahl anwesend waren. Nun kehrten auch viele Flüchtlinge wieder zurück, und alle gehorchten ihrem neuen Herrn, Don Fernando.

Zwei Tage darauf besuchten mich die Kaziken von Coatlichan und Guaxuto und berichteten mir, daß die ganze Macht von Culúa gegen die Spanier im Anzuge und das ganze Land voller Feinde sei. Ich möge entscheiden, ob sie ihre Weiber und Kinder zu mir oder ins Gebirge bringen sollten. Ich aber ermutigte sie und sagte ihnen, sie sollten ohne Furcht in ihren Häusern bleiben. Mir aber könne nichts Erfreulicheres begegnen, als mich mit den Mexikanern auf dem Blachfelde zu messen. Sie möchten aber im ganzen Land Wachtposten aufstellen und mir Meldung machen, wenn der Feind anrücke. Ich selbst hielt in dieser Nacht meine Leute in höchster Bereitschaft und stellte Horchposten auf. Am folgenden Tage erfuhr ich, daß feindliche Indianer am Ufer der Lagune umherstreiften, um Gefangene zu machen. Sie hatten zwei am See liegende Dörfer befestigt und Schanzen und Durchstiche angelegt.

Am folgenden Tage begab ich mich mit zwölf Reitern, zweihundert Fußsoldaten und zwei Feldschlangen dorthin. Wir trafen einige Kundschafter und Streifen der Feinde, hieben darauf ein und töteten einige von ihnen, die übrigen warfen sich ins Wasser und flohen. Wir verbrannten einen Teil der Dörfer und kehrten ins Hauptquartier zurück, siegreich und sehr vergnügt. Am nächsten Tage kamen die Kaziken der Dörfer, die um Vergebung flehten und mich baten, ihre Ortschaften nicht weiter zu verwüsten, sie würden auch niemanden aus Tenochtitlán mehr aufnehmen. Ich verzieh ihnen, und gleich am nächsten Tage kamen einige Indianer aus jenen Dörfern und sagten, sie seien von Mexikanern verwundet und mißhandelt und einige sogar gefangen davongeführt worden, weil die Feinde nicht den gewohnten Empfang gefunden hätten. Sie baten mich, ihnen zu Hilfe zu kommen, wenn die Feinde nochmals kommen sollten, und zogen wieder ab.

Die Leute, die ich zum Bau der Brigantinen in Tlaxcala gelassen hatte, erfuhren als Neuigkeit aus Veracruz, daß im Hafen ein Schiff angelangt sei, auf dem sich dreißig bis vierzig Spanier, ohne die Matrosen, acht Pferde, dazu Armbrüste, Büchsen und Pulver befänden. Man wagte aber nicht, zu mir zu kommen, da man nichts über die Kriegslage wußte, so gern man mir die gute Nachricht auch überbringen wollte. Einer meiner Burschen, den ich dort zurückgelassen hatte, machte sich jedoch auf den Weg, obschon das Land nichts weniger als sicher war, und kam bei

Nacht in Tetzcuco an. Wir staunten nicht wenig, ihn lebend zu sehen, und hatten große Freude an seinen Neuigkeiten, denn unsere Hilfsbedürftigkeit war sehr groß.

Am gleichen Tage trafen einige brave Leute aus Chalco ein und sagten mir, weil sie sich mir unterworfen hätten, kämen jetzt die von Mexiko und Tenochtitlán ihnen über den Hals, um sie zu vernichten. Zur Abwehr hätten sie alle ihre Grenznachbarn aufgeboten, aber sie würden ohne meine Hilfe in große Not kommen. Mein größter Kummer war aber, unseren indianischen Verbündeten nicht genügend beistehen zu können, also sagte ich ihnen, ich müsse eben jetzt nach meinen Brigantinen senden, die stückweise hierhergeschafft werden müßten, wozu die ganze Provinz Tlaxcala aufgeboten worden sei, zugleich müsse Reiterei und Fußvolk zur Bedeckung dorthin abgehen. Sie möchten die Eingeborenen der uns befreundeten Provinzen Guaxocingo, Cholula und Churultecal in meinem Namen ersuchen, ihnen Beistand zu leisten, bis ich selbst ihnen zu Hilfe kommen werde.

Zufällig kamen nun Abgesandte besagter Provinzen zu mir, die mir berichteten, daß sie stets Wachtposten auf den Bergen und Hügeln an der Grenze aufgestellt hätten, die auf die Rauchsäulen, das gewöhnliche Kriegssignal, achten sollten. Da sie nun kürzlich mehr Rauchsäulen als gewöhnlich im Gebiet von Tenochtitlán und Culúa gesehen hätten, seien sie zu mir gekommen, um nach dem Stande der Dinge zu schauen und mir, wenn es nötig sei, Kriegsvolk zu senden. Ich dankte ihnen und sagte, daß die Spanier stets siegreich gegen die Feinde gewesen seien, aber ich freue mich doppelt über ihre Bereitschaft, mit mir zu kämpfen, da ich sie jetzt mit den gerade anwesenden Männern von Chalco verbünden könne. Und also wurden sie gute Freunde und Verbündete, zogen zufrieden wieder ihres Weges und halfen und unterstützten einander.

III

Drei Tage, nachdem ich erfahren hatte, daß die Arbeit an unseren dreizehn Brigantinen vollendet und die zum Transport bestimmten Indianer in Bereitschaft waren, entsandte ich den

Großprofos Gonzalo de Sandoval mit fünfzehn Reitern und zweihundert Fußsoldaten, um sie hierher zu geleiten. Zugleich befahl ich ihm, ein der Stadt Tetzcuco untertäniges, an der Grenze zu Tlaxcala gelegenes großes Dorf (Zultepec) zu verwüsten, weil seine Einwohner fünf Reiter und fünfundvierzig Fußsoldaten, die sich auf dem Marsche von Veracruz nach Tenochtitlán befanden, ermordet hatten, während ich in der Hauptstadt eingeschlossen war. Als wir nun diesmal in Tetzcuco eingerückt waren, hatten wir in den Tempeln dieser Stadt die Häute unserer fünf Pferde vorgefunden, mit Vorder- und Hinterfüßen samt Beschlägen, so vortrefflich zusammengenäht und hergerichtet, wie man es nur machen konnte. Sie waren neben vielen Kleidungsstücken und anderen Sachen der Spanier als Siegeszeichen den Götzen geweiht worden. Außerdem fanden wir in allen Türmen und Tempeln noch die Spuren des Blutes unserer Brüder und Kameraden, ein so jammervoller Anblick, daß alle unsere vergangenen Leiden dadurch erneuert wurden.

Die Einwohner hatten sie aber bei ihrem Durchzug zunächst sehr gut aufgenommen, um sie sicher zu machen, dann aber die unerhörteste Grausamkeit an ihnen verübt. Denn da sie auf einem schönen Wege den Berg hinabstiegen, alle zu Fuß und die Pferde am Zügel führend, wurden sie von den aus einem Hinterhalt hervorbrechenden Feinden in die Mitte genommen, einige sofort getötet, andere lebendig gefangen, um sie nach Tetzcuco zu schleppen, ihnen vor den Götzenbildern die Herzen herauszureißen und sie zu opfern. Es scheint, daß es sich wirklich so verhielt, denn als der Großprofos nun seines Weges zog, fand er in einem Hause bei Tetzcuco an einer weißen Wand mit Kohle die Worte geschrieben: »Hier hat gefangen gelegen der unglückliche Juan Yuste!« Er war ein Edelmann und einer von den fünf Reitern. Und als der Großprofos bei dem Dorfe ankam, begannen die schuldbewußten Einwohner die Flucht zu ergreifen. Die Spanier und unsere indianischen Freunde setzten ihnen nach, töteten viele und ergriffen die Weiber und Kinder, die als Sklaven verteilt wurden.

Indessen regte sich doch das Gefühl des Mitleids, so daß nicht alles gemordet und zerstört wurde, wie man es wohl gekonnt hätte. Der Großprofos ließ sogar das übrige Volk in das Dorf zurückkehren, wo es sich noch heute sehr zahlreich und recht reuevoll befindet. Als der Großprofos weiterrückte, traf er in einem zu Tlaxcala gehörenden Dorfe die Spanier und die Mannschaft mit den Brigantinen. Gleich am nächsten Tage zogen sie weiter mit dem ganzen Rippen- und Bretterwerk, getragen durch mehr als achttausend Mann. Es war wunderbar anzuschauen, aber nicht weniger wunderbar wird es zu vernehmen sein, wie solchergestalt dreizehn Schiffe achtzehn Leguas weit über Land transportiert wurden. Vom Vortrab bis zur Nachhut war der Zug wohl zwei Leguas lang. Den Vortrab bildeten acht Reiter und hundert Spanier, dazu Yutecad und Teutipil, zwei vornehme Herren mit mehr als zehntausend Indianern. In der Nachhut marschierten wiederum an die hundert Spanier und acht Reiter, dazu Chichimecatecuhtli mit abermals zehntausend Kriegern. Zweitausend Indianer trugen den Proviant.

Drei Tage brachte man nun auf dem Marsch zu, und am vierten erreichte man endlich die Stadt, höchst vergnügt unter Paukenschlag. Der Zug war so lang, daß mit dem Einrücken sechs Stunden vergingen, und zwar ohne Unterbrechung. Als alles eingetroffen war, dankte ich den Anführern und ließ sie einquartieren und verpflegen, so gut es nur möglich war. Sie sagten mir, daß sie lebhaftes Verlangen danach hätten, sich mit den Kriegern von Culúa zu messen, und ich habe nur über sie zu befehlen. Alle ihre Krieger seien nur gekommen, um sich zu rächen oder mit uns zu sterben. Ich dankte ihnen und sagte, ich werde ihnen bald genug zu tun geben.

IV

All das Kriegsvolk aus Tlaxcala rastete nun drei oder vier Tage in Tetzcuco. Dann ließ ich fünfundzwanzig Reiter und dreihundert Fußsoldaten mit sechs Feldschlangen ausrücken, ohne zu sagen, wohin, und mit mir zogen die tlaxcatekischen Anführer an der Spitze von mehr als dreißigtausend Mann, nach ihrer Art in Scharen geordnet. Und vier Stunden vor der Stadt trafen wir einen Haufen feindlichen Volkes. Wir Reiter hieben darauf ein und zerstreuten ihn. Die Tlaxcateken, die sehr leichtfüßig sind, folgten uns, und wir töteten viele Feinde.

Nachts biwakierten wir unter größter Vorsicht auf dem Felde. Und in der Frühe des folgenden Tages zogen wir weiter, aber ich hatte noch immer nicht gesagt, wohin meine Absichten zielten, die ich vor einigen Leuten aus Tetzcuco verbergen wollte, da sie vielleicht dem Feinde davon Kunde gegeben hätten, denn es war noch immer wenig Verlaß auf sie.

Wir kamen nun nach Xaltocan, das halb im See gelegen, stark befestigt und von vielen breiten Wassergräben umgeben ist, so daß die Pferde nicht weiterkonnten. Die Feinde erhoben ein großes Geschrei und schossen viele Pfeile und Wurfspieße auf uns ab. Unser Fußvolk aber drang mit großer Anstrengung hinein, warf die Feinde hinaus und verbrannte einen großen Teil des Ortes. Am Abend marschierten wir noch eine Stunde weit, und bei Tagesanbruch verfolgten wir weiter unseren Weg und trafen bald auf den Feind, der uns schon von weitem anbrüllte. Wahrlich, es war schauderhaft anzuhören. Wir begannen sie zu verfolgen und gelangten dabei in eine große, schöne Stadt, Cuauhtitlan genannt, fanden sie menschenleer und nahmen dort unser Quartier für die Nacht.

Am folgenden Tage besetzten wir die Stadt Tenayocan ohne Widerstand, zogen ohne Aufenthalt weiter nach Azcapotzalco, hielten aber auch hier nicht an, denn ich wollte nach der Stadt Tacuba gelangen, die sehr nahe bei Tenochtitlán liegt. Hier fanden wir ringsherum viele Wassergräben und den Feind in höchster Bereitschaft. Wir griffen aber sofort an, drangen in die Stadt, töteten viele Feinde und warfen die übrigen hinaus. Da es schon spät war, nahmen wir in einem großen Hause Quartier, in dem alle Platz fanden. Bei Tagesanbruch aber begaben sich unsere guten Freude, die Indianer, daran, die ganze Stadt zu plündern und in Brand zu stecken. Sie verwendeten darauf einen so großen Fleiß, daß sie wirklich den vierten Teil niederbrannten, und ich ließ es geschehen, weil die Einwohner von Tacuba, als wir geschlagen von Tenochtitlán abzogen, uns sehr grausam bekriegt und viele Spanier getötet hatten.

Von den sechs Tagen, an denen wir Tacuba besetzt hielten, verging nicht einer ohne Gefechte und Scharmützel mit dem Feinde. Die Anführer der Tlaxcateken bestanden viele Einzelkämpfe mit denen von Tenochtitlán, und es wurde nicht nur brav von beiden Seiten gefochten, sondern auch nicht mit Bedrohungen und Beschimpfungen gespart, und es war merkwürdig anzusehen. Während dieser Zeit kamen viele Feinde ums Leben, aber nicht einer von uns, obschon wir bis an die Brücken und Steindämme der Hauptstadt vordrangen, wo sie uns tapferen Widerstand leisteten. Zuweilen riefen sei: »Herein! Herein! Auf daß wir unsere Kurzweil mit euch haben!« Ein andermal sagten sie: »Meint ihr, es sei ein zweiter Moteczuma hier, um alles zu tun, was euch gelüstet?«

Während solcher Rufe näherte ich mich einmal einer Brücke, die sie freigelassen hatten. Sie standen auf der anderen Seite. Ich gab den Meinigen ein Zeichen, ruhig zu bleiben, und auch drüben wurden die Leute zum Schweigen gebracht. Nun sagte ich ihnen, warum sie solche Toren seien, sich durchaus vertilgen lassen zu wollen. Wenn irgendein Herr aus der Stadt bei ihnen sei, so möge er vortreten, um mit mir zu reden. Sie antworteten, sie seien alle Standesherren, ich möge also reden, wenn ich Lust dazu habe. Als ich nun schwieg, begannen sie mich zu verhöhnen. Und als einer der Unsrigen ihnen sagte, sie würden Hungers sterben, denn wir würden sie nicht herauslassen, um sich Nahrung zu suchen, antworteten sie, bis jetzt hätten sie keinen Hunger, wenn er sich aber einstellen sollte, würden sie uns und die von Tlaxcala auffressen. Und einer von ihnen warf einige Maiskuchen unter uns und rief: »Da! Eßt sie, wenn Ihr Hunger habt! Wir haben keinen!« Und nun begannen sie wieder zu brüllen und gegen uns vorzugehen.

Da nun mein Marsch nach Tacuba hauptsächlich unternommen worden war, um eine Unterredung mit denen von Tenochtitlán anzuknüpfen, war mein längeres Verweilen unnütz. Ich beschloß deshalb, nach Tetzcuco zurückzukehren, um den Bau der Brigantinen zu beschleunigen. Bei unserem Abmarsch folgten die Feinde uns langsam, und meine Reiter kehrten sich von Zeit zu Zeit gegen sie um, wobei uns dann jedesmal einige unter der Hand blieben. Am anderen Tage setzten wir unseren Marsch fort, und da die Feinde glaubten, dies geschehe aus Furcht, verfolgte uns ein großer Schwarm. Als ich dies gewahrte, befahl ich dem Fußvolk weiterzumarschieren, die Reiterei aber legte ich in einen Hinterhalt. Als die Feinde vorübergezogen waren, brachen wir hervor und machten einen Lanzenangriff und verfolgten den Feind über eine weite Ebene. Sie hielten nun Ruhe, und wir kehrten zu unseren Truppen zurück. In der nächsten Nacht schliefen wir in Acolman, zwei Leguas von Tetzcuco, und am nächsten Tage kehrten wir zurück, von dem Großprofos, der als Kommandant zurückgeblieben war, und der ganzen Mannschaft freudig begrüßt. Sie hatten seit unserem Abmarsch nichts von uns gehört und waren nun begierig, davon zu erfahren. Am Tage nach unserer Rückkehr beurlaubten sich die Herren aus Tlaxcala und zogen mit ihrer Beute heim.

Zwei Tage später trafen Indianer aus Chalco ein, die mir meldeten, daß mexikanische Truppen im Anzug seien, um sie zu vernichten. Ich ließ darauf sofort Gonzalo de Sandoval mit zwanzig Reitern und dreihundert Mann Fußvolk aufbrechen. In Chalco angekommen, fand er dort bereits viel Kriegsvolk aus den Nachbarprovinzen, und nach kurzem Kriegsrat, was zu tun sei, zog die ganze Kriegsmacht nach Huaxtepec, wo eine mexikanische Garnison lag. Schon unterwegs traf man auf viel feindliches Volk, das aber durchbrochen wurde und das Feld räumte. Als man nun an die Garnison herankam, begannen die Mexikaner das Gefecht, wurden aber in kurzer Zeit geschlagen und unter großen Verlusten aus dem Dorfe geworfen. Als die Reiter nun sorglos die Pferde absattelten, um sie zu füttern, rückten die Feinde wieder trotzig brüllend in das Dorf ein und sandten Steine, Wurfspieße und Pfeile in großer Menge, bis sie zum zweitenmal geworfen und über eine Legua weit verfolgt wurden. Zwei Tage rasteten die Spanier nun in diesem Dorfe.

Um diese Zeit erfuhr Sandoval, daß in dem Dorfe Yacapichtla viel feindliches Kriegsvolk stehe, und er beschloß, dorthin zu ziehen. Das Dorf war aber sehr fest und lag auf einer felsigen Anhöhe, so daß die Reiterei nichts ausrichten konnte. Als die Spanier anrückten, begannen die Feinde sofort den Kampf und rollten viele Steine von der Höhe herab. Unsere Indianer wagten nicht anzugreifen, doch als die Spanier dies gewahrten, beschlossen sie, die Anhöhe zu stürmen oder hier zu sterben. Und mit der Anrufung des heiligen Jacobus begannen sie den Angriff, wobei es Gott gefiel, ihnen solche Gewalt zu verleihen, daß sie trotz heftiger Gegenwehr hineindrangen. Und da nun auch unsere indianischen Freunde herankamen und die Feinde bald gänzlich besiegt waren, wurde unter ihnen durch die Hand der Unsrigen und durch Hinabstürzen von der steilen Höhe ein solches Blutbad angerichtet, daß, wie alle Dabeigewesenen versichern, ein kleiner, das Dorf umfließender Bach länger als eine Stunde rot von Blut gewesen sei, so daß sie nicht daraus trinken konnten, so durstig sie auch bei der großen Hitze gewesen seien.

Der Großprofos kehrte mit seiner Mannschaft nach Tetzcuco zurück. Als die von Mexiko und Tenochtitlán erfuhren, daß die Spanier und die von Chalco so großen Schaden unter ihren Leuten angerichtet hatten, beschlossen sie, diesen mit vielem Volk über den Hals zu kommen. Als die von Chalco Wind davon bekamen, schickten sie nach mir um Hilfe, und ich entsandte wieder den Großprofos mit seiner Mannschaft. Als er aber ankam, hatten die Gegner sich bereits im offenen Felde gemessen, und Gott hatte Chalco den Sieg verliehen. Sie hatten vierzig Gefangene gemacht, darunter einen Befehlshaber und zwei andere Standespersonen, die dem Großprofos übergeben wurden, damit er sie mir zuführe. Als seine Gegenwart nicht mehr nötig schien, kehrte er nach Tetzcuco zurück.

Da der Weg von Tetzcuco nach Veracruz jetzt sicher war, gingen täglich Nachrichten hin und her. Sie schickten mir auch Armbrüste und Büchsen und Schießpulver, und eines Tages ließen sie mir durch Boten melden, es seien drei Schiffe im Hafen angekommen, die viele Leute und Pferde mitgebracht hätten, und nächstens sollten sie zu uns geschickt werden.

V

Stets habe ich darüber nachgesonnen, wie Tenochtitlán wieder zu Frieden und Freundschaft gewonnen werden könne, teils damit sie nicht selber die Ursache ihres Verderbens werden möchten, teils um unsererseits endlich von den Strapazen des Krieges ausruhen zu können. So ließ ich die vor Chalco gefangenen Standesherren zu mir bringen und fragte sie, ob einige von ihnen in meinem Auftrag nach der Hauptstadt gehen wollten, um die dortigen Machthaber zu ersuchen, nicht mehr nach Krieg zu trachten, sondern sich wie früher zu Vasallen Eurer Majestät zu erklären, sintemalen ich keineswegs ihr Verderben wolle, sondern ihr wahrer Freund sei. Obgleich sie nun besorgt dreinschauten, weil sie als Überbringer solcher Botschaft ermordet zu werden befürchteten, entschlossen sich doch zwei der Gefangenen dazu. Sie baten mich, ihnen einen Brief mitzugeben, denn obschon sie nicht lesen konnten, was darin stand, wußten sie doch, daß es so unter uns üblich war. Ich ließ ihnen aber durch die Dolmetscher den Inhalt meines Briefes erklären. Sie zogen ab, und ich gab ihnen fünf Reiter als Bedeckung mit, bis sie in Sicherheit sein würden.

Am Karsamstag wurde mir gemeldet, daß die Mexikaner wieder gegen Chalco anrückten, und auf einem großen weißen Tuche zeigte man mir die bedrohten Ortschaften und die Wege, auf denen der Feind heranziehen werde. Ich erwiderte, in vier bis fünf Tagen könne ich ihnen helfen. Am dritten Tage kamen sie wieder und baten um Beschleunigung der Hilfe. Am Donnerstag erschienen in Tetzcuco Abgesandte der Provinzen Tizapan, Mexicalzingo und Naucalpan, die ihre Unterwerfung und Freundschaft anboten, wie sie auch früher nie einen Spanier ermordet hätten. Ich versprach ihnen gute Behandlung, und zufrieden kehrten sie heim.

Am folgenden Freitag, dem 5. April 1521, rückte ich mit dreißig Pferden und dreihundert Mann Fußvolk aus und ließ dreißig Pferde und dreihundert Mann unter dem Kommando von Gonzalo de Sandoval in Tetzcuco zurück. Und mit mir gingen mehr als zwanzigtausend Indianer aus Tetzcuco. Am nächsten Tage kamen wir nach Chalco, hielten uns aber nur auf, um den Herren dort meinen Plan mitzuteilen, der darin bestand, einen Rundmarsch um die Lagunen zu machen. In einer zum Stadtgebiet gehörenden Ortschaft, wo vierzigtausend Mann verbündeten Kriegsvolkes zu uns stießen, brachten wir die Nacht zu. Da mir nun gemeldet wurde, daß die von Culúa mich auf dem Blachfelde erwarteten, befahl ich, daß schon um vier Uhr alle Truppen auf den Beinen sein sollten. Und am anderen Morgen also, gleich nach der Messe, setzten wir uns in Marsch. Ich nahm den Vortrab mit zwanzig Pferden, ließ zehn bei der Nachhut, und so zogen wir durch rauhes Gebirgsland.

Nachmittags kamen wir an einen hohen, steilen Felsenhügel,

auf dessen Gipfel sich viel Weiber- und Kindervolk befand. Alle Hänge aber waren mit Kriegsvolk besetzt, und gleich fingen sie an, ein großes Geschrei zu erheben, Rauchsignale anzuzünden und Steine, Wurfspieße und Pfeile auf uns zu werfen. Obschon unser Weg eine andere Richtung hatte, schien es mir doch, es würde Schwäche sein, daran vorbeizuziehen. Ich machte eine Rekognoszierung um den Hügel herum, und er zeigte sich so fest, daß es als Tollkühnheit erschien, ihn im Sturm nehmen zu wollen. Hätte ich den Feind auch durch Hunger zur Übergabe zwingen können, so hatte ich doch keine Zeit, mich damit aufzuhalten. Ich beschloß deshalb, den Felsen von drei Seiten anzugreifen, und befahl dem Fähnrich Christóbal Corral, den ich mit seinen sechzig Mann Fußvolk gewöhnlich um mich hatte, an der steilsten Stelle hinaufzuklimmen. Und den Hauptleuten Juan Rodriguez de Villafuerto und Francisco Verdugo befahl ich, von einer anderen Seite hinaufzugehen. Wenn sie den ersten Büchsenschuß hören würden, sollten alle zugleich den Sturm mit dem Entschluß beginnen, zu siegen oder zu sterben.

Sofort nach dem Signalschuß begannen sie ihre Kletterei, und sie gewannen zwei Absätze des Felsens, aber höher vermochten sie nicht zu kommen, denn sie konnten sich an den rauhen und steilen Felsen nicht halten. Die Feinde warfen von oben mit der Hand und mit Schleudern so viele Steine herab, daß die umherfliegenden Stücke großen Schaden anrichteten. Zwei Spanier wurden getötet und mehr als zwanzig verwundet. Da ich nun die Unmöglichkeit einsah, mehr zu erreichen, und da sich auch schon auf dem Felde viele Feinde sammelten, befahl ich den Hauptleuten herabzukommen. Und als sie wieder unten waren, machten wir Reiter einen Angriff auf die Feinde in der Ebene, spießten und töteten drauflos, schlugen sie gänzlich aus dem Felde und verfolgten sie eineinhalb Stunden lang. Unsere Reiter zerstreuten sich dabei nach allen Seiten, und als sie sich wieder sammelten, berichteten sie mir, sie hätten eine Legua entfernt noch einen zweiten Felsenhügel gesehen, der nicht so unzugänglich sei. Ziemlich betrübt wegen des verfehlten Sieges brachen wir nun auf und biwakierten nachts in der Nähe des anderen Hügels, wo wir ziemliche Not ausstanden, denn es gab auch hier kein Wasser, und weder wir noch die Pferde hatten den ganzen Tag hindurch getrunken. So brachten wir die Nacht hin und hörten die Feinde mit Pauken, Hörnern und Gebrüll großen Lärm vollführen.

Nachdem es heller Tag geworden war, begann ich mit einigen Hauptleuten den Felsen zu besehen, und er schien uns beinahe so unzugänglich wie der andere. Er hatte aber zwei weniger schwer zu erklimmende Seitenhügel, die durch zahlreiche Krieger verteidigt wurden. Wir nahmen unsere Schilde und gingen zu Fuß dorthin, da unsere Pferde eine Stunde weit zur Tränke geführt wurden, und sobald unsere Leute uns gehen sahen, folgten sie uns, obschon wir nichts davon gesagt hatten. Als wir am Fuße des Felsens ankamen, verließen die Indianer, die die Seitenhügel besetzt hatten, ihre Stellung, um den Ihrigen zu Hilfe zu kommen. Als ich aber diesen Fehler erkannte, ließ ich durch einen Hauptmann mit seinen Leuten ohne viel Lärm einen der Seitenhügel besetzen, ich aber erkletterte mit den übrigen den Haupthügel, wo das meiste Volk stand. Ich gewann einen Absatz, und wir setzten uns in gleicher Höhe mit dem Feinde fest. Inzwischen hatte ein anderer Hauptmann mit seiner Schar den höchsten Punkt des Hügels erobert, von wo aus er nun den Feind mit Büchsen und Armbrüsten beschoß. Als die Feinde sahen, welche Verluste sie dadurch erlitten, machten sie ein Zeichen, daß sie sich ergeben wollten, und streckten die Waffen zur Erde. Ich befahl, den Kampf einzustellen, und wie es mein Grundsatz war, empfing ich freundlich die Krieger, die zu einer Unterredung herunterkamen. Dann folgte auch die Besatzung des zweiten Hügels, um sich zu unterwerfen und Frieden zu schließen.

In der nächstgelegenen Ortschaft verbrachte ich zwei Tage, schickte die Verwundeten nach Tetzcuco und brach dann nach Coatepec auf. Hier nahmen wir im Gartenhaus des dortigen Gutsherrn Quartier. Dieser Garten ist der größte, schönste und üppigste, den man je gesehen hat. Er mißt zwei Leguas im Umfang, und mittendurch fließt ein sehr hübscher Bach. In Abständen von zwei Armbrustschußweiten sind Wohnhäuser mit eigenen Ziergärten angelegt, mit Bäumen verschiedenster Fruchtart und vielen duftenden Blumen und Kräutern, so daß es größte Bewunderung erregt, diesen Park zu schauen.

Am anderen Morgen setzten wir uns nach dem Dorfe Yautepec in Marsch, wo wir viel Kriegsvolk fanden. Als wir näher kamen, machten sie Friedenszeichen, doch gleich darauf ergriffen sie die Flucht. Wir verfolgten sie und schlossen sie in einem anderen Dorfe ein, das wir völlig überraschten, ehe die aufgestellten Wachen Alarm schlagen konnten. Ich verweilte zwei Tage in diesem Dorfe, stets hoffend, der Kazike werde kommen und sich als Vasall unterwerfen, da er aber nicht kam, ließ ich beim Abmarsch das Dorf in Brand stecken. Dann kamen einige Standespersonen und baten um Vergebung. Ich nahm sie freundlich auf, weil die Züchtigung an ihnen bereits vollstreckt war.

Auf dem Weitermarsch sichtete ich um neun Uhr morgens das Dorf Cuauhnauac, das von Schluchten umgeben war, die bis zu vier Mannslängen Tiefe maßen. Für die Reiterei war es nur an zwei Stellen zugänglich, dazu aber war ein Umweg von eineinhalb Leguas nötig. Einige hölzerne Brücken waren weggenommen worden, und die Feinde standen so verdeckt und verschanzt, daß sie uns, wären wir auch zehnmal mehr gewesen, nicht zu fürchten brauchten. Sie beschossen uns nach Gefallen, aber während sie eifrig mit uns beschäftigt waren, gelang es einem unserer Indianer aus Tlaxcala, auf einem sehr gefährlichen Wege (über Baumstämme) unbemerkt heranzuschleichen. Als die Feinde ihn plötzlich gewahrten, glaubten sie, die Spanier seien an diesem Punkte eingedrungen, und sie flohen entsetzt. Unser Indianer aber eilte ihnen nach, und drei oder vier meiner Burschen und zwei Soldaten waren ihm gefolgt.

Ich suchte nun mit der Reiterei einen Zugang, die Feinde aber hörten nicht auf, uns zu beschießen, denn zwischen uns lag eine Schlucht wie ein breiter Festungsgraben. So beachteten sie die fünf Spanier nicht, die ihnen plötzlich in den Rücken fielen und Stöße und Hiebe unter ihnen austeilten. Die Indianer waren so entsetzt, daß sie gar nicht zu kämpfen wagten, und die Spanier metzelten unter ihnen. Unser Fußvolk war unterdessen schon ins Dorf gedrungen und begann es in Brand zu stecken. Die Feinde verließen es und retteten sich ins Gebirge. Wir quartierten uns in einem Gartenhaus ein, da das Dorf fast gänzlich niedergebrannt war. Gegen Abend entschloß sich der Kazike, mit anderen Herren zu mir zu kommen, um sich zu Vasallen zu erbieten. Sie sagten, sie kämen deshalb so spät, unsere Freundschaft zu suchen, weil sie erst durch den ihnen zugefügten Schaden ihre Schuld hätten abbüßen wollen, da ich, wie sie glaubten, dann nicht mehr so großen Groll gegen sie hegen werde.

Wir brachen frühmorgens auf und marschierten durch ein fichtenbestandenes wasserloses Land. Dann passierten wir einen Bergpaß mit größter Anstrengung und ohne zu trinken, so daß mehrere Indianer umkamen. Sieben Leguas von jenem Dorfe entfernt verbrachten wir die Nacht in einigen Häusern. Mit Tagesanbruch machten wir uns wieder auf den Weg und sichteten die große Stadt Xochimilco, gebaut auf der Süßwasserlagune. Da die Eingeborenen von unserer Ankunft wußten, hatten sie Schanzen und Gräben angelegt, die Brücken abgetragen und viel Kriegsvolk versammelt, das entschlossen war, sich zu verteidigen oder zu sterben.

Ich stellte meine Truppen in zweckmäßiger Ordnung auf, stieg dann vom Pferde und ging mit etwas Fußvolk gegen eine Schanze vor, hinter der unendlich viel Kriegsvolk stand. Als wir sie aber mit Armbrüsten und Büchsen anzugreifen begannen, räumten sie die Stellung, und die Spanier warfen sich ins Wasser, drangen vor und gelangten schließlich ans Festland. In einem halbstündigen Kampfe war der beste Teil der Stadt eingenommen. Die Feinde zogen ab über die Wasserstraßen und kämpften von ihren Booten aus noch bis in die Nacht. Einige machten Friedensanträge, während andere deshalb nicht aufhörten zu fechten, und die Anträge wurden so oft wiederholt, ohne zu einem Abschluß zu gelangen, daß wir auf den Gedanken kamen, sie täten es nur, um ihre Habe fortschaffen zu können und um Zeit zu gewinnen, bis Verstärkung aus Tenochtitlán ankommen könne.

An diesem Tage wurden zwei Spanier getötet, die sich von ihrer Schar getrennt hatten, um zu plündern, bald aber sich in solcher Bedrängnis befanden, daß niemand sie daraus retten konnte. Gegen Abend versuchten die Feinde uns den Rückweg abzuschneiden, damit wir nimmermehr lebendig aus der Stadt gelangten. Sie kamen von der Seite, von wo wir eingedrungen waren, und als wir sie plötzlich in unserem Rücken sahen, entsetzten wir uns über ihre Kühnheit und Schnelligkeit. Ich warf mich mit sechs Reitern, die am nächsten bei der Hand waren, mitten unter sie, und die Furcht vor den Pferden trieb sie in die Flucht. Wir rückten zu ihrer Verfolgung nach und töteten viele, obschon auch wir uns in der Klemme befanden, denn es waren tapfere Krieger, und viele von ihnen wagten es, unsere Pferde mit Schwert und Schild zu erwarten. Während wir uns mitten im Handgemenge befanden, wobei ich sehr scharf geritten war, stürzte mein Pferd vor Ermattung, und als einige Feinde mich zu Fuß sahen, kehrten sie sich gegen mich. Ich begann mich mit der Lanze gegen sie zu verteidigen, und ein Indianer aus Tlaxcala, der mich in dieser Not erblickte, kam mir zu Hilfe, und er und ein hinzukommender Reitknecht brachten das Pferd wieder in die Höhe.

Die Feinde räumten nun das Feld, und ich und die anderen Reiter, sämtlich sehr ermüdet, kehrten in die Stadt zurück. Aber obgleich es beinahe Nacht geworden und Grund genug zum Ausruhen war, ließ ich noch alle Brückenöffnungen, wo das Wasser hindurchlief, mit Mauer- und Backsteinen zuschütten, um der Reiterei ungehinderten Aus- und Eingang zu verschaffen, und ich selbst wich nicht vom Platze, bis alle schlimmen Stellen in Ordnung waren, und mit großer Vorsicht und Wachsamkeit verbrachten wir die Nacht.

VI

Als die Eingeborenen von Mexiko nun wußten, daß ich in Xochimilco war, beschlossen sie, mit großer Heeresmacht zu Wasser und zu Lande über mich zu kommen und uns zu umzingeln. Ich bestieg einen ihrer Götzentürme, um zu sehen, wie das Kriegsvolk anrückte und von welcher Seite es uns angreifen könnte, um alle erforderlichen Maßnahmen zu treffen. Nachdem ich alles angeordnet hatte, trafen wir an der Wasserseite auf eine ganze Flotte von Booten, es waren wohl über zweitausend, und darin mehr als zwölftausend Kriegsleute. Und von der Landseite kam ein solcher Schwarm Volkes gezogen, daß er alle Felder bedeckte. Ihre Anführer, die vorangingen, trugen von uns erbeutete Schwerter, und sie schrien, um ihre Leute anzufeuern: »Mexiko! Mexiko! Tenochtitlán! Tenochtitlán!« Sie hielten Schimpfreden gegen uns und drohten uns mit den Schwertern zu töten, die sie uns einst abgenommen hatten.

Da ich meine Befehle an die Hauptleute schon ausgegeben hatte und nun vom Lande her eine so große Masse von Feinden herandrängen sah, ging ich selbst dorthin mit zwanzig Reitern und fünfhundert Indianern von Tlaxcala. Wir teilten uns in drei Haufen, und ich befahl ihnen, sobald sie den Feind durchbrochen hätten, sich am Fuße eines eine halbe Stunde entfernt liegenden Berges wieder zu sammeln, weil auch dort der Feind sehr zahlreich war. Nun warf sich jede Abteilung auf eigene Rechnung gegen den Feind, schlug ihn und tötete viele, dann aber vereinigten wir uns sämtlich wieder am Fuße des Berges. Ich befahl einigen Fußsoldaten, die früher meine Diener gewesen und recht gewandt waren, mit aller Anstrengung den Berg zu erklettern, wo er am steilsten war, während ich selbst mit den Reitern hinten herum in eine Ebene ziehen wollte, um den Feind in die Mitte zu nehmen.

Als nun die Feinde meine Spanier den Berg hinanstürmen sahen, kehrten sie ihnen den Rücken, trafen nun aber auf uns, die wir gleich auf sie dreinzuhauen begannen, und die von Tlaxcala desgleichen, so daß in kurzer Zeit über fünfhundert Feinde auf dem Platze blieben, die übrigen flohen ins Gebirge. Inzwischen hatten sechs Reiter den Feind auf einer breiten Straße verfolgt, und eine halbe Stunde von Xochimilco stießen sie auf eine neue Schar von Feinden, die den anderen zu Hilfe kommen wollte, und auch diese schlugen sie. Als sich nun gegen zehn Uhr alle Reiter wieder vereinigt hatten, kehrten wir nach Xochimilco zurück. Am Stadteingang warteten viele Spanier auf uns, begierig zu erfahren, wie es uns ergangen sei. Und sie erzählten, daß sie sich gewaltig angestrengt hätten, die Feinde zu vertreiben. Sie gaben mir zwei von unseren Schwertern, die sie ihnen wieder abgenommen hatten, und sie sagten, daß die Armbrustschützen weder Pfeile noch Bolzen mehr hätten.

Als wir noch nicht abgesessen waren, kam eine große Schar Feinde mit großem Geschrei auf einem Damm herangestürmt. Wir griffen sie augenblicklich an, und da auf beiden Seiten des Dammes nichts als Wasser war, stürzten sie sich hinein, und wir wurden sie los. Wir kehrten ganz erschöpft in die Stadt zurück,

Kampf auf einer Dammstraße nach Tenochtitlán
(Auf dem Damm von rechts vordringende Spanier und Tlaxcateken, zwischen ihnen Marina, links aztekische Krieger, unten angreifende Boote der Mexikaner, oben eine Brigantine der Spanier)

die ich bis auf unser Quartier ganz zu verbrennen befahl. Wir blieben noch drei Tage in dieser Stadt, von denen keiner ohne Gefecht verging. Endlich zogen wir ab, sie gänzlich niedergebrannt und verwüstet zurücklassend. Und wahrlich, es war der Mühe wert gewesen, sie mit ihren vielen Häusern und Götzentürmen zu sehen.

Am Tage meines Abmarsches rückte ich hinaus auf den Markt, um meine Truppen einzuteilen. Die Einwohner von Xochimilco glaubten, unser Abzug geschehe aus Furcht vor ihnen, und sie kamen uns mit großem Gebrüll in den Rücken. Ich wendete mich mit zehn Reitern gegen sie, und wir verfolgten sie, bis sie sich ins Wasser warfen. Um zehn Uhr vormittags gelangten wir nach der Stadt Coyoacán, die von den am See gelegenen Städten Culhuacan, Churubuscu, Iztapalapa, Cuitlahuac und Mizquic höchstens eineinhalb Leguas entfernt war. Wir fanden sie alle menschenleer. Wir nahmen unser Quartier in einem Herrenhause, und da ich nach Fertigstellung der Brigantinen die völlige Blockierung von Tenochtitlán durchführen wollte, wünschte ich erst einmal die Lage der Hauptstadt mit den Ein- und Ausgängen und die Plätze, wo der Angriff geschehen oder vermieden werden sollte, recht genau anzuschauen.

Ich rückte mit fünf Reitern und zweihundert Mann zu Fuß auf dem nach Tenochtitlán führenden Steindamm bis zum nahe gelegenen See vor, und wir sahen eine unendlich große Zahl von Booten mit Kriegsvolk auf dem Wasser. Wir kamen an eine Schanze, die auf dem Damm aufgeworfen war, und obgleich sie stark und gut verteidigt war, begann das Fußvolk sie anzugreifen. Zehn Spanier wurden dabei verwundet, aber am Ende wurde sie genommen, obschon die Büchsen- und Armbrustschützen weder Pulver noch Bolzen mehr hatten. Von hier aus sahen wir, daß der Damm wohl eineinhalb Leguas weit durch den See geht bis nach Tenochtitlán hinein und daß dieser Damm wie auch der nach Iztapalapa mit Volk ohne Zahl gefüllt war. Nachdem ich dies alles betrachtet hatte, weil ich hier in diese Stadt eine Besatzung zu legen gedachte, verbrannten wir die Häuser und Götzentürme und kehrten zurück.

Am folgenden Tage marschierten wir nach Tacuba, zwei Leguas weit. Die Feinde kamen von seewärts, um die Indianer anzufallen, die unser Gepäck trugen, ließen uns aber bald in Frieden. Weil es meine Absicht war, alle Lagunen zu umkreisen, um das Terrain kennenzulernen, lag mir nichts daran, in Tacuba zu verweilen. Und als die von Tenochtitlán, das sich fast bis ans Festland ausdehnt, uns abziehen sahen, bekamen sie wieder Mut und suchten über unsere Bagage herzufallen. Da aber die Reiter gut verteilt waren, so erwehrten wir uns ihrer ohne eigene Gefahr. Als wir nun so hin und wieder streiften, gerieten zwei von meinen Burschen und Bedienten, die mich meist überall begleiteten, an einen Ort, wo sie gefangengenommen wurden, und wir glauben, man hat sie nach dortiger Sitte eines sehr grausamen Todes sterben lassen. Als wir wieder mit unseren Truppen zusammentrafen, erfuhren wir, wie die Indianer die beiden Burschen fortgeschleppt hatten. Um ihren Tod zu rächen, legte ich mich mit zwanzig Reitern hinter einigen Häusern ins Versteck. Als nun die Indianer der Truppe folgten und einige an uns vorüber waren, ließ ich den Schlachtruf »Santiago!« erschallen, und wir fielen gewaltig über sie her, und ehe sie sich hinter ihren dort befindlichen Gräben verkriechen konnten, hatten wir mehr als hundert niedergehauen, worauf sie die Lust verloren, uns weiter zu verfolgen.

Sehr ermüdet und durchnäßt, da es nachmittags viel geregnet hatte, übernachteten wir in der menschenleeren Stadt Cuauhtitlan. Am folgenden Tage begaben wir uns auf den Rückmarsch nach Tetzcuco, wo wir zur Nacht wieder einrückten, herzlich empfangen von unseren Spaniern, die seit unserm Ausmarsch nichts mehr von mir gehört und viel Alarm in der Stadt gehabt hatten.

In der Zeit, als ich mich noch in der Hauptstadt Tenochtitlán befand, hatte ich veranlaßt, daß in drei dazu geeigneten Provinzen Wirtschaftshäuser erbaut wurden, um dort Ackerbau zu betreiben. Nach der Provinz Chinantla, die nicht dem Herrscher von Mexiko unterworfen ist, hatte ich zwei Spanier geschickt, von denen ich seit einem Jahre nichts mehr gehört hatte, während in den übrigen Wirtschaftshäusern alle Leute ermordet worden waren. Da die Spanier in Chinantla auch nichts mehr von uns gehört hatten und glauben mußten, es dürfte keiner von uns mehr am Leben sein, blieben sie im Lande. Einer von ihnen, ein tüchtiger junger Kriegsmann, wurde von den Eingeborenen zu ihrem Anführer gewählt, und er zog nun mit ihnen gegen ihre Feinde, und gewöhnlich waren die von Chinantla siegreich. Als es nun Gott gefiel, uns einigermaßen wieder aufzurichten, sagten die Eingeborenen von Chinantla zu den Christen, sie hätten erfahren, daß in Tepeaca Spanier seien, und sie wollten zwei Indianer daranwagen, obgleich sie durch feindliches Land gehen müßten. Sie könnten aber bei Nacht reisen und die Straßen meiden. Diese beiden Indianer gelangten nach Tepeaca, und durch sie langte dort ein Brief folgenden Inhalts an:

»Edle Herren! Bereits zwei Briefe habe ich geschrieben, weiß aber nicht, ob sie angekommen sind, und ich habe auch keine

Antwort darauf empfangen. Ich tue Euch zu wissen, Ihr Herren, daß alle Eingeborenen des Landes Culúa im Aufruhr und im Kriege begriffen sind und uns bereits mehrfach angegriffen haben, wir sind aber – Preis sei Gott dem Herrn! – stets Sieger geblieben. Und täglich führen wir Krieg mit denen von Tuxtepec und ihren Spießgesellen von Culúa. Die, welche sich zum Dienst Dero Hoheiten und zu Dero Vasallen bekennen, sind sieben Städte in Tenez (im Lande Tabasco), und ich und Nicolas sind immer in der Hauptstadt Chinantla. Ich wünschte dringend zu wissen, wo unser Feldherr sich befindet, um ihm zu schreiben und erfahren zu können, wie es bei ihm steht. Und wenn Ihr mir zufälligerweise schreiben solltet, wo er sich aufhält, und mir dann zwanzig bis dreißig Spanier schicken könntet, so würde ich mit zwei hiesigen Standesherren hingehen, die unseren Feldherrn zu sehen und zu sprechen wünschen. Und es würde gut sein, wenn sie kämen, denn es ist jetzt die Zeit der Kakaoernte, und die von Culúa stören uns dabei sehr mit ihren Feindseligkeiten. Chinantla, den ich weiß nicht wievielten des Monats April im Jahre 1521. Euer Gnaden zu Dienst erbötiger Hernán de Barrientos.«

Als die beiden Indianer mit diesem Brief in Tepeaca ankamen, wurde er mir sofort zugesandt, und der Empfang machte uns große Freude. Wir hatten zwar großes Vertrauen in die Freundschaft der Eingeborenen von Chinantla gesetzt, aber doch manchmal befürchtet, daß sie sich mit Culúa verbündet und die Spanier ermordet haben könnten. Nun schrieb ich ihnen sofort, wie es uns bisher ergangen sei, und daß sie, wenn auch jetzt noch von Feinden umringt, hoffen könnten, sich mit Gottes Hilfe recht bald in Freiheit zu sehen.

VII

Nach unserem Rundmarsch um die Lagunen beschäftigte ich mich nun in Tetzcuco mit der Ausrüstung der Truppe, mit dem beschleunigten Bau der Brigantinen und mit der Anlage eines Kanals, der von unserem Quartier am Bauplatz der Brigantinen bis zur Lagune, wohl eine halbe Legua lang, gegraben wurde. Mit dieser Arbeit vergingen fünfzig Tage, und über achttausend

Eingeborene waren täglich damit beschäftigt, denn der Kanal war mehr als zwei Mannslängen tief und ebenso breit und in seiner ganzen Länge mit Rammpfählen abgestützt. Nachdem nun meine Brigantinen fertig und auf den Kanal geschafft waren, hielt ich Musterung über mein ganzes Volk und zählte sechsundachtzig Reiter zu Pferde, hundertachtzehn Armbrust- und Büchsenschützen, siebenhundert und einige zu Fuß mit Schwert und Tartsche, drei schwere Geschütze von Eisen, fünfzehn Feldschlangen von Bronze und zehn Zentner Pulver.

Nach der Musterung schärfte ich allen Spaniern ein, die von mir für den Kriegszustand erlassenen Befehle nach Möglichkeit zu halten, im übrigen aber fröhlichen und guten Mutes zu sein. Sie sähen ja, wie Gott der Herr uns den Weg bereite, um den Sieg über unsere Feinde zu erlangen. Bei unserem Einzug in Tetzcuco hätten wir nicht mehr als vierzig Pferde gehabt, aber Gott habe uns mehr geholfen, als wir erwartet hätten, denn es seien Schiffe angekommen mit Pferden, Soldaten und Waffen. Dies alles, besonders aber der Gedanke, daß wir für die Verbreitung unseres Glaubens und für die Zurückführung so vieler Provinzen unter Eurer Majestät Gehorsam fechten, müsse ihren Geist und ihren Mut anfeuern, zu siegen oder zu sterben. Und alle bezeugten dazu ihren kräftigen Willen und den Wunsch, nur erst bei der Belagerung zu sein und den Krieg zu beenden, von dem der Frieden dieser Gegend so gänzlich abhing.

Am nächsten Tage sandte ich Boten nach Tlaxcala, Guaxocingo und Cholula, um sie zu benachrichtigen, daß die Brigantinen vollendet und daß meine Mannschaft bereit sei, die Belagerung der Hauptstadt zu beginnen. Ich ersuche sie daher, mit so vielem bewaffneten Volk wie nur möglich nach Tetzcuco zu kommen, wo ich zehn Tage auf sie warten werde. Auf keinen Fall möchten sie länger ausbleiben, was große Verwirrung in meine Pläne bringen würde. Als meine Boten dort ankamen, waren die Eingeborenen schon vorbereitet und voller Eifer, sich mit denen von Culúa zu messen. Die Krieger von Guaxocingo und Cholula zogen nach Chalco, wie ich befohlen hatte, weil ich von dort aus die Belagerung beginnen wollte. Die Anführer von Tlaxcala trafen mit ihren wohlbewaffneten Kriegern bei Tetzcuco ein. Nach den Meldungen der Anführer waren es mehr als fünfzigtausend Kriegsleute. Ich ging ihnen zum freundlichen Empfang entgegen und ließ ihnen gute Quartiere geben.

VIII

Am zweiten Pfingsttag befahl ich allen Truppen, sich auf dem großen Platz von Tetzcuco aufzustellen, um sie einzuteilen und den Befehlshabern die Besatzungen zu geben, die in drei um Tenochtitlán liegende Städte gelegt werden sollten. Zum Befehlshaber der einen Besatzung ernannte ich Pedro de Alvarado und gab ihm dreißig Reiter, achtzehn Armbrust- und Büchsenschützen, hundertfünfzig Mann Fußvolk mit Schwert und Tartsche und über fünfundzwanzigtausend Kriegsleute aus Tlaxcala. Sein Hauptquartier sollte er in der Stadt Tacuba nehmen.

Zum Befehlshaber der zweiten Besatzung machte ich Christóbal de Oli, übergab ihm dreiunddreißig Reiter, achtzehn Armbrust- und Büchsenschützen, hundertsechzig Mann Fußvolk und über zwanzigtausend indianische Krieger, mit dem Hauptquartier in Coyoacán. Zum Befehlshaber der dritten Besatzung ernannte ich Gonzalo de Sandoval, den Großprofos, und gab ihm vierundzwanzig Reiter, vier Büchsenschützen, dreizehn Armbrustschützen, einhundertfünfzig Mann Fußvolk, darunter fünfzig auserlesene junge Burschen aus meiner persönlichen Begleitung, sodann das ganze Volk von Guaxocingo, Cholula und Chalco, mehr als dreißigtausend Mann. Diese Abteilung sollte in die Stadt Iztapalapa einrücken, sie zerstören, dann unter dem Schutz der Brigantinen auf dem Steindamm vorgehen und sich mit der Besatzung von Coyoacán vereinigen. Der Großprofos sollte dann für sein Hauptquartier den zweckmäßigsten Ort auswählen.

Für die dreizehn Brigantinen, mit denen ich selbst den See zu halten gedachte, blieben dreihundert Mann reserviert, meist recht anstellige Seeleute. Dazu kamen auf jede Brigantine fünfundzwanzig Spanier, und jedes Fahrzeug hatte seinen Kapitän, seinen Schiffsmeister und sechs Armbrust- und Büchsenschützen.

Am 10. Mai rückten die beiden Befehlshaber, die Tacuba und Coyoacán besetzen sollten, mit gehöriger Instruktion versehen von Tetzcuco aus und nahmen Nachtquartier in Acolman. Noch am selbigen Tage erfuhr ich, daß zwischen den beiden Befehlshabern ein Streit um die Quartiere entstanden sei, und ich schickte einen Abgesandten zu ihnen, es ihnen zu verweisen und sie zu versöhnen. Am anderen Tage marschierten sie frühmorgens weiter und übernachteten in der Ortschaft Gilotepec, die sie menschenleer fanden, da sie schon auf feindlichem Gebiet lag. Am anderen Tage setzten sie ihren Marsch vorschriftsmäßig fort und fanden mehrere Ortschaften menschenleer, bis sie in das ebenfalls gänzlich entvölkerte Tacuba einrückten. Sie nahmen Quartier in dem großen Herrenhause, und obschon es bereits Nachmittag war, machten die Tlaxcateken noch eine Erkundung auf den beiden Steindämmen nach Tenochtitlán, kämpften zwei bis drei Stunden sehr tapfer mit den Stadtbewohnern und kehrten ungefährdet nach Tacuba zurück.

In der Frühe des nächsten Tages beschlossen die beiden Befehlshaber, wie ich befohlen hatte, das durch Röhren nach Tenochtitlán geleitete Trinkwasser abzuschneiden, und einer von ihnen begab sich mit zwanzig Reitern und einigen Schützen nach den eine Viertelstunde entfernten Quellen, ließ die hölzernen Röhren zerschneiden und zerbrechen und kämpfte hart mit den Städtischen, die zu Wasser und zu Lande die Wasserleitung verteidigten. Er schlug sie und vollendete, was er begonnen hatte, nämlich der Stadt das Trinkwasser abzuschneiden, was ein sehr schlimmer Streich war.

Am gleichen Tage ließen die Befehlshaber noch einige Brücken und Gräben wiederherstellen und ebnen, um der Reiterei freie Bewegung nach allen Seiten zu verschaffen. Hiermit gingen drei oder vier Tage hin, und es gab viele Scharmützel, wobei einige Spanier verwundet, aber ziemlich viele Feinde getötet wurden, denen man zugleich viele Schanzen und Brücken abnahm.

Am nächsten Tage rekognoszierten die Befehlshaber den nach Tenochtitlán führenden Steindamm mit zwanzig Reitern, sechs Armbrustschützen und siebentausend Tlaxcateken. Sie fanden den Feind sehr auf der Hut, den Steindamm aufgebrochen und viele Schanzen aufgeworfen, und es wurde heiß gefochten. So ging es sechs oder sieben Tage lang, an denen es viele Treffen und Scharmützel gab. Während dieser Zeit trafen die Mannschaften beider Hauptquartiere täglich zusammen, und die Reiterei durchstreifte das Festland und brachte aus dem Gebirge viel Mais zusammen, der das Brot und die Hauptnahrung dieses Landes ist und an Güte den von den Inseln weit übertrifft.

Wie ich bereits berichtet habe, war ich mit dreihundert Mann und den dreizehn Brigantinen in Tetzcuco geblieben, um mich einzuschiffen, sobald die Besatzungen sich in den angewiesenen Orten befänden. Da die Leitung der Brigantinen große Überlegung und Sorgfalt erforderte, hatte ich mich entschlossen, sie selber zu befehligen. Am Tage nach dem Fronleichnamsfest ließ ich Gonzalo de Sandoval aus Tetzcuco ausrücken und nach Iztapalapa marschieren. Kurz nach Mittag kamen sie dort an und begannen gleich, die Stadt in Brand zu stecken und mit den Einwohnern zu kämpfen. Als diese jedoch seine große Heeresmacht gewahrten, denn er hatte etwa vierzigtausend Mann von unseren Bundesgenossen bei sich, warfen sie sich in ihre Kähne und flohen. Der Großprofos quartierte sich in Iztapalapa ein und wartete auf weitere Befehle.

Gleich nach dem Abmarsch Sandovals hatte ich mich auf die Brigantinen begeben, und wir machten sie segel- und ruderfertig. Als der Großprofos die Stadt Iztapalapa erstürmte, sichteten wir einen großen und festen Hügel nahe bei dieser Stadt, auf dem sich viel Volk aus den benachbarten Dörfern und aus Tenochtitlán versammelt hatte, da sie wußten, daß unser erster Angriff der Stadt Iztapalapa gelten werde. Als sie die Flotte herankommen sahen, riefen sie zu den Waffen und gaben Rauchsignale, um alle Städte an den Lagunen zu alarmieren. Obschon wir den im Wasser gelegenen Teil von Iztapalapa angreifen wollten, wandten wir uns nun zuerst gegen diesen Hügel. Ich landete dort mit einhundertfünfzig Mann, und wie steil und hoch er auch war, begannen wir doch, ihn zu erklimmen. Wir erstürmten die Schanzen, die sie zu ihrer Verteidigung um den Gipfel aufgeworfen hatten, und brachen dergestalt hinein, daß mit Ausnahme der Weiber und Kinder nicht einer entwischte. Zwar verwundeten sie fünfundzwanzig Spanier, aber trotzdem war es ein schöner Sieg.

Durch die Rauchsignale hatte man in Tenochtitlán und in den anderen Städten erfahren, daß ich mit den Brigantinen auf der Lagune erschienen war, und unvermutet versammelte sich eine

Kampf der Brigantinen gegen die Kanus der Mexikaner

(Aus der französischen Ausgabe von 1730)

große Flotte von Kähnen, um uns anzugreifen und zu erproben, was es mit den Brigantinen für eine Bewandtnis habe. Nach unserer Schätzung waren es mehr als fünfhundert Kähne. Und als ich sah, daß sie gerade auf uns zukamen, schiffte ich mich schleunigst mit meiner Landemannschaft wieder ein und befahl den Kapitänen der Brigantinen, keinerlei Bewegung zu machen, damit der Feind glauben sollte, wir wagten aus Furcht keinen Angriff. Und wirklich kamen sie mit ihrer Flotte heran, aber auf etwa zwei Armbrustschußweiten hielten sie an und blieben ruhig. Ich wünschte sehr, daß dieser erste Angriff für uns siegreich sein würde und daß der Feind Furcht vor den Brigantinen bekäme, weil wirklich darin der Schlüssel zum endlichen Sieg in diesem Kriege lag. So gefiel es Gott dem Herrn, während wir noch einander anguckten, daß ein zum Angriff günstiger Landwind aufsprang, und augenblicklich befahl ich den Kapitänen, auf die Kanuflotte loszusegeln. Wir durchbrachen sie, obschon sie aus allen Kräften flohen, in der Mitte, zertrümmerten viele Kähne und töteten oder ersäuften zahllose Feinde; es gab auf der Welt keinen merkwürdigeren Anblick. Drei Leguas weit wurde die Verfolgung fortgesetzt, bis sie hinter den Gebäuden ihrer Stadt vorläufigen Schutz fanden. Es war ein schönerer und größerer Sieg, als wir zu wünschen und zu erbitten gewagt hätten.

Die Besatzung von Coyoacán hatte besser als die von Tacuba die Schlacht auf der Lagune verfolgen können, und als sie uns nun bei der Verfolgung der Boote sah, rückte sie aus und focht auf dem Damm sehr scharf mit den Indianern, eroberte viele Schanzen und Brücken, und unter dem Schutz der nun nahe an den Damm heransegelnden Brigantinen rückten die Spanier und die Tlaxcateken eine Legua in Richtung auf Tenochtitlán vor, bis ich mit den Brigantinen anhielt. Ich beschloß, hier mit dreißig Mann an Land zu gehen, um zwei mit einer niedrigen Mauer umgebene Götzentürme zu nehmen. Als wir landeten, trafen wir auf harten Widerstand ihrer Verteidiger, aber wir eroberten sie doch mit großer Gefahr und Anstrengung.

Ich ließ sofort drei Kanonen aus dickem Eisen aufs Land bringen, und weil der Damm zur Stadt hin, etwa eine halbe Legua weit, ganz mit Feinden und das Wasser an beiden Seiten ganz mit Booten voll Kriegsvolk bedeckt war, ließ ich eine Kanone den Damm hinab richten und abfeuern, was den Feinden großen Verlust brachte. Aber durch die Unvorsichtigkeit des abfeuernden Artilleristen flog der Pulvervorrat, den wir bei uns hatten, glücklicherweise nur wenig, in die Luft. Abends schickte ich eine Brigantine nach Iztapalapa, um alles dort befindliche Pulver herzubringen.

Anfangs war es meine Absicht gewesen, nach dem Einsatz der Brigantinen nach Coyoacán zu gehen, da ich aber heute auf dem Damm Posto gefaßt und die beiden Türme genommen hatte, beschloß ich, hier mein Hauptquartier einzurichten, und hier an den Türmen sollte auch der Liegeplatz der Brigantinen sein. Die Hälfte der Besatzung von Coyoacán und noch fünfzig Mann der Abteilung des Sandoval sollten am nächsten Tage hierherkommen. Wir verbrachten nun die Nacht mit großer Wachsamkeit, denn wir befanden uns in äußerster Gefahr, da die ganze Menschenmasse aus der Hauptstadt auf dem Damm und zu Wasser hierherströmte. Um Mitternacht kam eine große Volksmenge in Kähnen und auf dem Damm heran, um unsere Stellung zu überfallen. Sie setzten uns in nicht geringe Furcht und Unruhe, weil sie sonst niemals nachts anzugreifen pflegten. Da wir aber auf der Hut gewesen waren, konnten wir den Kampf gleich gehörig beginnen, und von den Brigantinen, die jede ein Feldstück mit sich führten, wurde das Feuer eröffnet, und die Schützen taten das gleiche. So wagte sich denn der Feind nicht weiter vor und kam nicht nahe genug, uns irgendwie zu schaden, bis er endlich gänzlich abließ und wir den Rest der Nacht in Ruhe verbrachten.

Bei Anbruch des folgenden Tages trafen in meinem Hauptquartier fünfzehn Schützen, fünfzig Fußsoldaten und sieben oder acht Reiter von der Besatzung in Coyoacán ein, und schon bei ihrer Ankunft zeigten sich die Mexikaner auf dem Damm und in Kähnen, und sie vollführten ein Gebrüll und Kriegsgeschrei, als solle die Welt untergehen. Wir aber begannen auf dem Damm vorzugehen, nahmen ihnen eine Brücke und eine Schanze ab, und mit den Kanonen und der Reiterei brachten wir ihnen solche Verluste bei, daß sie bis an die ersten Häuser der Stadt zurückgedrängt wurden. Weil aber an der anderen Seite des Dammes, wohin meine Brigantinen nicht gelangen konnten, viele Kähne fuhren und wir auf dem Damm mit Spießen und Pfeilen arg belästigt wurden, ließ ich einen Durchstich machen und vier Brigantinen auf die andere Seite fahren, wo sie dann, kaum angekommen, die feindlichen Boote bis an die Häuser der Stadt trieben und dort eingeschlossen hielten, so daß sie nun auf keinem Wege mehr den offenen See gewinnen konnten. An der anderen Seite des Dammes fochten die übrigen Brigantinen, drängten die Kähne zwischen die Häuser und drangen selbst dort mitten unter sie, was sie bis jetzt noch nicht gewagt hatten, weil sie durch Untiefen und Pfähle gehindert worden waren. Als sie aber eine sichere Einfahrt entdeckten, setzten sie auch hier den Kampf fort, nahmen einige Kähne und verbrannten viele Häuser der Vorstadt. Und auf solche Weise wurde der ganze Tag im Kampf zugebracht.

IX

Am folgenden Tage rückte der Großprofos mit seinen Truppen von Iztapalapa nach Coyoacán, von wo ein etwa eineinhalb Leguas langer Steindamm den Ort mit dem Festland verbindet. Da ich erfahren hatte, daß dieser Damm mehrfach durchstochen war, entsandte ich zwei Brigantinen, die in den Durchstichen als Brücken zum Hinüberklettern dienen konnten. Nach diesem Übergang nahmen sie Quartier in Coyocán, der Großprofos begab sich aber mit zehn Reitern in mein Hauptquartier, wo wir gerade im Kampf begriffen waren. Er stieg mit seinen Reitern ab und focht mit uns auf dem Damm, aber gleich zu Beginn des Kampfes wurde ihm der Fuß von einem Wurfspieß durchstochen. Obgleich sie nun noch mehrere verwundeten, wurde ihnen doch durch unser grobes Geschütz und die Armbrust- und Büchsenschützen der größere Schaden zugefügt, so daß sie weder auf dem Damm noch in den Kähnen nahe heranzukommen wagten, wie sie überhaupt mehr Furcht und weniger Übermut zeigten.

So brachten wir sechs Tage in täglich sich erneuernden Kämpfen zu, während die Brigantinen in den Vorstädten so viele Häuser in Brand steckten, wie sie konnten. Sie gelangten auch bisweilen bis an die Stadt und störten das Auslaufen der Kähne, wovon sich jetzt kaum einer näher als eine viertel Legua an das Hauptquartier heranwagte.

Tags darauf ließ Pedro de Alvarado, der Befehlshaber von Tacuba, melden, daß die Mexikaner auf der anderen Seite der Stadt über einen kleineren Damm auf den Hauptdamm gehen könnten, und er glaube, sie würden alle auf diesem Wege fliehen, wenn sie sich hart bedrängt sähen. Obgleich ich nun ihren Abzug mehr wünschte als sie selbst, da wir auf dem Festland viel leichter als in ihrer Wasserfestung mit ihnen fertig werden könnten, so bedachte ich doch, daß die Blockade vollständig sein müsse, und ich befahl dem Großprofos, ungeachtet seiner Verwundung sein Hauptquartier in einem Dorfe aufzuschlagen, bei dem einer der Dämme auslief. Er marschierte darauf mit dreiundzwanzig Reitern, achtzehn Schützen und hundert Mann Fußvolk, nachdem er mir die fünfzig, die zu meinem Gefolge gehört hatten, wieder überließ, und nahm sein Hauptquartier, wie ich befohlen. Und seit diesem Augenblick fand sich die Stadt Tenochtitlán an allen Punkten blockiert, wo sie durch Dämme mit dem Festland verbunden war.

Da wir den Feind jetzt ziemlich eingeschlossen hatten, beschloß ich, auf dem Damm so weit wie möglich gegen die Stadt vorzudringen, wobei die Brigantinen uns zu beiden Seiten die Flanken decken sollten. Ich ließ von den zu Coyoacán postierten Reitern und Fußvölkern noch einige kommen, die mit uns vorrücken, mit zehn Reitern aber am Eingang des Dammes halten und uns den Rücken sichern sollten. Einige blieben in Coyoacán, denn die Einwohner sämtlicher am Wasser gelegenen Städte waren im Aufruhr, und wollten diese uns etwa in den Rücken fallen, so waren wir gesichert durch die Reiter, die ich auf dem Damm patrouillieren ließ, und durch zehn andere, die mit mehr als zehntausend Indianern in Coyoacán geblieben waren. Zugleich befahl ich Pedro de Alvarado und dem Großprofos, am gleichen Tage wie ich von ihren Standquartieren aus die Mexikaner anzugreifen.

So rückte ich denn am frühen Morgen aus und zu Fuß auf dem Damm vorwärts. Bald stießen wir auf den Feind, der einen von ihm gemachten Durchstich verteidigte, der etwa eine Lanzenlänge breit und ebenso tief war. Sie hatten auch eine Schanze aufgeworfen, und sie kämpften äußerst tapfer, aber am Ende gewannen wir diesen Punkt und rückten auf dem Damm weiter vor bis zum Eingang der Stadt, wo einer ihrer Götzentürme stand, an dessen Fuß sie die große Brücke abgetragen hatten, so daß hier jetzt eine breite Wasserstraße durchlief, verteidigt durch eine sehr starke Schanze. Als wir anlangten, begannen sie mit uns zu fechten, da wir aber unsere Brigantinen zu beiden Seiten hatten, gewannen wir den Übergang. Als die Mexikaner die Schanze räumten, sprangen die Leute von den Brigantinen ans Ufer, und wir passierten das Wasser, mit uns die Indianer von Tlaxcala, Guaxocingo, Chalco und Tetzcuco, mehr als achtzigtausend Mann.

Während nun die Brückenöffnung mit Steinen und Erde aufgefüllt wurde, gewannen die Spanier noch eine zweite, an der Hauptstraße aufgeworfene Schanze. Da hier kein Wasser war, ging die Wegnahme leicht vonstatten, und der Feind wurde die Straße hinab verfolgt, bis wir wieder an eine Brücke gelangten, die zwar abgetragen, von der aber ein Balken liegengeblieben war, auf dem wir hinübergingen. Jenseits der Brücke hatten sie eine andere große Schanze gebaut, und als wir nicht heran konnten, ohne uns ins Wasser zu werfen, was hier sehr gefährlich war, fochten die Feinde sehr tapfer. Andere kämpften auf beiden Seiten von den Azoteen herab, da wir aber unsere Schützen bei uns hatten und unsere Kanonen die Straße in ihrer ganzen Länge bestrichen, taten wir ihnen großen Schaden. Schließlich warfen sich einige Spanier ins Wasser und kamen glücklich hinüber, aber es dauerte zwei Stunden, bis wir diese Stellung fest in der Hand hatten. Ich ließ dann die Brückenöffnung schließen und die Schanze zerstören, währenddessen setzten die Spanier mit unseren indianischen Freunden die Verfolgung fort, wohl auf zwei Kanonenschußweiten bis an eine andere Brücke, die nicht abgetragen war, da sie nicht damit gerechnet hatten, daß wir bis hierher gelangen könnten. Wir stürmten weiter bis an den großen Platz, wo wir einen Kanonenschuß abfeuerten, der dem Feinde große Verluste zufügte, denn ihrer waren so viele, daß der Platz sie nicht fassen konnte. Die Spanier drangen weiter vor, und als die Mexikaner kehrtmachten, stürzten sie ihnen nach bis zur Ringmauer des großen Götzentempels (Teocalli), der, wie ich bereits berichtet habe, einen so großen Umfang hat wie eine Stadt von vierhundert Einwohnern. Aber der Feind verließ auch den Tempel, und die Spanier und ihre Verbündeten besetzten ihn eine ziemliche Weile. Als jedoch die Mexikaner gewahr wurden, daß wir keine Reiterei bei uns hatten, kehrten sie sich wieder gegen uns und trieben unsere Leute gewaltsam von den Türmen, aus dem Hof und aus dem ganzen Bezirk der Ringmauer. Am Säulengang des Hofes machten die Unsrigen noch einmal Front, da jedoch die Feinde ihnen allzu arg zusetzten, zogen sie sich auf den Platz zurück, wurden aber auch von hier bis an den Eingang zur Straße vertrieben, wobei sie eine der beiden Kanonen im Stich lassen mußten und sich vor dem feindlichen Andrang immer weiter zurückzogen, bis endlich drei Reiter erschienen und vorwärts auf den Platz ritten. Als die Feinde sie erblickten, glaubten sie, es seien mehr, sie ergriffen die Flucht, und unsere Leute rückten wieder in den Tempelhof ein.

Auf dem vornehmsten und höchsten Turm, hundert und mehr Stufen hoch, hatten sich zehn oder zwölf vornehme Indianer der Stadt verbarrikadiert. Einige Spanier stürmten hinauf, und obgleich jene sich gut verteidigten, wurden sie überwunden und sämtlich niedergemacht. Nachher kamen noch einige Reiter herbei, und sie legten sich mit den vorigen in einen Hinterhalt und töteten mehr als dreißig Feinde. Unterdessen war es spät geworden, ich befahl deshalb, den Rückzug anzutreten, wobei uns dann eine solche Masse von Feinden auf dem Halse lag, daß es ohne die Reiter zu großen Verlusten gekommen wäre. Da wir die Straße wieder in Ordnung gebracht hatten, konnten die Reiter leicht vor- und zurückreiten, und da sie sehr lang war, hatten sie vier- oder fünfmal Gelegenheit, den unsere Nachhut bedrängenden Feind zurückzuschlagen. Aber obgleich die Feinde wohl sahen, welchen Schaden sie durch uns erlitten, waren sie nicht dazu zu bringen, die Verfolgung einzustellen. Sie hatten auch wieder einige Azoteen besetzt, von wo aus sie unsere Reiter in große Gefahr brachten.

So rückten wir denn endlich den Damm entlang wieder in unser Hauptquartier, ohne einen Spanier verloren zu haben, wenn auch einige verwundet waren. Übrigens hatten wir die meisten Häuser jener Straße in Brand gesteckt, um nicht mehr so sehr von den Azoteen aus belästigt zu werden, wenn wir wiederkämen. Am gleichen Tage fochten auch der Großprofos Gonzalo de Sandoval und Pedro de Alvarado, jeder in seiner Stellung, äußerst tapfer gegen die Mexikaner, doch waren wir während des Kampfes immer noch mehr als eine Legua auseinander, so groß ist die Ausdehnung der Stadt. Auch die bei ihnen in großer Zahl befindlichen indianischen Freunde hatten sehr tapfer gefochten und sich am selben Tage zurückgezogen, ohne Verluste erlitten zu haben.

Unterdessen war Don Fernando, der Herrscher der Stadt Tetzcuco und der Provinz Aculuacan, bemüht gewesen, die Eingeborenen und besonders die Vornehmen des Landes für die Freundschaft mit uns zu gewinnen. Da er noch ein Jüngling war und wohl erkannt hatte, welche Gnade ihm im Namen Eurer Majestät durch Verleihung einer so großen Herrschaft gewährt worden war, versuchte er seine Vasallen zum Kampf gegen die Mexikaner zu bewegen. Er sprach mit seinen fünf Brüdern und bat sie, mit allem Kriegsvolk uns Spaniern zu Hilfe zu kommen. Und einen von ihnen, Ixtlilxochitl mit Namen, vierundzwanzig Jahre alt und von allen gefürchtet und geliebt, ernannte er zum Anführer. Er kam mit mehr als dreißigtausend Kriegsleuten zu meinem Hauptquartier, und nach den beiden anderen Hauptquartieren kamen zwanzigtausend, alle nach ihrer Art wohlgerüstet. Eure Majestät mögen leicht ermessen, wie nützlich uns die Freundschaft des Don Fernando war und wie die von Tenochtitlán sich ärgerten, ihre Vasallen und ehemaligen Freunde, ja ihre Verwandten, Brüder und Söhne jetzt auf feindlicher Seite zu sehen.

Nun kamen auch die Eingeborenen der im Wasser gelegenen Stadt Xochimilco und einiger Ortschaften in Otomi, vormals Sklaven des Herrschers von Mexiko, und boten sich als Vasallen an. Ich empfing sie freundlich und freute mich ihrer Ankunft, denn durch sie hätte unsere Besatzung in Coyoacán gefährdet werden können.

Nachdem wir mit den Brigantinen in der Umgebung meines Hauptquartiers viele Häuser der Vorstädte niedergebrannt hatten, schien es mir, zum Schutze meines Hauptquartiers könnten fortan sieben Brigantinen genügen. Ich gab also dem Großprofos und Alvarado je drei ab und empfahl den Kapitänen, bei Tage wie bei Nacht zwischen den Hauptquartieren zu kreuzen, um zu verhindern, daß der Feind wie bisher mit seinen Booten Wasser, Früchte, Mais und andere Lebensmittel vom Festland heranschaffe. Außerdem sollten sie der Mannschaft jener Hauptquartiere den Rücken decken, sooft sie zum Kampf ausrücken würde. Die sechs Brigantinen gingen ab und unternahmen bei Tage und bei Nacht Streifzüge, wobei sie sich vieler Boote bemächtigten.

Nun gab ich meinen Entschluß bekannt, nach zwei Tagen abermals die Stadt angreifen zu wollen. Ich ermahnte die indianischen Verbündeten, sich kriegerisch gerüstet einzustellen, woran ich ihre Treue erkennen werde. Am nächsten Tage setzte sich auch meine Mannschaft in Bereitschaft, und ich schrieb an die Hauptquartiere und die Kapitäne der Brigantinen, was ich beschlossen hatte und was ihrerseits dabei zu tun sei.

Tags darauf, nach der Messe, instruierte ich meine Hauptleute und brach mit zwanzig Reitern, dreihundert Spaniern und einer unendlichen Heerschar unserer Indianer auf. Als ich etwa drei Armbrustschußweiten auf dem Damm vorwärts gegangen war, traf ich schon auf den Feind, der uns mit großem Kriegsgeschrei erwartete. Da in den letzten drei Tagen kein Gefecht gewesen war, hatten die Mexikaner alle von uns zugeworfenen Durchstiche wieder geöffnet und stärker und gefährlicher befestigt als vorher. Unsere Brigantinen legten sie nun an beide Seiten des Dammes, und da sie recht nahe an den Feind herankommen konnten, richteten sie mit ihren Kanonen, Büchsen und Armbrüsten viel Schaden an. Dann landeten die Besatzungen, nahmen die Schanze und die Brücke, und wir konnten nun hinübergehen und den Feind verfolgen. Er setzte sich bei den anderen Schanzen und Brücken fest, aber wir nahmen auch diese, wenngleich mit größerer Anstrengung, und wir verjagten den Feind von der ganzen Straße und auch von dem großen Platz, an dem die Hauptgebäude der Stadt stehen.

Hier befahl ich nun den Spaniern, nicht weiter vorzugehen, während ich mit unseren Bundesgenossen daranging, alle Durchstiche wieder aufzufüllen, was ein solches Stück Arbeit war, daß wir erst um die Vesperstunde damit fertig wurden, obschon mehr als zehntausend Indianer dabei halfen. Ich durchstreifte dann mit meinen Reitern noch einen Teil der Stadt, und in den Straßen, wo kein Wasser war, brauchten wir tüchtig unsere Lanzen, so daß der Feind sich auf festem Boden nicht mehr heranzunahen wagte.

Als ich nun die Bewohner der Hauptstadt so arg rebellisch und anscheinend entschlossen sah, sich zu verteidigen oder zu sterben, so zog ich daraus zwei Folgerungen: die eine, daß wir von unseren früheren Schätzen wenig wiederbekommen würden, die zweite, daß wir gezwungen seien, die Stadt von Grund auf zu zerstören. Dies letztere betrübte mich am meisten und tat mir in der Seele weh. Da ich aber immer noch dachte, es werde ein Mittel geben, die Feinde in solche Furcht zu versetzen, daß sie zur Erkenntnis ihres Irrtums und des durch uns zu erleidenden Schadens kämen, so hielt ich mich fleißig daran, ihre Götzentürme und Häuser zu verbrennen oder niederzureißen. Und um sie recht empfindlich zu treffen, ließ ich an diesem Tage die großen Gebäude des Hauptplatzes in Brand stecken, wo früher die Spanier und ich bis zu unserer Vertreibung im Quartier gelegen hatten, das so groß war, daß ein Fürst mit einem Gefolge von sechshundert Leuten darin hätte wohnen können. Ich ließ auch, so leid es mir tat, einige Häuser einäschern, in denen Moteczuma seine Vogelarten gehalten hatte. Die Feinde zeigten große Entmutigung darüber, besonders ihre Verbündeten aus den Lagunenstädten, die nicht geglaubt hatten, daß wir so tief in die Stadt eindringen könnten.

Als es schon spät geworden war, sammelte ich meine Leute, um ins Hauptquartier zurückzukehren. Sobald aber die Mexikaner uns abziehen sahen, fielen sie mit großer Heftigkeit unseren Nachtrab an. Da die Straße ohne Hindernisse war, wandte sich die Reiterei wieder gegen sie, und viele wurden niedergestoßen, aber nichtsdestoweniger wurden sie nicht müde, uns im Rücken anzubrüllen. Sie zeigten sich aber an diesem Tage voll Niedergeschlagenheit, besonders als sie unsere Verbündeten von Tetzcuco, Chalco, Xochimilco und die Otomiten, ihnen alle nach Namen und Heimat bekannt, in ihre Stadt rücken und darin brennen und fechten sahen, besonders aber die Krieger aus Tlaxcala, die ihnen zerstückelte Leichen der Mexikaner zeigten und dabei versicherten, daß sie heute davon zur Nacht essen würden und morgen zum Frühstück, wie sie auch wirklich getan haben.

So gelangten wir in unser Hauptquartier zurück, um der Ruhe zu pflegen, denn wir hatten diesen Tag hart gearbeitet. Die sieben Brigantinen waren bis in die Wasserstraßen der Stadt vorgestoßen. Die Befehlshaber der beiden anderen Hauptquartiere und ihre Brigantinen hatten auch gut gefochten und waren siegreich und ohne Verluste zurückgekehrt.

X

Am nächstfolgenden Tage wandte ich mich abermals mit sämtlicher Mannschaft gegen die Stadt, damit den Feinden keine Zeit blieb, die ausgefüllten Brückenöffnungen wieder aufzureißen und neue Schanzen zu errichten. So früh wir aber auch aufgestanden waren, fanden wir zwei Drittel der Durchstiche wiederhergestellt, und hart ging es her, sie wieder zu erobern, so hart und so lange, daß fast alle Pfeile, Bolzen und Kugeln verbraucht wurden. Um die Durchstiche zu nehmen, war es nötig, schwimmend hinüberzugelangen, und mancher überlegte sich, dies zu tun, weil die Feinde am anderen Ufer mit ihren Hieben und Stößen das Herauskommen gar schwierig machten. Da sie jedoch auf unseren Flanken keine Azoteen mehr hatten und wir ihnen mit unseren Geschossen gehörig zusetzten, wurden meine Spanier immer kühner und entschlossener, besonders da sie sahen, daß ich es mir in den Kopf gesetzt hatte und daß nun nichts anderes zu tun war.

Vielleicht wird es jedem, der nicht dabeigewesen ist, unverständlich sein, daß wir die gewonnenen Stellungen nicht über Nacht behauptet oder das Hauptquartier nicht auf den großen Platz verlegt haben, aber das eine wie das andere war höchst gefährlich, wenn nicht sogar unmöglich. Denn hätte ich mein Hauptquartier in die Stadt verlegt, dann hätten die Feinde uns ununterbrochen geplagt und angegriffen, und die Strapaze wäre unerträglich geworden, da sie stets von allen Seiten über uns herfallen konnten. Die Brücken aber bei Nacht bewachen zu lassen, war untunlich, weil die von dem Kämpfen des Tages ermatteten Spanier diesen doppelten Dienst nicht ausgehalten hätten. Also blieb nichts anderes übrig, als sie jeden Tag von neuem zu erobern.

Als wir an der Straße nach Tacuba noch zwei Brückenöffnungen gewonnen hatten, kam der Abend heran und die Stunde des Rückzuges, der immer fast so gefährlich war wie morgens der Vormarsch, denn wenn die Feinde uns abziehen sahen, schwoll ihnen jedesmal der Kamm, als hätten sie den größten Sieg über uns erfochten und als wären wir auf der Flucht. Da die Reiter sich aber frei bewegen konnten, gaben wir uns manchmal den Anschein zu fliehen, ließen dann aber die Reiter gegen sie los, wobei gewöhnlich ein Dutzend der ärgsten Tollköpfe gefaßt wurde. Sie ließen aber nicht ab von der Verfolgung, bis wir die Stadt verlassen hatten.

Die beiden anderen Befehlshaber meldeten mir, daß der Tag mit Erfolgen verlaufen sei. Pedro de Alvarado schrieb mir aus Tacuba, er habe auf dem Damm, der in die Stadt führt, mehrere Brückengräben genommen, und da drei Brigantinen ihn unterstützt hätten, sei es nicht mehr so gefährlich gewesen wie an den vorherigen Tagen.

Während dieser ganzen Zeit hatten die Einwohner der Lagunenstädte Iztapalapa, Mexicalcingo, Churubusco, Culhuacan, Mizquic und Cuitlahuac zwar nicht in Frieden zu uns kommen wollen, uns aber auch keinen Schaden zugefügt. Als sie sahen, daß wir täglich Siege über Tenochtitlán erfochten, kamen sie nach unserem Hauptquartier und baten mich, ihnen das Vergangene zu verzeihen und meinen Verbündeten aus Chalco nicht mehr zu erlauben, ihren Städten Schaden zuzufügen. Ich sagte ihnen, daß ich keinen Groll gegen sie hege und gegen niemanden, außer gegen die Bewohner der Hauptstadt. Wenn sie mir aber nun ihre Treue beweisen wollten, dann sollten sie ihre zahlreichen Kähne für mich bereithalten, dazu so viel Kriegsvolk, wie sie nur auftreiben könnten. Weiter ersuchte ich sie, da meine Spanier in halbzerfallenen Hütten hausen mußten und die Regenzeit begann, so viele Häuser wie möglich zu bauen und dazu Bauholz und Backsteine mit ihren Kähnen von den nächstgelegenen Häusern der Stadt zu holen. Sie sagten, ihre Kähne und Kriegsleute ständen täglich in Bereitschaft, und sie bauten vor meinem Hauptquartier an beiden Seiten des Dammes je eine Häuserreihe von drei bis vier Armbrustschußweiten Länge. In der Mitte blieb dennoch eine so breite Straße, daß man sich zu Fuß oder zu Pferde bequem bewegen konnte. Die neuen Bundesgenossen versorgten uns auch mit Lebensmitteln, woran ziemlicher Mangel bei uns war, besonders mit Fischen und Kirschen.

Da wir nun einige Tage hintereinander siegreiche Angriffe unternommen hatten, dachten wir stündlich, sie würden kommen und uns Friedensanträge machen, denn wir wünschten den Frieden wie die Erlösung von allem Übel. Sie kamen aber nicht, und um sie zum Frieden zu zwingen, beschloß ich, täglich in die Stadt zu rücken und sie an drei oder vier Punkten zugleich zu bekämpfen. Ich ließ also aus den Lagunenstädten alles Volk mit den Kähnen kommen, und an diesem Tage waren mehr als hunderttausend Indianer vor meinem Quartier versammelt. *(Die Zahlenangaben sind hier wie sonst sicher übertrieben und sollen wohl mehr den Eindruck der großen Menschenmassen wiedergeben.)* Ich befahl, sich mit der Hälfte der Kähne, etwa eintausendfünfhundert, dazu vier Brigantinen, auf die eine Seite des Dammes und mit den übrigen Kähnen und drei Brigantinen auf die andere zu begeben. Sie sollten die Runde um die ganze Hauptstadt machen und dabei sengen und brennen und so viel Unheil wie nur möglich anrichten.

Ich aber rückte wieder auf der Hauptstraße vorwärts, und wir fanden sie diesmal ganz frei von Hindernissen bis an den großen Platz. Ich ging weiter auf der nach Tacuba führenden Straße, wo sich sieben Brückenöffnungen befanden. Von hier ließ ich einen Hauptmann mit siebzig Mann und sechs Reitern und zehntausend Indianern auf einer anderen Straße und einen zweiten Hauptmann auf einer dritten vorgehen. Ich aber rückte mit der verbliebenen Mannschaft auf der Straße nach Tacuba weiter vor, um mich mit Pedro de Alvarado zu treffen und die Verbindung zwischen unseren beiden Hauptquartieren herzustellen. Wir eroberten drei Brücken und warfen die Durchlässe zu, ein paar andere sparten wir uns für das nächstemal auf. Dieser Tag war sehr siegreich zu Wasser und zu Lande, und auch beim Großprofos und bei Pedro de Alvarado gab es Sieg die Fülle.

Am nächsten Tag rückte ich wieder in die Stadt ein und fand fast keinen Widerstand. Die Feinde wichen so stark, daß wir glauben konnten, dreiviertel der Stadt eingenommen zu haben. Auch von Pedro de Alvarado wurden sie tüchtig auf Trab gebracht. Ich hielt es nun für gewiß, daß sie bald des Friedens wegen kommen würden, wozu ich sie durch alle möglichen Zeichen einlud. Aber wir fanden bei ihnen nicht das geringste Friedenszeichen, doch kehrten wir an diesem Tage zufrieden ins Quartier zurück, wenn wir auch nicht umhin konnten, in der Seele betrübt zu sein, wenn wir unsere Feinde sich so hartnäckig dem Tode weihen sahen.

Pedro de Alvarado hatte viele Brücken erobert und sie bei Nacht mit Wachen zu Fuß und zu Pferde besetzt. Die übrige Mannschaft kehrte in das Quartier zurück, das dreiviertel Legua entfernt lag. Weil aber diese Strapaze so groß war, verlegte er sein Hauptquartier an das Ende des Dammes, der gerade auf den Markt von Tenochtitlán führte. Um dahin zu gelangen, brauchte er nur noch zwei oder drei Brückenöffnungen zu erobern, die allerdings sehr breit waren. An dem Tage, als er sah, daß der Feind einige Schwäche zeigte und von mir stets in Kämpfe verwickelt wurde, erhitzte er sich derart an der Möglichkeit des Sieges, daß er sich entschloß, noch eine Brückenöffnung zu erobern, wo der Damm auf einer Breite von mehr als sechzig Schritten und einer Tiefe von eineinhalb Mannslängen, alles voll Wasser, durchstochen war. Der Angriff begann, und die Brigantinen halfen tüchtig, bis das Wasser passiert, die Brücke erobert war und der Feind die Flucht ergriff.

Pedro de Alvarado beeilte sich sehr, den Durchstich zu füllen, damit die Reiterei herüber könne, auch weil ich ihn alle Tage ermahnte, schriftlich und mündlich, jeden Fußbreit Land für die Reiter zu sichern, da diese den Krieg entscheiden würden. Als nun aber die Mexikaner sahen, daß nicht mehr als vierzig oder fünfzig Spanier und einige unserer Indianer herüber waren, aber die Reiter noch nicht passieren konnten, kehrten sie sich so plötzlich gegen die Unsrigen, daß sie ins Wasser getrieben und vier Spanier lebendig gefangen wurden, die sie augenblicklich zum Opfertode schleppten. Pedro de Alvarado zog sich nun endlich in sein Hauptquartier zurück.

Als ich am Abend bei meiner Rückkehr in das Hauptquartier von der Niederlage Alvarados erfahren hatte, beschloß ich, am nächsten Morgen zu ihm zu gehen, um ihn zur Rechenschaft zu ziehen und zugleich zu sehen, wie weit er vorgedrungen war, wo er jetzt sein Hauptquartier aufgeschlagen hatte und um mit ihm zu beraten, was jetzt zu seiner Sicherheit bei einem Angriff des Feindes nötig sei. Als ich bei ihm ankam, erschrak ich wahrhaftig darüber, wie weit er in die Stadt vorgedrungen war und welche Pässe und Brücken er bereits erobert hatte. Bei diesem Anblick verringerte sich die Schuld, die ich ihm beigemessen hatte, und nachdem wir besprochen hatten, was nun zu tun sei, kehrte ich in mein Hauptquartier zurück.

Ich machte nun noch einige Angriffe auf die Stadt, und stets verblieb uns der Sieg. Aber ich zögerte, tiefer in die Stadt einzudringen, teils weil ich immer noch hoffte, der Feind werde seinen Widerstand aufgeben, teils weil der Angriff nicht ohne größte Gefahr geschehen konnte, da die Feinde sehr stark und zu sterben entschlossen waren. Als die Spanier, die nun schon seit zwanzig Tagen ununterbrochen gefochten hatten, mein Zögern bemerkten, bestürmten sie mich, den Marktplatz zu nehmen, nach dessen Erstürmung dem Feind nur noch wenig Raum zur Verteidigung bleiben und Hunger und Durst sie aufreiben werde, da sie kein anderes Wasser hätten als aus der salzigen Lagune. Als ich mich immer noch dagegen wehrte, sagte mir Eurer Majestät Schatzmeister Alderete, das ganze Hauptquartier sei dieser Meinung und ich müsse es tun. Ich erwiderte ihm und einigen anwesenden Offizieren, ihr Wunsch sei brav und ich selber wünsche nichts anderes, aber es sei wirklich viel Gefahr dabei und nicht alle seien so tapfer wie sie. Als sie jedoch fortfuhren, mir zuzusetzen, gab ich endlich nach.

Am folgenden Tage trat ich mit einigen Hauptleuten meiner Truppe zu einer Beratung zusammen, und wir beschlossen, den Großprofos Gonzalo de Sandoval und Pedro de Alvarado benachrichtigen zu lassen, daß wir tags darauf die Stadt angreifen und den Versuch machen würden, bis auf den Markt zu gelangen. Ich gab ihnen eine schriftliche Order, was sie zu tun haben würden, und schickte ihnen noch zwei meiner Diener mit genauen Instruktionen. Mein Befehl lautete, daß der Großprofos mit zehn Reitern, hundert Fußsoldaten und fünfzehn Schützen nach dem Quartier des Pedro de Alvarado rücken, im seinigen aber zehn Reiter zurücklassen solle, die die Bagage wegschaffen müßten, als werde das Hauptquartier aufgegeben. Sobald aber der Feind herankomme, sollten sie ihm aus dem Hinterhalt in den Rücken fallen. Unterdessen solle der Großprofos mit den sechs Brigantinen den gefährlichen Übergang wiedergewinnen, wo Pedro de Alvarado seine Niederlage erlitten habe, und ihn sofort gehörig zuschütten. Dann sollten sie vorwärtsgehen, sich aber auf keinen Fall mit der Eroberung eines neuen Übergangs abgeben, ehe der rückwärtige gehörig zugeschüttet und geebnet sei. Könnten sie dann ohne allzugroße Waghalsigkeit und Gefahr bis zum Marktplatz gelangen, so möchten sie sich darum bemühen, während ich das gleiche tun werde. Ich wolle ihnen aber keinesfalls eine bestimmte Verpflichtung auferlegen, woraus eine Niederlage oder Unheil für sie erwachsen könne.

Meine Diener kamen nun im Hauptquartier an, wo sie beide Befehlshaber schon vereinigt fanden. Sie setzten ihnen die Sache auseinander, wie es bei mir verabredet worden war. Und da sie nur auf einem Punkte zu fechten hatten, ich aber auf vielen, ließ ich ihnen noch sagen, mir siebzig bis achtzig Mann Fußvolk zu senden, die auch noch am selben Abend mit meinen Dienern in meinem Hauptquartier anlangten.

Nach meinen Befehlen gingen am nächsten Morgen nach der Messe zuerst die sieben Brigantinen ab, dann folgte ich mit fünfundzwanzig Reitern und der ganzen Mannschaft. Wir gelangten bis zur Stadt, wo ich meine Leute folgendermaßen verteilte: Drei Straßen des Stadtteils, den wir genommen hatten, führten auf den Marktplatz, den die Indianer Tianquiztli nennen, während seine Umgebung Tlatelolco hieß. Eine der drei Straßen war die Hauptstraße, die auf den Marktplatz führte. Auf dieser befahl ich dem Schatzmeister Alderete mit siebzig Mann und fünfzehntausend Indianern vorzurücken, sieben oder acht Reiter in der Nachhut zu halten und alle Brückenöffnungen und Schanzen zuzuschütten oder einzuebnen, wozu er zwölf Mann mit Hacken und Schaufeln und eine Menge Indianer hatte, die für diese Arbeit vorzüglich geeignet sind. Die beiden anderen Straßen laufen von der Tacubastraße nach dem Markt, sind viel enger und außerdem Dammstraßen mit vielen Brücken. Auf die breitere schickte ich zwei Hauptleute mit achtzig Mann und mehr als zehntausend Indianern, und an der Mündung in die Tacubastraße ließ ich zwei schwere Geschütze und acht Reiter zum Schutz aufstellen. Ich aber setzte mich mit den übrigen in der engeren Straße in Bewegung. Am Eingang ließ ich die Reiter haltmachen und befahl ihnen, auf keinen Fall ohne meinen Befehl von hier zu weichen. Dann stieg ich vom Pferde, und wir kamen an eine vor einer Brücke gezogene Mauer. Wir nahmen sie und gingen weiter vorwärts auf dem Damm, der an drei Stellen durchstochen war. Außer an diesen drei Angriffspunkten waren noch so viele unserer Indianer über die Azoteen und auf anderen Wegen in die Stadt gedrungen, daß es nicht aussah, als könnten wir irgendwo gefährdet sein.

Als wir Spanier nun noch zwei Brücken und Schanzen genommen hatten, gingen unsere Indianer auf der Straße vorwärts. Ich aber blieb mit etwa zwanzig Spaniern zurück, um Wache zu halten, daß nicht aus den Querstraßen die vorgehenden Truppen im Rücken bedroht werden könnten. Die Spanier meldeten mir, daß sie viel Boden gewonnen hätten und weiter vorgehen wollten, weil sie schon den Kampflärm von der anderen Seite hörten, wo der Großprofos und Alvarado vorrückten. Ich ließ ihnen aber sagen, sie sollten auch nicht einen Schritt vorgehen, ohne vorher die Brückenöffnungen auszufüllen, damit sie sich notfalls ohne größere Gefahr zurückziehen könnten. Sie ließen mir zurückmelden, daß alle gewonnenen Punkte sofort wiederhergestellt worden seien, ich möge nur kommen und nachsehen, ob es nicht so sei. In meiner beständigen Sorge ging ich auch wirklich hin und sah, daß sie einen Durchstich von zwölf Fuß Breite und zwei Mannslängen Tiefe passiert und allerlei Balken- und Bretterwerk hineingeworfen hatten, da sie aber einzeln und vorsichtig hinübergegangen waren, hatten sie das Holzwerk nicht auf den Grund gedrückt, und im Rausche des Sieges meinten sie, wunder wie fest es sei.

Und im gleichen Augenblick, als ich bei dieser unseligen Notbrücke ankam, sah ich die Spanier und viele unserer Bundesgenossen in eiliger Flucht zurückkommen, die Feinde wie Hetzhunde hinter ihnen her. Ich schrie aus Leibeskräften: »Halt!

Halt!« Aber als ich an den Rand des Wassergrabens kam, fand ich ihn schon voll von Spaniern und Indianern, und es sah aus, als sei vorher nicht ein Strohhalm hineingeworfen worden. Die Feinde drängten so ungestüm nach, daß sie, immer unter den Spaniern metzelnd, hinter ihnen ins Wasser stürzten, und durch die Wasserstraße kamen schon Kähne, mit Feinden besetzt, die viele Spanier ergriffen und fortschleppten. Da das Unheil so plötzlich gekommen war und ich sah, wie sie über meine Leute herfielen, beschloß ich, auf dem Platze zu bleiben und fechtend zu sterben. Wir konnten aber kaum mehr nützen, als einigen Spaniern, die dem Ertrinken nahe waren, die Hand zu reichen und ihnen herauszuhelfen.

Unterdessen fiel ein solcher Schwarm von Feinden über uns her, daß ich mit meinen Leuten ganz von ihnen eingeschlossen war. Da ich aber eifrig dabei war, den Ertrinkenden zu helfen, bedachte ich nicht das Unglück, das mich selber treffen konnte, und schon kamen einige feindliche Indianer, mich anzupacken, und sie hätten mich fortgeschleppt, wenn nicht ein Hauptmann, (Christóbal de Olea), den ich meist bei mir hatte, und einer seiner Soldaten (Lerma) gewesen wären, die mir, nächst Gott, das Leben retteten. Dabei verlor der Hauptmann das seinige. Unterdessen gingen die Spanier und unsere Indianer auf dem schmalen Damm zurück, und von dem Gedränge wurde das Fortkommen so verzögert, daß die Feinde von beiden Seiten herankommen konnten, um gefangenzunehmen und zu töten, so viele sie wollten. Der Hauptmann meiner Leibwache, Antonio de Quiñones, sagte zu mir: »Fort von hier! Wir bringen Euch in Sicherheit, denn ohne Euch kommt keiner von uns lebendig wieder heraus!« Er brachte mich aber nicht dazu, daß ich davonging. Da packte er mich am Arm, um mich zur Umkehr zu zwingen, und obgleich ich mich des Todes mehr gefreut hätte als des Lebens, drangen doch dieser Hauptmann und einige andere Kameraden mit solchem Ungestüm in mich, daß wir endlich den Rückzug antraten. Unterdessen kam einer meiner Leute zu Pferde an und machte uns einigermaßen Platz, aber er empfing bald darauf von einer Azotee herab einen Lanzenstich in die Gurgel, wodurch er zur Umkehr gezwungen wurde.

Während ich nun ständig im Handgemenge gegen die Feinde

focht und hoffte, daß es meinen Leuten gelingen werde, sich in Sicherheit zu bringen, war aber durch die Menschenmassen der Lehmboden des Dammes so aufgeweicht, daß kein Mensch sich auf den Beinen halten konnte, besonders bei den Rippenstößen, die man austeilte, um in Sicherheit zu gelangen. Einer meiner jungen Burschen namens Christóbal de Guzman versuchte mir ein Pferd zu bringen, damit ich mich darauf retten könne, aber die Feinde töteten ihn und das Pferd, ehe er an mich herankam. Dieser Tod verbreitete solche Trauer im ganzen Hauptquartier, daß heute der Schmerz noch frisch ist bei allen, die ihn kannten. Einer meiner Reitknechte brachte mir nun ein Handpferd, und ich stieg zu Pferde, jedoch nicht um zu fechten, denn das wäre hier rein unmöglich gewesen. Endlich gelangten wir Überlebenden auf die breite Tacubastraße, und ich bildete mit neun Reitern die Nachhut. Die Feinde kamen mit solchem Siegesgeschrei und Übermut heran, als wollten sie keinen von uns am Leben lassen.

Ich setzte nun den Rückzug fort, so gut ich konnte, und ließ dem Schatzmeister und den anderen Hauptleuten, die die Straße nach dem Marktplatz eingeschlagen hatten, den Befehl überbringen, sich gleichfalls vorsichtig zurückzuziehen. Diese Abteilungen hatten wacker gefochten, viele Brücken und Schanzen erobert und sie gut gestopft und geebnet, weshalb sie auch beim Rückzug keinen Schaden erlitten. Ehe aber der Schatzmeister Alderete den Rückzug antrat, hatten die Mexikaner ihm von einer Schanze herab einige blutige Christenköpfe zugeworfen, sie wußten aber nicht, ob von Alvarados Leuten oder von den Unsrigen. Als wir uns nun gesammelt hatten, drängte von allen Seiten eine solche Masse Feinde auf uns ein, daß wir genug zu tun hatten, sie abzuhalten, und das an Stellen, wo sie früher nicht gegen drei Reiter und zehn Mann Fußvolk standgehalten hätten.

Augenblicklich bereiteten sie auf dem höchsten Götzenturm allerlei Wohlgerüche und Räuchereien aus einigen Harzen, die es in diesem Lande gibt, dem Weihrauch ähnlich, womit sie ihren Göttern für den Sieg dankten. Gern hätten wir sie daran gehindert, aber es war nicht möglich, weil unsere Truppe so eilig wie möglich zum Hauptquartier marschierte. In diesem unglückli-

Menschenopfer auf dem großen Tempel in Mexiko

(Aus der französischen Ausgabe von 1730)

chen Gefecht töteten die Feinde fünfunddreißig bis vierzig Spanier und über tausend unserer Verbündeten, sie verwundeten mehr als zwanzig Christen, auch ich war am Bein verwundet, und das kleine Feldstück, das wir mitgenommen hatten, ging mit vielen Büchsen und Armbrüsten verloren.

Als die Mexikaner den Sieg errungen hatten, schleppten sie, um den Großprofos Gonzalo de Sandoval und Pedro de Alvarado zu entmutigen, alle getöteten oder lebendig gefangenen Spanier nach Tlatelolco, und auf einigen hohen Türmen wurden die Gefangenen nackt als Opfer geschlachtet, indem man ihnen die Brust öffnete, das Herz herausriß und es den Götzen opferte. Die Spanier unter Pedro de Alvarado konnten dies von ihrem Kampfplatz aus gut sehen, und an den weißen nackten Körpern erkannten sie, daß es Christen waren. In großer Trauer zogen sie nun in ihr Hauptquartier zurück, nachdem sie den ganzen Tag sehr tapfer gefochten hatten und beinahe bis zum Markt vorgedrungen waren, der an diesem Tage vollständig wäre erobert worden, hätte Gott nicht um unserer Sünden willen so großes Unglück zugelassen.

Wir rückten nun in großer Traurigkeit und etwas früher als gewöhnlich in unser Hauptquartier ein, auch weil uns gesagt wurde, unsere Brigantinen müßten verloren sein, da die Feinde uns sonst nicht mit ihren Kähnen auf den Fersen sitzen würden. Doch war es nicht so, obgleich die Brigantinen sich in großer Bedrängnis befunden hatten, so daß eine von ihnen dem Untergang nahe gewesen und der Kapitän verwundet worden war, worauf er acht Tage später starb. An diesem Tage und in der folgenden Nacht feierten die Mexikaner ihren Sieg gewaltig mit Hörnern und Pauken. Sie durchstachen alle Straßen und setzten ihre Wachtfeuer bis auf zwei Armbrustschußweiten vor unser Hauptquartier. Und da wir geschlagen, verwundet und zum Teil entwaffnet davongekommen waren, gebot uns die Not, daß wir erst rasteten und uns wiederherstellten.

Mittlerweile sandten die Feinde ihre Boten in die umliegenden Provinzen, wo sie verkündeten, sie hätten einen großen Sieg errungen und viele Christen getötet und würden bald ganz mit uns fertig sein. Sie möchten sich deshalb nicht in Friedensverhandlungen mit uns einlassen. Und die Beglaubigung, die diese Boten mit sich führten, bestand in zwei Pferdeköpfen und einigen Christenköpfen, die sie überall herumzeigten. Damit aber der Übermut der Feinde sich nicht noch steigern möge, ließ ich täglich einige Spanier zu Fuß und zu Pferde mit vielen Indianern gegen die Stadt vordringen, wo sie jedoch nicht mehr erreichten, als einige Brücken der Straße zu gewinnen, die auf den großen Platz führt.

XI

Zwei Tage nach unserer Niederlage, die bereits im ganzen Lande bekantgeworden war, kamen Abgesandte von Cuernavaca und meldeten mir, daß die Einwohner von Malinalco ihr Land verwüsteten, weil sie Vasallen Eurer Majestät und unsere Freunde geworden seien. Obgleich ich nun selber mehr der Hilfe bedürftig als Hilfe zu leisten fähig war, gab ich ihnen zehn Reiter und achtzig Mann Fußvolk unter dem Hauptmann Andrés de Tapia mit, der aber nicht länger als zehn Tage ausbleiben sollte. Er traf den Feind bei einer kleinen Ortschaft, schlug ihn und verfolgte ihn bis an die Mauern von Malinalco, das auf einem hohen, für die Reiterei unzugänglichen Berge liegt. Er begnügte sich nun damit, die Ebene zu verwüsten, und kehrte nach zehn Tagen zurück.

Ein Befehlshaber aus Tlaxcala, mit Namen Chichimecatecuhtli, der das in seiner Provinz angefertigte Zimmerwerk für die Brigantinen zu uns geleitete, war seit Beginn des Krieges dem Hauptmann Pedro de Alvarado zugeteilt gewesen, und als er nun sah, daß die Spanier nach der erlittenen Niederlage nicht mehr kämpften, beschloß er, allein mit seinen Kriegern gegen die Stadt zu ziehen. Nachdem er einen gefährlichen Wassergraben genommen hatte, was vorher nicht ohne unsere Hilfe möglich gewesen war, ließ er vierhundert Pfeilschützen zurück und ging mit den übrigen vorwärts. Unter viel Geschrei und Herausforderung fochten sie äußerst tapfer den ganzen Tag hindurch, und es gab auf beiden Seiten viele Tote und Verwundete. Die Mexikaner aber dachten sie noch zu fassen, und wie sie den zurückgehenden Feind stets mit großem Mut verfolgt hatten, so glaubten sie auch jetzt, sich beim Rückzug am Wassergraben rächen zu können. Gerade deswegen aber hatte Chichimecatecuhtli am Graben die vierhundert Pfeilschützen zurückgelassen, und als seine Leute nun auf dem Rückzug dorthin gelangten und von den Feinden hart bedrängt wurden, warfen sie sich ins Wasser und schwammen, gedeckt durch ihre Pfeilschützen, glücklich hinüber. Die Feinde aber hatten genug an dem unvermuteten Widerstand und waren ganz verblüfft durch das kecke Wagestück des Chichimecatecuhtli.

Zwei Tage nach den Feindseligkeiten gegen Malinalco kamen zehn Indianer von Otomi, die Sklaven der Hauptstadt waren, aber täglich gekommen waren, um für uns zu streiten. Sie sagten mir, ihre Nachbarn hätten sie mit Krieg überzogen, verwüsteten ihr Land und hätten die Absicht, auch uns demnächst zu überfallen, wobei dann ein Ausfall aus der Stadt uns gänzlich den Garaus machen solle. Sie baten uns, ihnen gegen ihre Nachbarn Hilfe zu leisten. Obgleich nun diese Bitte in eine harte Zeit fiel, beschloß ich doch, den Großprofos Gonzalo de Sandoval dorthin zu senden. Er ging ab mit achtzehn Reitern und hundert Mann zu Fuß, und Gott kennt die Gefahr, in die diese Expedition sich begab und in der wir übrigen zurückblieben. Manchmal sagten die Spanier, sie würden Gott danken, wenn ihnen nur das nackte Leben beim endlichen Siege über die Stadt bliebe, ohne irgendwelchen Nutzen, und daran mag man die Gefahr und äußerste Not erkennen, in der wir uns befanden.

Der Großprofos nahm am gleichen Tag sein Quartier in einem otomitischen Dorfe, und am anderen Tage brach er in der Frühe wieder auf. Er fand das Land menschenleer und verwüstet und stieß an einem Fluß auf viel feindliches Volk, das soeben noch ein Dorf niedergebrannt hatte. Als die Feinde ihn kommen sahen, nahmen sie Reißaus, und auf dem Wege, den sie hinter sich ließen, fanden die Unsrigen viele Trachten von Mais und gebratenen Kindern, die sie als Proviant bei sich geführt hatten. Als weiter abwärts der Fluß passiert war, hielten die Feinde an, und der Großprofos warf sich mit seinen Reitern auf sie, worauf sie nach ihrem Dorfe Matalcingo flohen. Die Reiterei folgte, bis sie mitten im Dorf eingeschlossen waren, und wartete dort auf die Spanier und die indianischen Freunde, die alles niedermachten und verwüsteten, was die Reiter hinter sich gelassen hatten. Bei dieser Verfolgung kamen mehr als zweitausend Feinde um. Nun machte der Gegner Front, damit sich die Weiber und Kinder mit ihrer Habe in ein Fort retten konnten, das nahe dabei auf einem hohen Berge lag. Dann zogen sie sich selbst auf diese Feste zurück, die sehr stark und steil war. Das Dorf wurde nun verbrannt, und da es schon spät war, wollte der Großprofos die Feste nicht mehr angreifen, besonders da seine Leute den ganzen Tag hindurch gefochten hatten und sehr müde waren. Die Feinde ließen die ganze Nacht ihr Kriegsgebrüll erschallen und machten einen großen Spektakel mit ihren Hörnern und Pauken.

Am anderen Morgen machte der Großprofos sich mit seiner Mannschaft auf, die Bergfeste zu ersteigen. Als er jedoch angekommen war, ließ sich kein Feind sehen, und einige unserer indianischen Freunde kamen schon von oben herab und sagten, der Feind sei mit der Morgenröte abgezogen. Nun zeigte sich in der Ebene ringsum viel Volk. Es waren unsere Otomiten, die Reiter aber hielten sie für Feinde, rannten gegen sie an und spießten drei oder vier auf ihre Lanzen. Und da die otomitische Sprache verschieden ist von der mexikanischen, verstand man sie nicht, bis sie die Waffen wegwarfen und zwischen die Spanier flohen, doch auch jetzt wurden noch einige niedergestoßen, aber sie begriffen wohl, daß ein Mißverständnis vorlag. Die Spanier beschlossen nun, sich gegen ein anderes feindliches Dorf zu wenden. Als dessen Einwohner aber die große Macht heranrücken sahen, kamen sie mit Friedensanträgen. Der Großprofos sagte dem Kaziken des Dorfes, daß ich alle freundlich aufnehme, die sich zu Vasallen erböten, wenn sie auch vorher viel Schuld auf sich geladen hätten. Er solle also auch mit seinen Nachbarn sprechen, daß sie sich in gleicher Art an mich wenden möchten. So kehrte der Großprofos mit diesem Siege ins Hauptquartier zurück.

Am gleichen Tage unternahmen einige Spanier einen Streifzug in die Stadt. Die Mexikaner ließen ihnen sagen, ihr Dolmetscher möge zu ihnen kommen, denn sie wollten über den Frieden verhandeln, jedoch, wie sich dann ergab, unter der Bedingung, daß wir das ganze Land verlassen würden. Sie taten es aber nur, um einige Tage von uns in Ruhe gelassen zu werden und sich unterdessen mit allerlei versorgen zu können, was ihnen not tat. Während sie nun mit dem Dolmetscher schwatzten, nur durch eine abgetragene Brücke von uns getrennt, zog ein alter Kerl angesichts aller einige Sachen aus seinem Feldbeutel und verzehrte sie, um uns zu zeigen, daß sie keineswegs Mangel litten, denn wir hatten ihnen gesagt, sie würden Hungers sterben müssen. Unsere Indianer sagten uns, diese Friedensverhandlungen seien eitel Trug, und sie möchten den Kampf fortsetzen. Trotzdem blieb an diesem Tage der Kampf eingestellt, weil die Anführer dem Dolmetscher sagten, daß er mit mir reden solle.

Angriff der Mexikaner auf das Quartier der Spanier in Mexiko (Nach der indianischen Bilderhandschrift)

Während der Expedition des Sandoval hatten die Mexikaner sich zu einem nächtlichen Ausfall entschlossen, um das Quartier Alvarados zu überrumpeln. Kurz vor Sonnenaufgang kamen sie plötzlich herangestürmt. Als unsere Wachtposten zu Fuß und zu Pferde sie sahen, riefen sie laut ans Gewehr und stellten sich den Feinden entgegen. Als diese aber die Pferde witterten, stürzten sie sich ins Wasser. Mittlerweile kamen unsere Truppen heran und kämpften über drei Stunden mit ihnen. Als ich in meinem Hauptquartier die Schüsse ihrer Feldschlange hörte, ließ ich meine Leute zu den Waffen greifen, um in die Stadt zu rücken und dem Alvarado Luft zu machen. Da die Indianer ihn aber so zäh gefunden hatten, zogen sie sich zurück.

XII

Mittlerweile waren die Verwundeten wiederhergestellt, und zu Veracruz war ein Schiff des Juan de Leon angekommen, dem man in Florida so übel mitgespielt hatte. Man sandte mir Schießpulver und Armbrüste, woran wir so großen Mangel gehabt hatten, und gottlob stand alles Land in unserem Umkreis jetzt auf unserer Seite. Als ich nun sah, daß die Stadt so rebellisch blieb und wie kaum jemals ein menschliches Geschlecht in der Selbstvernichtung beharrte, wußte ich kaum, was ich tun sollte, um uns aller Gefahren und Anstrengungen zu entheben, ohne den Untergang dieser schönsten Stadt der Welt herbeizuführen. Es half nichts, ihnen zu sagen, daß wir die Belagerung nicht aufheben und die Brigantinen sie weiter auf dem Wasser bekämpfen würden und daß ihnen auf dem ganzen Festland nicht ein Ort verblieben sei, von dem sie Mais, Fleisch, Früchte und Wasser beziehen könnten. Je mehr dergleichen wir ihnen sagten, desto weniger Zeichen der Entmutigung entdeckten wir bei ihnen, im Gegenteil fochten sie mit mehr Mut und Selbstvertrauen als jemals.

Ich entschloß mich nun, bei unserem Vorrücken zu beiden Seiten die Häuser niederzureißen, so daß wir keinen Schritt vorwärts taten, ohne alles hinter uns zur Wüste und alles Wasser zu festem Boden gemacht zu haben, wie langsam das auch vonstatten gehen mochte. Ich rief deshalb die Anführer unserer Indianer zu mir und ersuchte sie, eine große Menge ihrer Bauern aufzubieten mit ihren Coas, einer Art Stange, die sie wie die Pioniere in Spanien ihre Rodehacken zu gebrauchen wissen. Sie freuten sich über meinen guten Einfall und erklärten, das sei die beste Art, die Stadt zu verwüsten und zu vertilgen.

Unter solchen Vorbereitungen verstrichen einige Tage, und unsere Feinde dachten sicher, daß wir einen neuen Anschlag vorbereiteten. Sie trafen Vorkehrungen zu ihrer Verteidigung, aber wir errieten ziemlich richtig ihre Pläne. Nachdem ich mich mit den Bundesgenossen geeinigt hatte, daß der Kampf wieder zu Wasser und zu Lande beginnen sollte, setzten wir uns am folgenden Tage frühmorgens gegen die Stadt in Bewegung. Als wir bei dem Wassergraben und der Schanze vor dem großen Platz angekommen waren, sagten die Mexikaner, wir möchten uns ruhig halten, denn sie wünschten den Frieden. Ich befahl darauf meinen Leuten, den Angriff einzustellen, und sagte, der Herrscher der Stadt möge kommen, um mit mir zu verhandeln. Sie versicherten mir, daß er bereits geholt werde, und hielten mich damit über eine Stunde hin. In Wahrheit aber war ihr Sinn keineswegs auf Frieden gerichtet, und sie bewiesen dies auch, als sie bald darauf begannen, Pfeile, Spieße und Steine gegen uns zu schleudern.

Ich ließ nun die Schanze angreifen, und wir eroberten sie. Und als wir auf den großen Platz gelangten, fanden wir ihn ganz mit Steinen besät, die den Lauf unserer Pferde hemmen sollten, und den Eingang einer Straße hatten sie ganz mit Backsteinen vermauert, eine andere wieder mit Steinen beworfen. An diesem Tage verschütteten wir die vom Platz auslaufende Wasserstraße so gründlich, daß die Indianer sie nicht wieder zu öffnen vermochten. Wir begannen nun auch, die Häuser abzubrechen und alle bis dahin genommenen Wassergräben zuzuschütten, und da wir über hundertfünfzigtausend Kriegsleute bei uns hatten, ließ sich schon einiges bewerkstelligen. Die Brigantinen und die Boote unserer Freunde hatten ebenfalls großen Schaden in der Stadt angerichtet und kehrten mit uns zurück.

Am nächsten Tage marschierten wir wieder nach der Stadt, und an der Ringmauer des Tempelhofes befahl ich den Hauptleuten, mit ihrer Mannschaft nichts zu tun als die eroberten Wassergräben und Übergänge zuzuschütten und zu ebnen. Unsere indianischen Verbündeten sollten unterdessen die Häuser einreißen und das gewohnte Gefecht unterhalten, die Reiterei aber dabei allen den Rücken decken. Hierauf bestieg ich den höchsten der Türme, denn die Indianer kannten mich, und es würde sie sehr ärgern, mich dort oben zu sehen. Von hier aus ermutigte ich unsere Freunde und ließ ihnen Hilfe bringen, wo es not tat, denn bei den ununterbrochenen Gefechten wichen zuweilen die Feinde, zuweilen aber auch die Unsrigen, die ich dann gleich durch einige Reiter unterstützen ließ.

So rückten wir an fünf oder sechs Tagen in die Stadt, und beim Abzug abends schickten wir stets die Indianer voraus und ließen einige Spanier in den Häusern am Wege verborgen zurück. Wir Reiter bildeten die Nachhut, und zur rechten Zeit ergriffen wir scheinbar die Flucht, um die Feinde in den Hinterhalt zu locken, wo dann jeden Abend einige von ihnen niedergestoßen wurden. An einem dieser Tage standen acht Reiter auf dem großen Platz und erwarteten den Feind. Als er nicht kam, zogen sie zum Schein ab, aber die Gegner hatten sich auf Mauern und Azoteen postiert und den Weg von oben versperrt. Dorthin konnten sich die Reiter nicht wagen, und sie mußten sich zurückziehen. Nun aber kamen die Feinde im Jubel über den erzwungenen Rückzug gleich eingefleischten Teufeln heran, hielten sich aber so weit zurück, daß ihnen nichts anzuhaben war. Die Reiter wurden nun von den Mauern herab ungemein belästigt und hatten zwei verwundete Pferde. Nach unserer Rückkehr ins Hauptquartier schickte ich an Gonzalo de Sandoval den Befehl, vor Tagesanbruch mit fünfzehn Reitern zu mir zu stoßen.

Am folgenden Morgen stellte sich der Großprofos ein, und wir hatten nun insgesamt vierzig Reiter. Zehn von ihnen brachen nun mit der Mannschaft und den Brigantinen auf, um wie am vorigen Tage zu fechten und zu verwüsten. Gegen Abend wollte ich dann mit den übrigen dreißig Reitern ausrücken. Um diese Zeit sollten sie aber den Feind heftig zurückdrängen, dann würden wir uns hinter einigen großen Häusern im Hinterhalt aufstellen. Nachmittags rückte ich also aus, ließ die Reiter im Versteck und bestieg den hohen Turm, wie es meine Gewohnheit war. Die Spanier, die bei mir waren, öffneten eine Grabkammer und fanden darin Goldsachen im Werte von mehr als eintausendfünfhundert Pesos. Als die Zeit gekommen war, befahl ich den Rückmarsch. Unterdessen waren meine Reiter im Hinterhalt schon ungeduldig geworden. Ich gesellte mich zu ihnen, und zugleich zogen sich die Spanier, zu Fuß und zu Pferde, mit unseren Indianern über den großen Platz zurück, und hinter ihnen kamen die Feinde mit solchem Kriegsgeschrei, als hätten sie bereits den größten Sieg der Welt erfochten. Die Reiter stießen nun zweimal gegen den Feind vor, hielten an und gingen wieder zurück, wodurch die Mexikaner so mutig wurden, daß sie bis an die Kruppen der Pferde drängten. Die Reiter ließen sich langsam an unserem Hinterhalt vorübertreiben, dann fiel der verabredete Signalschuß. Wir brachen unter kriegerischer Anrufung des heiligen Jakobus hervor, stürzten uns auf sie, jagten sie über den Platz, schnitten sie ab, überrannten sie und stießen sie nieder, so daß mehr als fünfhundert auf dem Platze blieben. Unsere Freunde hatten an diesem Tage ein leckeres Abendbrot, denn sie nahmen getötete Feinde mit und hackten sie in Stücke, um sie aufzufressen.

Das Entsetzen der Feinde über diese Niederlage war so groß, daß man sie den ganzen Abend weder reden noch brüllen hörte und daß sie sich nicht mehr auf den Straßen zu zeigen wagten. Und da es schon fast finster war, als wir abzogen, sandten sie, wie es schien, einige Sklaven aus, um zu kundschaften, ob wir wirklich abgerückt seien. Einige Reiter fielen aber über sie her, so daß kein einziger davonkam. So kehrten wir ins Standquartier zurück und waren entschlossen, den Krieg zu beschleunigen und jeden Tag neue Angriffe zu machen, bis wir damit zu Ende sein würden. Wir hatten an diesem Tage keine Verluste, außer daß beim Herausprellen aus dem Hinterhalt zwei Reiter gegeneinander prallten und der eine von seiner Stute fiel, die nun allein unter die Feinde lief, dort mit Pfeilschüssen empfangen wurde, stark verwundet und unwirsch über den schlimmen Empfang zu uns zurückkehrte und in der folgenden Nacht starb. Obgleich es uns leid tat, denn unser Leben hing von unseren Hengsten und Stuten ab, so waren wir doch weniger betrübt, als wenn sie in der Gewalt der Feinde umgekommen wäre, denn darüber hätten sie mehr Freude gehabt als Betrübnis über ihre eigenen Toten.

In der Nacht kamen zwei Indianer von geringem Stand aus der Stadt nach meinem Hauptquartier, durch die ich erfuhr, daß die Einwohner vor Hunger sterben müßten. Bei Nacht suchten sie zwischen den Häusern einige Fische zu fangen oder im Gelände Kräuter und Wurzeln zu finden.

XIII

Da wir nun unseren Vormarschweg in Ordnung gebracht hatten, beschloß ich, noch vor der Morgenröte wieder auszurücken. Auch die Brigantinen fuhren schon aus, und ich legte mich mit fünfzehn Reitern und einer Anzahl Fußvolk und Indianern in ein Versteck, nachdem ich Lauschposten ausgestellt hatte. Als es Tag geworden war, gaben die Wachen das Zeichen zum Ausfall, und wirklich trafen wir auf zahlreiches Volk. Aber es war von der elendesten Klasse, nur herausgekommen, um Nahrung zu suchen, größtenteils unbewaffnet, zum Teil Weiber und Kinder. Wir setzten ihnen durch alle uns zugänglichen Stadtteile so zu, daß die Zahl der Getöteten und Gefangenen auf über achthundert stieg. Auch die Brigantinen stießen auf viele mit Fischfang beschäftigte Leute und richteten unter den Kähnen große Verwüstung an. Die Anführer der Mexikaner wagten nicht, herauszukommen und mit uns zu fechten, deshalb kehrten wir in unser Quartier zurück mit ziemlicher Beute und einigem Proviant für unsere Freunde. (Die Tlaxcateken und Otomiten schleppten vermutlich gefallene Feinde mit, um sie zu verzehren.)

Am folgenden Tage ging es frühmorgens wieder nach der Stadt. Wir brachten die Eroberung der ganzen Tacubastraße fertig, so daß nun die Verbindung mit dem Hauptquartier Alvarados mitten durch die Stadt lief. In der nach dem Markt führenden Hauptstraße gewannen wir noch zwei Brücken. Wir füllten die Durchstiche und verbrannten die Häuser des Herrschers der Stadt, eines Jünglings von achtzehn Jahren, Cuauhtemoc genannt, des zweiten Nachfolgers von Moteczuma. An diesen Häusern hatten die Feinde eine starke Festung, denn sie waren groß und mit Wasser umgeben. (Der erste Nachfolger Moteczumas ist Cuitlahuac gewesen, der ein Jahr zuvor an den Pocken gestorben war.) Auch in den Nachbarstraßen eroberten wir noch einige Brücken, so daß jetzt von den vier Stadtteilen drei sich in unserer Gewalt befanden.

Am folgenden Tage, dem Tage des heiligen Jakobus, eroberten wir eine Wasserstraße, die so breit war, daß wir sie nicht in einem Tage völlig zuschütten konnten. Da wir nun alle zu Fuß waren und die Mexikaner sahen, daß die Pferde nicht mit hinübergegangen waren, machten sie einen heftigen Angriff mit lauter auserlesenen Kriegern, aber unsere Armbrustschützen trieben sie in ihre Schanzen und Festen zurück. Wir beschäftigten uns dann nur noch mit Niederreißen und Niederbrennen der Häuser, und es war eine Betrübnis, das mit anzusehen, aber wir waren dazu genötigt. Als die Mexikaner diese Verwüstung sahen, riefen sie unseren Indianern zu, sie sollten nur fortfahren zu brennen und zu zerstören, denn man wolle sie schon lehren, alles wiederaufzubauen, wenn sie siegen würden, wenn aber nicht, würden sie für die Spanier bauen müssen.

Am anderen Tage fanden wir die Wasserstraße, wie wir sie verlassen hatten, rückten weiter vor, eroberten noch zwei Durchstiche und gelangten an einen kleinen Götzenturm, in dem wir noch einige Köpfe von gemordeten Christen vorfanden, was uns in arge Betrübnis versetzte. An diesem Tage rückten wir nicht weiter vor, kämpften aber viel mit den Feinden, die stets den kürzeren zogen. Als wir uns am nächsten Tage gerade rüsteten, um gegen die Stadt zu ziehen, sahen wir von zwei hohen Türmen am Marktplatz Rauch aufsteigen, der für die gewöhnlichen Rauchopfer der Indianer zu stark war. Wir vermuteten daher, daß Pedro de Alvarado und seine Leute dort angekommen seien, was wir kaum glauben mochten, obwohl es sich wirklich so verhielt. Da Alvarado gesehen hatte, daß wir bereits bis zum Markt vorgedrungen waren, nahm er mit äußerster Tapferkeit noch viele Brücken und Schanzen, um zum großen Platz zu gelangen, wo die ganze feindliche Macht ihm widerstand. Er konnte deshalb nur noch einige der in der Nähe gelegenen Tempeltürme erobern, dann mußte er sich zurückziehen, nachdem auch drei Pferde verwundet worden waren. Wir unsererseits hatten keine Brücken und Wasserstraßen mehr zu nehmen, da sich keine mehr zwischen uns und dem Marktplatz befanden. Wir beschäftigten uns mit dem Zuschütten und Planieren der bereits gewonnenen, wobei uns vom Feind hart zugesetzt wurde, wenn auch auf dessen eigene Kosten.

Frühmorgens am folgenden Tage waren wir wieder damit beschäftigt, der Reiterei den Weg zu ebnen, da kam Pedro de Alvarado mit vier Reitern dieselbe Straße heran, und unbeschreiblich war die Freude, die wir alle bei dieser Begegnung empfanden, die zur baldigen Beendigung des Krieges führen mußte. Pedro de Alvarado hatte hinter sich eine Postenkette zurückgelassen, und nach schnell beendigter Planierung des Übergangs ritt ich mit einigen Reitern hinüber auf den Marktplatz, befahl aber meiner Mannschaft, den Paß nicht zu überschreiten. Wir ritten nun eine Weile auf dem Marktplatz umher und betrachteten die Säulenhallen, deren platte Dächer voll von Feinden waren. Da aber der Platz sehr groß war und sie die Reiter sich tummeln sahen, wagten sie nicht, näher zu kommen. Ich stieg auf den am Markt stehenden hohen Turm, und auch hier fanden wir Köpfe von Christen, die sie ermordet hatten, und auch von Tlaxcateken, mit denen sie eine alte, grausame Feindschaft verband, als Opfergaben vor den Götzen aufgepflanzt.

Von diesem Turm herab konnte ich den bereits eroberten Teil der Hauptstadt überblicken, ohne Zweifel sieben Achtel vom Ganzen, und indem ich erwog, daß die ungeheure Zahl der Feinde auf so engem Raum unmöglich lange aushalten könne, besonders da die ihnen verbliebenen Häuser klein waren und jedes für sich allein im Wasser stand, indem ich ferner die ungeheure Hungersnot erwog, die unter ihnen herrschte, da wir schon in den Straßen ausgegrabene Wurzeln und abgeschälte Baumrinde gefunden hatten, so beschloß ich, sie einige Zeit hindurch nicht anzugreifen, sondern ihnen Vorschläge zur Abwendung ihres völligen Verderbens zu machen. Ich ließ sie unaufhörlich mit Friedensanträgen bestürmen, aber sie antworteten stets, ergeben würden sie sich auf keinen Fall. Es bleibe ihnen nichts übrig, als fechtend zu sterben, aber von ihrer Habe würden wir nichts bekommen. Sie würden alles verbrennen oder ins Wasser werfen, wo es nimmermehr wieder zutage komme. Und ich, der nicht Übel mit Übel vergelten wollte, zwang mich, den Angriff eine Zeitlang einzustellen.

Da wir nun sehr wenig Schießpulver hatten, so war unter uns bereits die Rede davon gewesen, eine Art von Wurfmaschinen oder Katapulten anzufertigen, und einige Zimmerleute erboten sich, eine solche Maschine herzustellen. Während der Zeit nun,

Hernán Cortés marschiert in Mexiko ein (1519)

(Aus dem Codex Azcatitlan. Nationalbibliothek Paris)

da wir die Indianer so eng blockiert hielten, war das Ding auch fertig geworden. Es wurde auf den Marktplatz geschafft und dort auf einer Art Bühne aufgestellt. Wir zögerten aber noch drei bis vier Tage damit, unterdessen bedrohten unsere Indianer die Feinde mit der zu erwartenden Wirkung, und sie sagten ihnen, mit dieser Maschine sollten sie sämtlich umgebracht werden. Es gelang den Zimmerleuten aber nicht, das Ding brauchbar zu machen, und die Feinde, obwohl in ziemliche Furcht versetzt, machten keine Unterwerfungsanträge. Und wir verbargen unseren Mißerfolg hinter dem Vorwand mitleidiger Gesinnung, die uns nicht erlaube, das ganze Volk auf eine so schmähliche Weise umzubringen.

Pater Sahagún erzählt in seiner »Historia de la conquista de Mexico« aus dem Munde von indianischen Augenzeugen: »Als die Maschine geladen worden, der Stein aber weit diesseits seines Zieles kraftlos niedergefallen, habe man ein gewaltiges Gezänke unter den Spaniern bemerken können« – was in der Tat sehr wahrscheinlich ist. (Nach Koppe). – Cortés wurde recht verdrießlich, erzählt Bernal Diaz, daß er sich auf die Sache eingelassen hatte, und ließ das Stück Arbeit wieder zusammenreißen.

Am Tage nachher rückten wir wieder in die Stadt, und da mehrere Tage ohne eigentliche Feindseligkeiten verflossen waren, fanden wir die Straßen voll Weiber, Kinder und anderen Jammervolks, halb verhungert und zu Tode ermattet, der trübseligste Anblick der Welt. Ich befahl unseren indianischen Freunden, ihnen kein Leid anzutun. Die Feinde kamen nicht heraus, wir sahen sie aber auf den Azoteen stehen, nach Landessitte in ihre Baumwolltücher gehüllt und ohne Waffen. Ich ließ ihnen abermals Friedensvorschläge machen, aber ihre Antworten waren Lug und Trug. Nachdem sie uns den größten Teil des Tages damit hingehalten hatten, ließ ich ihnen sagen, ich werde sie nun angreifen. Sie möchten ihr wehrloses Volk aus den Straßen zurückziehen, wenn nicht, würde ich unseren Bundesgenossen Erlaubnis geben, alles niederzumachen. Sie antworteten darauf, daß sie Frieden wollten, worauf ich erwiderte, ich sähe ihren Herrscher nicht, mit dem doch die Unterhandlung gepflogen werden müsse. Als ich indessen sah, daß man uns nur zum besten hielt und sich bereits wieder zum Kampf mit uns anschickte, befahl ich endlich, sie immer enger einzuschließen und in äußerste Not zu versetzen. Pedro de Alvarado rückte mit seiner Mannschaft in eine Vorstadt ein, die mehr als tausend Häuser zählte, und von einer anderen Seite drang ich dorthin mit meinem Fußvolk vor, weil die Reiterei hier nicht brauchbar war. Und so heftig wurde der Kampf zwischen uns und den Feinden, daß wir ihnen die ganze Vorstadt abgewannen, und so groß war das Sterben unter ihnen, daß die Zahl der Erschlagenen und Gefangenen auf mehr als zwölftausend stieg. Mit den Gefangenen verfuhren aber unsere Verbündeten derart grausam, daß sie, obschon sie von uns gescholten und gestraft wurden, auch nicht einem einzigen das Leben ließen.

Am folgenden Tag wandten wir uns abermals gegen die Stadt, aber ich hatte den Befehl gegeben, nicht zu fechten. Als die Feinde nun so viel Volk über sich kommen sahen und ihre ehemaligen Vasallen und Untertanen erkannten, die jetzt sie auszutilgen kamen, und ihre Not erwogen, sehnten sie sich endlich heraus aus ihrem Unheil, und sie riefen, warum wir sie nicht gleich alle totschlügen. Dann aber sagten sie sehr eilig, man möge mich rufen, da sie mit mir sprechen wollten. Die Spanier kamen voll Freude zu mir und drängten mich, nach einer Schanze zu gehen, wo einige Anführer mit mir zu verhandeln wünschten. Ich ging sogleich hin, obgleich ich wußte, daß wenig dabei herauskommen werde, fest überzeugt, daß die Weigerung der Übergabe nur vom Herrscher und einigen Standespersonen der Stadt ausgehe, während das übrige Volk nichts sehnlicher wünschte, als diesem Elend, lebendig oder tot, nur endlich zu entkommen.

Als ich bei der Schanze ankam, sagten sie mir, sie hielten mich für den Sohn der Sonne, da aber die Sonne in dem kurzen Zeitraum eines Tages und einer Nacht die ganze Welt umwandle, begriffen sie nicht, warum ich sie nicht in gleich kurzer Zeit totschlage und ein Ende mit ihren Leiden mache, denn sie sehnten sich zu sterben und zum Himmel einzugehen, zu ihrem Gott, der sie erwarte. Ich antwortete ihnen vielerlei, um sie zur Übergabe zu bewegen, aber nichts half, obwohl wir ihnen Beweise unserer friedlichen Gesinnung lieferten, und Sieger waren wir denn doch durch die Gnade unseres Herrn und Heilandes.

Ich redete nun mit einem ihrer Standesherren, den wir gefangenhielten. Obwohl dieser schwer verwundet war, erklärte er, in die Stadt gehen zu wollen. Am nächsten Tage schickte ich einige Spanier mit ihm, nachdem ich ihm erklärt hatte, was er seinem Herrscher wegen des Friedens sagen sollte. Die Feinde empfingen ihn als einen großen Herrn mit viel Ehrerbietung, als sie ihn aber vor ihren Herrscher Cuauhtemoc führten und er mit diesem vom Frieden sprach, befahl derselbe, ihn augenblicklich den Opfertod sterben zu lassen. Und die Antwort an uns hieß, sie wollten sterben, nichts als sterben. Zugleich begannen sie von neuem zu kämpfen, und mit einer Art Sichel, die sie aus einem erbeuteten Degen gemacht hatten, töten sie uns ein Pferd. Am Ende aber kam es ihnen jedoch teuer zu stehen, denn ihrer viele verloren das Leben.

Am nächsten Tage, nachdem eine große Zahl unserer Indianer zu bleiben gewagt hatten, ging es wiederum zur Stadt, aber wir wollten nicht mehr fechten, sondern gingen umher und dachten jede Stunde, jetzt würden sie zu uns herauskommen. Und um sie dazu geneigt zu machen, ritt ich an eine Schanze heran, rief einige mir bekannte Würdenträger hervor und sagte ihnen, da sie doch wüßten, daß, wenn ich wollte, binnen einer Stunde niemand mehr von ihnen übrig sein würde, begriffe ich nicht, warum ihr Herrscher Cuauhtemoc nicht kommen und mit mir reden wolle, und wenn sie mir mit seiner Genehmigung Friedensanträge machen wollten, würde ich sie sehr gut empfangen und behandeln. Sie antworteten mir weinend, sie wollten mit ihrem Herrscher reden. Sie gingen, und nach einer Weile kehrten sie zurück und sagten mir, da es schon spät sei, könne ihr Herrscher heute nicht mehr kommen, morgen werde er sich aber gegen Mittag zu einer Unterredung mit mir auf dem Marktplatz einfinden.

Nun zogen wir ab, und ich befahl für den nächsten Tag, auf dem Viereck in der Mitte des Platzes für den Herrscher und seine Begleiter erhöhte Sitze herzurichten und ein Mahl für sie zu bereiten. Am nächsten Tage marschierten wir nun wieder zur Stadt, und ich befahl meinen Leuten, auf der Hut zu sein, damit wir bei einem Verrat nicht überrumpelt werden könnten. Ich ließ dem Herrscher melden, daß ich ihn erwarte. Er hatte jedoch anscheinend beschlossen, nicht zu kommen, statt dessen schickte er mir fünf Standesherren, die mir sagten, ihr Herrscher sei krank geworden, deshalb seien sie gekommen, meine Befehle zu empfangen. Ich empfing sie mit freundlicher Miene und ließ ihnen Speise und Trank vorsetzen, wobei man wohl sah, wie groß ihre Begierde war. Nachdem sie gespeist hatten, sagte ich ihnen, ihr Herr möge keine Furcht haben, denn ihm solle kein Leid widerfahren, aber ohne seine Anwesenheit sei es unmöglich, gründlich und zweckmäßig zu verhandeln. Ich ließ ihnen einige Erfrischungen und Lebensmittel für ihren Herrscher mitgeben, und sie entfernten sich mit dem Versprechen, das Mögliche zu tun. Nach zwei Stunden kamen sie wieder, überreichten mir einige hübsche baumwollene Decken und erklärten mir, daß ihr Herr weder kommen werde noch kommen wolle, und es sei vergeblich, noch darüber zu reden. Ich antwortete ihnen, daß ich ihren Herrn nicht begreife, da er doch sehe, wie ich sie, seine Abgesandten, behandelt habe. Ich ersuche sie daher, noch einmal mit ihm zu reden, und sie antworteten, sie würden es tun und am nächsten Tage mit dem Bescheid ihres Herrschers wiederkommen. Darauf gingen sie ihres Weges, und auch wir zogen in unser Quartier.

Am folgenden Tage erschienen die Unterhändler dort schon sehr früh und sagten mir, ich möge nach dem Marktplatz kommen, da ihr Herr dort mit mir verhandeln wolle. Ich stieg zu Pferde, und wir machten uns auf den Weg. Aber am verabredeten Ort wartete ich drei oder vier Stunden, und als ich nun sah, daß man mich zum Narren gehalten hatte, ließ ich unsere indianische Freunde herbeirufen, die bisher auf meinen Befehl eine Legua entfernt gehalten hatten. Jetzt säumten sie nicht heranzukommen, ebenso die Truppen von Pedro de Alvarado. Wir begannen nun, einige noch vom Feinde besetzte Brücken und Wasserstraßen, ihre einzigen noch verbliebenen Verteidigungswerke, anzugreifen, und wir drangen ein, wo wir Lust hatten.

Beim Ausmarsch hatte ich befohlen, daß Gonzalo de Sandoval mit den Brigantinen von der anderen Seite gegen die Häuser vorgehen sollte, wo der Feind sich noch verschanzt hatte, angreifen solle er aber nicht eher, als dies von unserer Seite aus geschehe. So war nun der Feind dergestalt umringt und zusammengedrängt, daß er keinen Schritt mehr tun konnte als über die Leichenhaufen der Seinigen und etwa auf den ihnen noch verbliebenen Azoteen. Mit uns gingen unsere Freunde mit Schwert und Schild, und so arg war das zu Lande und zu Wasser unter den Feinden vollführte Gemetzel, daß an diesem Tage über vierzigtausend Mexikaner getötet oder gefangen wurden. Und so gräßlich war das Geschrei und Geheul der Weiber und Kinder, daß keiner unter uns war, dem es nicht das Herz brach. Wir hatten alle Hände voll zu tun, unsere Indianer einigermaßen zurückzuhalten, daß sie nicht alles totschlugen und wenigstens an den kampfunfähigen Feinden nicht mehr ihre Grausamkeiten verübten, und diese Grausamkeit ist nirgendwo gräßlicher und mehr außer aller Ordnung der Natur gefunden worden als bei den Eingeborenen dieser Länder. Wir konnten ihnen auch nicht verwehren, große Beute zu machen, denn wir waren nur etwa neunhundert Spanier, sie aber mehr als hundertfünfzigtausend Mann. Keine Wachsamkeit genügte, sie vom Plündern abzuhalten, und einer der Gründe, weshalb ich gewünscht hatte, es mit der Stadt nicht zum Äußersten kommen zu lassen, war gewesen, daß ich voraussah, die bedrängten Einwohner würden ihre Habe ins Wasser werfen, und wenn sie es nicht täten, würde von unseren Indianern gestohlen werden, was nur zu finden sei. Ich fürchtete deshalb, Eure Majestät würde von den in der Stadt vorhandenen großen Reichtümern nur einen geringen Teil bekommen.

Weil es nun spät geworden war und wir den pestilenzialischen Gestank der seit vielen Tagen in den Straßen liegenden Leichen nicht mehr aushalten konnten, kehrten wir in unsere Quartiere zurück. Noch am gleichen Abend wurde angeordnet, am nächsten Tage wieder auszurücken und dazu unsere drei schweren Geschütze in Bereitschaft zu setzen. Ich fürchtete, die jetzt so eng zusammengedrängten Feinde könnten allein durch ihre Masse uns Spanier erdrücken, deshalb wollte ich sie aus einiger Entfernung mit den Kanonen beschießen lassen, damit sie herauskämen und uns draußen angriffen. Dem Großprofos Sandoval befahl ich, mit den Brigantinen in ein großes Wasserbecken zwischen den Häusern einzulaufen, wohin sämtliche Boote der Feinde zurückgezogen worden waren. Sie besaßen nur noch so wenige Häuser, daß der Herrscher der Stadt sich mit seinem Gefolge in ein Boot begeben hatte.

Gleich nach Tagesanbruch ließ ich zum Aufbruch rüsten und die schweren Geschütze in Bewegung setzen. Pedro de Alvarado hatte ich befohlen, mich auf dem Marktplatz zu erwarten und vor meiner Ankunft nicht anzugreifen. Nachdem wir alle vereinigt waren und auch die Brigantinen ihre Stellung eingenommen hatten, befahl ich, auf das Signal eines Büchsenschusses den Angriff zu beginnen und den Feind in Richtung zu den Brigantinen hin zum Wasser zu treiben. Ich empfahl meinen Leuten, sehr auf Cuauhtemoc zu achten und ihn womöglich lebendig zu fangen, da dies den Krieg mit einem Schlage beendigen werde. Ich bestieg aber jetzt erst eine Azotee, um noch einmal mit einigen mir bekannten Standesherren zu reden. Ich sagte ihnen, sie befänden sich nur deshalb in so großer Not, weil ihr Gebieter nicht zu mir kommen wolle, sie möchten mir keinen Grund geben, sie alle zu verderben, und ihn herbeirufen. Wirklich schien es, als ob zwei von ihnen den Herrscher holen wollten. Bald kehrten sie zurück mit Ciuacoatl, dem Oberfeldherrn, nach dessen Rat alle Kriegsangelegenheiten betrieben wurden. Er teilte mir mit, sein Gebieter werde nicht kommen, sondern lieber sterben.

Als ich diesen festen Entschluß vernahm, sagte ich ihm, er möge zu den Seinigen zurückkehren, denn jetzt wolle ich sie angreifen und bis auf den letzten Mann niedermachen. Da mit den Verhandlungen einige Stunden vergangen waren und die Feinde entweder auf Leichenhaufen standen oder im Wasser, viele auch in dem großen Wasserbecken, wo die Kähne sich befanden, schwammen oder ertranken, so konnte keine Vernunft begreifen, wie sie dies Elend ertragen mochten. Nun aber kamen sie heraus, Männer, Weiber und Kinder in unendlicher Zahl, und um schneller voranzukommen, stießen sie einander ins Wasser, wo sie unter der Menge von Leichen erstickten, da, wie es schien, von dem getrunkenen Salzwasser, vom Hunger und vom Gestank ein solches Sterben unter sie gekommen war, daß mehr als fünfzigtausend dabei umkamen. Als aber das

Flucht und Gefangennahme des letzten Aztekenherrschers Cuauhtemoc

(Aus der französischen Ausgabe von 1730)

Volk nun zu uns herauskam, hatte ich in allen Straßen Spanier postiert, die unseren Indianern wehrten, die Ausziehenden zu töten. Ich hatte auch ihren Anführern gesagt, sie sollten auf keinen Fall eine solche Metzelei gestatten, aber da es so viele waren, konnte nicht verhindert werden, daß an diesem Tage mehr als fünfzehntausend Mexikaner umgebracht wurden.

XIV

Die feindlichen Anführer und ihre Kriegsleute blieben noch in ihrem Winkel eingepfercht, auf den Azoteen, in den Häusern und im Wasser, und da es schon gegen Abend ging und sie sich immer noch nicht ergeben wollten, ließ ich zwei grobe Geschütze auf sie richten, um zu sehen, ob sie sich nun vielleicht ergeben würden. Hätte ich unseren Indianern erlaubt, über sie herzufallen, dann wäre es ihnen noch schlimmer ergangen als durch die Kanonen, obschon auch diese einigen Schaden anrichteten. Da jedoch auch dies nichts half, ließ ich den verabredeten Signalschuß abgeben, und kaum war der Schuß gefallen, da war der letzte Schlupfwinkel auch schon erstürmt und seine Besatzung ins Wasser getrieben. Einige, die nicht mehr fechten wollten, ergaben sich.

Die Brigantinen stießen urplötzlich in den Binnenhafen vor, brachen mitten durch die feindlichen Boote, und das darauf befindliche Kriegsvolk wagte schon nicht mehr zu kämpfen. Da fügte Gott, daß der Hauptmann einer Brigantine, namens Garcia Holguin, ein Boot verfolgte, in dem ihm Leute von Rang zu sitzen schienen. Er ließ seine drei Armbrustschützen auf sie zielen, und sogleich machten die im Boot Zeichen, nicht auf sie zu schießen, da ihr Herrscher unter ihnen sei. Bald darauf sprangen die Spanier in das Boot und nahmen Cuauhtemoc gefangen.

(Nun wurde es dem Cuauhtemoc bange, berichtet Bernal Diaz, und er sprach: »Verbiete deinen Leuten zu schießen! Ich bin der König dieses Landes. Meine einzige Bitte ist, daß du nichts von meiner Habe berührst und mich zu Malinche bringst.«

Holguin umarmte Cuauhtemoc und half ihm, die Brigantine

zu besteigen. Seine Gemahlin und zwanzig Große begleiteten ihn. Als nun Sandoval gemeldet wurde, daß Holguin den Monarchen gefangengenommen habe, eilte er hin und gab den Befehl, ihm als dem Befehlshaber der Brigantinen den Gefangenen auszuliefern. Holguin weigerte sich, aber inzwischen hatte eine andere Brigantine die Meldung zu Cortés gebracht, der sogleich den Befehl gab, daß Sandoval und Holguin gemeinsam den Gefangenen herbeibringen sollten. Bald kamen Sandoval und Holguin mit Cuauhtemoc und stellten ihn Cortés vor.)

Als ich den Monarchen zum Sitzen einlud und überhaupt keine Strenge zeigte, legte er seine Hand an meinen Dolch und sagte, ich möge ihn niederstoßen und töten. Ich aber ermutigte ihn und sagte, er solle sich nicht fürchten. Und als dieser Herrscher unser Gefangener war, hörte der Krieg augenblicklich auf. Und da die Stadt nach fünfundsiebzig Tagen seit dem ersten Angriff endlich erobert war, kehrten wir mit unserer Beute in unsere Quartiere zurück.

(Es war Cortés von dem Gestank in der Stadt übel geworden, berichtet Bernal Diaz, und er beschreibt wie folgt das Siegesfest der Spanier: Cortés ließ in Coyoacán ein Freudenfest begehen, wobei der Wein, den ein Schiff nach Veracruz gebracht hatte, und das Schweinefleisch aus Kuba nicht gespart wurden. Es wäre aber besser gewesen, wenn Cortés das ganze Bankett unterlassen hätte, denn es fielen schlimme Dinge vor, und Noahs Gewächs war Ursache von manchen dummen Streichen. Da gab es Leute, die statt auf die Seite zu gehen, alles auf den Tisch verrichteten. Andere prahlten, sie hätten Gold genug, sich goldene Sättel anzuschaffen, und die Schützen schworen, nur noch Pfeile mit Spitzen aus purem Golde abschießen zu wollen. Viele taumelten umher und rollten die Treppen hinunter. Dann begann der Tanz mit den Frauen, die bei der Truppe waren, und nichts konnte lächerlicher sein als die Sprünge der Galane in der vollen Waffenrüstung. Die Namen der Tänzerinnen will ich nicht nennen und auch nicht der Schmähschriften gedenken, die am nächsten Tage über sie erschienen. Nur darf ich nicht verschweigen, daß der rechtschaffene Pater Olmedo seine Mißbilligung laut an den

Der gefangene Cuauhtemoc tritt vor den Eroberer Cortés
(Nach einem Gemälde von L. Kowalsky)

Tag legte und zu Sandoval sagte, das sei eine schöne Art, Gott zu danken und seinen Beistand für die Zukunft zu gewinnen.

Als Cortés diese Äußerung erfuhr, ließ er den Pater zu sich kommen und sagte zu ihm: »Man kann die Soldaten heute nicht hindern, Herr Pater, lustig zu sein, aber Ihr könnt eine Prozession anordnen, eine feierliche Messe lesen und eine Predigt halten, in der Ihr die Leute ordentlich abkanzelt.« Der Pater ordnete denn auch eine Prozession an, die wir mit fliegenden Fahnen begleiteten. Einige Kreuze und ein Muttergottesbild wurden vorangetragen, und wir sangen Litaneien. Darauf hielt der Pater eine Predigt, worauf Cortés, Alvarado und viele von der Mannschaft das Abendmahl empfingen und dem Allmächtigen aufs neue für den Sieg gedankt wurde.)

In Coyoacán bin ich bis jetzt verblieben, mit der Ordnung, Regierung und Beruhigung dieser Länder beschäftigt. Nach Zusammenbringung des Goldes und der anderen Sachen wurde das erstere auf Gutachten der Beamten Eurer Majestät eingeschmolzen, und die geschmolzene Masse betrug an Wert über 130 000 Castellanos (Goldpesos), wovon der fünfte Teil dem königlichen Schatzmeister ausgeliefert wurde, ungerechnet die Eurer Majestät gebührende Fünftelabgabe von Sklaven und anderen Gegenständen, wie Eure Majestät dies aus einem besonderen, mit unseren sämtlichen Unterschriften versehenen Rechnungsbericht ersehen wird. Das übrige Gold wurde zwischen mir und den Spaniern nach Rang und Dienst des einzelnen verteilt. Unter der Beute waren viele goldene Schilde, Helmbüsche, Federbüsche und andere staunenswerte Sachen, die sich schriftlich nicht bezeichnen und ungesehen nicht begreifen lassen, deshalb schien es mir richtig, daß sie nicht gefünftelt, sondern insgesamt Eurer Majestät zur Verfügung gestellt würden. Ich ließ deshalb alle Spanier zusammenrufen und ersuchte sie um ihr Einverständnis, und sie alle stimmten dem hocherfreut zu. Also übersenden sie und ich Eurer Majestät diese untertänige Gabe durch die von den Räten Neuspaniens abzusendenden Prokuratoren.

Die Kunde von der Eroberung der großen und mächtigen Stadt Tenochtitlán gelangte zu dem Herrscher eines Landes, das siebzig Leguas (westlich von Mexiko) entfernt liegt und Michoacan genannt wird. Und sei es Furcht, sei es Anerkennung, er schickte mir Abgesandte, die mir eröffneten, er habe gehört, daß wir Vasallen eines großen Herrn seien, und er wünsche es gleichfalls zu sein. Ich antwortete, wir seien wirklich Vasallen jenes großen Herrn, nämlich Eurer Majestät, ihr Herr und sie hätten daher recht wohlgetan. Und da ich seit kurzem einige Kunde vom Südmeer erhalten hatte, fragte ich sie, ob man zu Lande dorthin kommen könne. Sie bejahten dies, und ich ersuchte sie, um Eurer Majestät von dem Meere und von ihrem Lande Bericht erstatten zu können, möchten sie zwei Spanier mitnehmen. Sie sagten bereitwillig zu, um aber bis ans Meer zu gelangen, müsse man ein großes Land (Tarasco) durchziehen, mit dem sie sich im Krieg befänden. Die Gesandten von Michoacan blieben einige Tage bei mir, und ich ließ in ihrem Beisein die Reiterei plänkeln, damit sie zu Hause darüber berichten konnten. Dann gab ich ihnen einige Kleinigkeiten und schickte zwei Spanier mit ihnen nach dem Lande Michoacan.

XV

Ich hatte wirklich vor kurzer Zeit Kenntnis vom Südmeer erhalten und wußte, daß es zwölf bis vierzehn Tagereisen von hier entfernt lag. Ich war sehr froh darüber, denn wer irgendeine Kenntnis und Erfahrung von der Schiffahrt nach Indien besitzt, hat es stets für gewiß gehalten, daß mit der Entdeckung des Südmeeres von dieser Seite her auch viele Inseln, reich an Gold, Perlen, Edelsteinen und Gewürzen, gefunden und andere geheimnisvolle Dinge entdeckt werden müßten. Das haben versichert und versichern noch viele gelehrte und in der Kosmographie bewanderte Leute. Mit dem Wunsch, Eurer Majestät einen so besonderen und merkwürdigen Dienst zu erweisen, entsandte ich vier Spanier, je zwei und zwei, durch verschiedene Provinzen mit einigen Indianern als Wegweiser und Begleitung. Ich befahl ihnen, nicht anzuhalten, bis sie ans Meer gelangt sein würden, bei dessen Entdeckung aber sofort im Namen Eurer Majestät davon Besitz zu ergreifen.

Zwei dieser Spanier gingen etwa hundertdreißig Leguas weit,

ohne auf irgendein Hindernis zu stoßen. Sie kamen ans Meer und ergriffen Besitz davon, indem sie einige Kreuze am Ufer aufpflanzten. Nach einigen Tagen kehrten sie zurück und brachten ein paar Eingeborene von der Meeresküste mit. Sie überreichten mir auch einige Proben von sehr gutem Minengold, das sie bei der Durchreise durch eine andere Provinz gefunden hatten. Die beiden anderen Spanier blieben etwas länger aus, denn sie hatten hundertfünfzig Leguas zu gehen, bis sie ans Meer gelangten, von dem sie gleichfalls Besitz ergriffen. Sie erstatteten mir einen eingehenden Bericht über die Küste und brachten ebenfalls einige Eingeborene mit, die ich wie die anderen sehr freundlich empfing und von der großen Macht Eurer Majestät unterrichtete. Ich gab ihnen einige Geschenke, mit denen sie äußerst vergnügt in ihr Land zurückkehrten.

Als die Mexikaner mich zum ersten Male schlugen und aus der Stadt Tenochtitlán hinauswarfen, standen alle der Stadt untertänigen Provinzen gegen uns auf, aber aus diesem Bericht möge Eure Majestät ersehen, daß seitdem die meisten rebellierenden Provinzen wieder durch uns unterworfen worden sind. Da ich aber bis jetzt noch nicht imstande war, die am Nordmeer (am Golf von Mexiko) gelegenen Provinzen, die sich gleichfalls empört und in verräterischer Weise mehr als hundert Spanier überfallen und getötet hatten, zu besuchen, beschloß ich jetzt, den Großprofos Gonzalo de Sandoval mit fünfunddreißig Reitern, zweihundert Fußsoldaten, einer Heerschar von Indianern und einigen Standespersonen von Tenochtitlán nach dort zu entsenden. Nach empfangener Instruktion begann er sich sofort für diese Expedition zu rüsten.

Zur selbigen Zeit kam der von mir in der Stadt Segura de la Frontera (Tepeaca) zurückgelassene Statthalter nach Coyoacán und meldete mir, daß die Eingeborenen dieser und einiger angrenzender Provinzen, sämtlich Vasallen Eurer Majestät, von den Nachbarn in Oaxaca wegen ihrer Freundschaft zu uns mit Krieg überzogen würden. Außer der Notwendigkeit, dies zu unterbinden, würde es gut sein, dieses Land zu unterwerfen, da es auf dem Wege zum Südmeer liege. Mein Statthalter sagte mir ferner, daß es mit geringer Mannschaft unterworfen werden könne. Er selbst sei einmal dorthin gezogen, da er aber nur zwanzig bis dreißig Spanier bei sich gehabt habe, hätten sie ihn zum Rückzug genötigt, und zwar etwas eiliger, als ihm lieb gewesen sei. Ich gab ihm zehn Reiter und achtzig Fußsoldaten, und er brach mit dem Großprofos am 30. Oktober 1521 auf. In der Provinz Tepeaca angekommen, hielten sie Musterung ab, und dann marschierte jeder zu der ihm angewiesenen Eroberung aus.

Fünfundzwanzig Tage später schrieb mir der Großprofos, er sei in Cuautochco (später Huatusco) angekommen, aber während er sehr besorgt gewesen war wegen der zahlreichen kriegstüchtigen Feinde, habe Gott der Herr ihre Herzen so gelenkt, daß sie ihm mit Friedensangeboten entgegengekommen seien. Vierzehn Tage später meldete er mir, daß er weiter vorgerückt sei und die Eingeborenen sich überall friedlich zeigten, um aber das Land zu sichern, scheine es ihm richtig, eine Kolonie zu gründen, wovon schon einmal zwischen uns die Rede gewesen sei. Ich schrieb ihm darauf, daß er in der Provinz Tututepec eine spanische Stadt gründen und ihr den Namen Medellín beilegen solle. Zugleich schickte ich ihm die Ernennungsliste für Alkalden, Regidoren und andere Beamte, denen allen ich sehr empfahl, auf alles zu achten, was zum Dienst Eurer Majestät und zu einer guten Behandlung der Eingeborenen nötig sein werde.

Unterdessen war der Statthalter von Segura de la Frontera mit seiner Mannschaft und viel befreundetem Kriegsvolk jener Gegend nach Oaxaca marschiert, und obschon dort die Eingeborenen Widerstand leisteten und er hart mit ihnen zu kämpfen hatte, ergaben sie sich zuletzt, ohne daß er irgendeinen Verlust gehabt hatte. Er berichtete mir, das Land sei sehr schön und reich an Minen, und er blieb einstweilen in dem Lande, um meine Befehle zu erwarten.

Nachdem ich diese beiden Eroberungen eingeleitet und von ihrem guten Fortgang erfahren hatte, kam die Rede darauf, an welchem Punkt im Umkreis der Lagune am zweckmäßigsten eine Kolonie zur Sicherung und Befriedung des Landes gegründet werden müsse. Da ich nun erwog, wie berühmt die nun gänzlich zerstörte Stadt Tenochtitlán gewesen war, schien es mir zweckmäßig, auf ihrem Platz meine neue Kolonie zu gründen. Ich verteilte daher Bauplätze an diejenigen, die sich dort als Einwohner niederlassen wollten, und ernannte Alkalden und Regidoren im Namen Eurer

Majestät. Während aber die Häuser gebaut werden, wollen wir in der Stadt Coyoacán verbleiben und residieren.

In den vier bis fünf Monaten, die man sich bisher mit dem Wiederaufbau Tenochtitláns beschäftigt hat, ist die Stadt schon recht schön geworden, und wie sie früher die Hauptstadt des Landes war, wird sie es auch künftig wieder sein. Sie soll aber so gebaut werden, daß die Spanier wohlbefestigt und sicher darin leben können, durchaus als Herren über die Eingeborenen und ohne einen Angriff befürchten zu müssen.

Mittlerweile sandte mir der Gebieter der Provinz Tehuantepec, die am Südmeer liegt, einige Standesherren, um sich zum Vasall Eurer Majestät zu erbieten und mir Geschenke zu überreichen, die dem königlichen Schatzmeister übergeben worden sind. Zur gleichen Zeit kehrten auch die beiden Spanier zurück, die in Michoacan gewesen waren, und mit ihnen kam ein Bruder des Kaziken mit so vielen Begleitern, daß es über tausend Köpfe waren. Sie überbrachten mir als Geschenk silberne Schilde, die sofort dem Schatzmeister übergeben wurden. Und damit sie uns kennenlernen und ihrem Herrn darüber berichten möchten, ließ ich meine ganze Kavallerie auf den Platz reiten und plänkeln, auch das Fußvolk rückte in Parade aus, und die Büchsenschützen feuerten ihre Gewehre ab. Mit der Artillerie aber ließ ich nach einem Turm schießen, und sie waren entsetzt über das, was dabei angerichtet wurde. Dann führten wir sie nach Tenochtitlán, um die Zerstörung der Stadt in Augenschein zu nehmen. Nach einigen Tagen zogen sie mit vielerlei Geschenken höchst vergnügt und befriedigt wieder ab.

XVI

Früher habe ich bereits über den Fluß Pánuco Bericht erstattet, der sich fünfzig bis sechzig Leguas (nördlich) von Veracruz die Küste abwärts befindet, wohin zwei- oder dreimal die Schiffe des Francisco de Garay gefahren waren, die aber durch die Eingeborenen ziemlichen Schaden erlitten, weil ihre Befehlshaber sich den Eingeborenen gegenüber unklug verhalten haben. Ich hatte nun seither beschlossen, einen Hauptmann dorthin zu entsenden, um das Land zu unterwerfen und zur Sicherung der umliegenden Gegend eine Stadt zu bauen. Zwar waren wir nur wenige und bereits auf drei oder vier Stellen zersplittert, so daß mir einige Einwürfe gegen meinen Plan gemacht wurden, da aber seit der Eroberung Tenochtitláns wieder einige Schiffe mit Mannschaften und Pferden eingelaufen waren, ließ ich einen Hauptmann mit fünfundzwanzig Pferden und einhundertfünfzig Mann Fußvolk nach dem Flusse Pánuco marschieren.

Während ich aber diesen Hauptmann abfertigte, bekam ich aus Veracruz die Meldung, es sei ein Schiff angekommen mit Christóbal de Tapia, dem Aufseher der Schmelzungen auf Española, von dem ich denn auch schon am folgenden Tage einen Brief erhielt, in dem er mich wissen ließ, er sei in dieses Land gekommen, um die Regierung zu übernehmen, er habe die königliche Bestallung darüber zwar bei sich, werde sie mir aber auf keinen Fall vorlegen bis zu unserer persönlichen Zusammenkunft, die er so bald wie möglich wünsche. Er habe sich wegen der Ermüdung seiner Tiere durch die Seereise noch nicht auf den Weg machen können, deshalb bitte er, für eine baldige Zusammenkunft zu sorgen, entweder, indem er hierher oder ich nach der Küste kommen würde.

Nach dem Empfang seines Briefes antwortete ich sofort, ich sei sehr erfreut über seine Ankunft und es hätte niemand kommen können, auf Befehl Eurer Majestät die Regierung zu übernehmen, der mir wegen unserer persönlichen Bekanntschaft und der guten Nachbarschaft, die wir auf Española miteinander gehalten, angenehmer gewesen wäre. Da jedoch der Frieden in diesem Lande noch keineswegs gesichert war und die geringste Neuerung die Eingeborenen wieder in Aufregung versetzen konnte, bat ich den Pater Melcharejo, er möge sich der Mühe unterziehen, eine Zusammenkunft mit Tapia zu haben und dessen Bestallung einzusehen. Da er besser als jeder andere wisse, was dem Dienst Eurer Majestät und dem Besten dieses Landes fromme, möge er mit Tapia alles auf angemessene Art in Ordnung bringen, und er könne überzeugt sein, daß ich nicht ein Tüttelchen darüber hinausgehen würde. Er reiste nach Veracruz, wo Tapia sich befand.

Während ich nun selber meine Abreise vorbereitete, empfing ich zwei Wochen später ein Schreiben der Justiz- und Verwaltungsbehörden von Veracruz, wonach Tapia seine Bestallungen vorgelegt und sie ihm den schuldigen Gehorsam gelobt hätten. Allerdings wollten sie wegen der Ausführung mit den Mitgliedern der Verwaltung, die bei der Belagerung der Hauptstadt mitgewirkt hätten, in Korrespondenz treten und dann tun, was für den Dienst Eurer Majestät und das Wohl des Landes dienlich sei. Über diese Antwort habe Tapia allerdings einigen Verdruß empfunden und sogar Ärgernis erregende Dinge angezettelt. Ich antwortete, ich bitte sie dennoch, den besagten Tapia zufriedenzustellen und nicht Gelegenheit zu irgendeinem Lärm zu geben. Übrigens habe ich mich bereits auf den Weg gemacht, um eine Zusammenkunft herbeizuführen.

Als ich schon reisefertig war, kamen die hiesigen Prokuratoren des Rates von Neuspanien, um gegen meine Abreise zu protestieren, da das Land Mexiko und die Hauptstadt Tenochtitlán sich während meiner Abwesenheit wieder empören könnten. Sie hatten noch mancherlei andere Gründe, die Stadt nicht zu verlassen, und schließlich sagten sie mir, sie wollten sich selber nach Veracruz zu Tapia begeben, um die Bestallungen einzusehen und dann alles zu tun, was Dero Königlichem Dienst entsprechen würde. So begaben sich die Prokuratoren auf die Reise, und ich gab ihnen ein Schreiben an Tapia mit, worin ich ihm mitteilte, daß ich dem Großprofos Gonzalo de Sandoval, dem Diego de Soto und dem Diego de Valdemoro, die sich sämtlich in Veracruz befänden, die Vollmacht erteilt habe, in meinem Namen und gemeinschaftlich mit dem dortigen Stadtrat zu erwägen und zu beschließen, was zum Wohle des Landes zu tun sei.

Sie trafen unterwegs Tapia auf der Reise zu mir, begleitet von Pater Pedro, und sie ersuchten ihn, mit ihnen nach Cempoal zurückzukehren. Dort legte Christóbal de Tapia ihnen die Bestallungen vor, denen alle den schuldigen Respekt erwiesen. Was jedoch deren Ausführung anbelangte, so sagten sie, daß sie sich zuvor mit einer Bittschrift an Eure Majestät wenden würden, die sie sogleich aufsetzten. Die an Eure Majestät jetzt abgehenden Prokuratoren von Neuspanien nehmen sie, durch einen Notar ausgefertigt, mit sich. Nachdem nun noch mehrere urkundliche Handlungen und Abmachungen zwischen dem Schmelzaufseher und den Prokuratoren gewechselt worden waren, schiffte er sich wieder ein, wie er ersucht worden war.

In einem der früheren Kapitel habe ich berichtet, daß der zur Eroberung der Provinz Oaxaca entsandte Hauptmann dort geblieben war. Ich schrieb ihm nun, die achtzig Mann und zehn Pferde, die er bei sich hatte, dem Hauptmann Pedro de Alvarado zu übergeben, den ich zur Eroberung von Tututepec aussandte, das vierzig Leguas über Oaxaca hinaus am Südmeer liegt. Pedro de Alvarado marschierte am letzten Januar des Jahres 1522 mit insgesamt vierzig Reitern und zweihundert Mann Fußvolk nebst zwei kleinen Feldstücken ab. Zwanzig Tage darauf meldete er mir, daß er unterwegs einige Spione gefangen habe, die ihm gesagt hätten, daß ihr Gebieter ihn auf dem Blachfelde erwarte. Während ich nun den Ausgang dieser Geschichte mit Ungeduld erwartete, bekam ich wiederum Briefe, in denen Pedro de Alvarado mir zu wissen tat, daß er die Stadt Tututepec besetzt habe und dem Anschein nach gut empfangen worden sei. Der Kazike habe ihn gebeten, sich in einigen strohgedeckten Häusern einzuquartieren. Er habe es aber vorgezogen, in einen anderen Teil der Stadt zu ziehen, da ihm bekanntgeworden sei, daß seine Quartiere um Mitternacht in Brand gesteckt und sie alle verbrannt werden sollten. Er habe sich nun nichts anmerken lassen, aber den Kaziken und seinen Sohn mitgenommen und gefangengesetzt. Darauf hätten sie ihm Gold im Werte von 25 000 Castellanos gegeben. Die ganze Provinz sei jetzt friedlich, alle Märkte würden wie gewöhnlich abgehalten. Das Land sei sehr reich an Minengold, wovon er mir Proben übersende. Vor drei Tagen sei er auch am Meer gewesen, und in seiner Gegenwart seien Perlen gefischt worden, die er mir gleichfalls schicke. Beide Proben, die Perlen wie das Minengold, übersende ich hiermit Eurer Majestät.

Ich habe nun Vorkehrungen getroffen, daß auf einem der drei Punkte, wo das Südmeer von mir entdeckt wurde, zwei Karavellen und zwei Brigantinen erbaut werden, die Karavellen für Entdeckungsreisen, die Brigantinen für Küstenfahrten. Ich habe bereits in Veracruz Befehle zur Beschaffung des Baumaterials erteilt, und ich werde sie so bald wie möglich vom Stapel lassen. Wenn das vollbracht ist, wird sich daraus ein größerer Dienst für Eure Majestät ergeben als aus irgendeiner anderen Tat seit der Entdeckung beider Indien.

Als ich vor dem Beginn der Belagerung von Tenochtitlán in der Stadt Tetzcuco lag, völlig sorglos über das, was von gewissen Personen gegen mich geschmiedet wurde, kam einer der in den Anschlag Eingeweihten zu mir und teilte mir mit, daß gewisse Freunde des Diego Velázquez in meiner Truppe Verrat gesponnen, um mich zu töten, auch daß sie unter sich schon den Großalkalden, den Großprofos und andere Beamte gewählt hätten. Ich möge jedenfalls sehen, der Sache abzuhelfen, denn ganz abgesehen von dem an meiner Person zu erlebenden Skandal, sei es klar, daß kein Spanier von hier entkommen werde, wenn die Indianer uns so untereinander verfeindet sähen.

Sofort ließ ich einen verhaften, der ein Haupträdelsführer war. Er bekannte freiwillig, daß er mit vielen Personen, die er in seinem Geständnis namentlich angab, verabredet habe, mich zu fangen und zu töten und die Regierung des Landes für Diego Velázquez zu ergreifen, auch daß beschlossen worden sei, einen Oberbefehlshaber und Großalkalden zu ernennen. Er selber habe Großprofos werden und es auf sich nehmen sollen, mich festzunehmen und zu töten. Es seien aber viele Personen in die Sache verwickelt, von denen er eine Liste habe. Wirklich fand sie sich, wenn auch in Stücke gerissen, und in seinem Quartier befanden sich auch einige Personen, mit denen er sich besprochen zu haben erklärte.

In Erwägung der Bekenntnisse dieses Menschen, der Antonio de Villafaña hieß und aus Zamora gebürtig war, und da alles gehörig erwiesen war, verurteilten ein Alkalde und ich ihn zum Tode, welches Urteil auch sogleich vollzogen wurde. Obgleich wir aber viele Mitschuldige entdeckt hatten, ließ ich mir nichts gegen sie anmerken, denn da die Sache mich persönlich betraf, wollte ich nicht nach aller Schärfe verfahren. Diese Nachsicht hat jedoch nicht viel geholfen, denn seitdem haben mir einige dieser Spießgesellen des Diego Velázquez schlimme Possen zu spielen getrachtet und mir insgeheim manche Meuterei und manchen Skandal angezettelt, so daß ich oft mehr der Vorsicht gegen sie als gegen den Feind bedurfte. Gott der Herr hat indessen alles in solcher Weise gelenkt, daß Ruhe und Frieden blieb, sollte ich jedoch von jetzt an wieder etwas anderes spüren, so sollen sie auch nach der Strenge der Gerechtigkeit gezüchtigt werden.

Während meines Aufenthaltes in Coyoacán nach der Eroberung von Tenochtitlán starb Don Fernando, Herr von Tetzcuco, was uns allen sehr leid tat, denn er war ein redlicher Vasall Eurer Majestät und ein großer Freund der Christen. Ich verlieh nach Rücksprache mit den Standesherren des Landes die Herrschaft einem seiner jüngeren Brüder, der sich taufen ließ und den Namen Don Carlos empfing. Wie ich ihn bis jetzt kennengelernt habe, tritt er in die Fußtapfen seines Bruders und findet viel Geschmack an unserer Sitte und Lebensart.

In meinem vorigen Bericht habe ich Eurer Majestät gemeldet, daß sich in der Nähe der Provinzen Tlaxcala und Guaxocingo ein hoher Berg (Popocatepetl) befindet, aus dem fast ständig viel Rauch aufsteigt. Da die Indianer nun behaupteten, daß es ein böser Spuk sei und jeder sterben müsse, der dort hinaufgehe, veranlaßte ich einige Spanier, den Berg zu besteigen und zu erforschen, wie er oben beschaffen sei. Während sie hinaufstiegen, brach der Rauch mit solchem Getöse hervor, daß sie weder wagten noch vermochten, bis zum Krater vorzudringen. Später habe ich noch andere Spanier hingeschickt, die nach zweimaligem Versuch endlich bis an den Krater gelangten. Die eine Wand des Kraters ist von der anderen zwei Armbrustschußweiten entfernt. Der Krater hat dreiviertel Legua im Umfang, und die Tiefe ist so groß, daß sie nicht abzusehen war. Am Rande fanden sie Schwefel, der von dem Rauch herausgetrieben wurde. Während sie noch oben waren, hörten sie das gewaltige Getöse, das den Rauch begleitet, und sie beeilten sich, wieder hinabzukommen. Ehe sie aber die Mitte des Berges erreicht hatten, wurden sie von Steinmassen umwirbelt und in große Gefahr gebracht.

In einem früheren Bericht habe ich bereits dargelegt, daß die Eingeborenen dieser Länder viel größere Fähigkeiten besitzen als die auf den Inseln, ja daß sie so viel Fassungskraft und Vernunft haben, womit eine mittlere Befähigung des Menschen begründet werden kann. Es erscheint mir deshalb hart, sie wie auf den Inseln zum Dienst für die Spanier zu zwingen, doch wenn dies andererseits nicht geschieht, sind die Kolonisten dieser Länder außerstande, sich hier zu behaupten. Um die Indianer nun nicht solchem Zwange zu unterwerfen, aber auch den Ansiedlern zu helfen, könnte Eure Majestät befehlen, daß die Spanier einige Unterstützung empfingen. Indessen habe ich seither erwogen, daß Eure Majestät fortlaufend große Ausgaben haben, daß wir deshalb verpflichtet sein sollten, Dero Einkünfte eher auf alle mögliche Weise zu vermehren als sie verzehren zu helfen. Ich bedachte auch die lange Zeit des gegenwärtigen Krieges und alle dadurch entstandenen Nöte und Schulden. Endlich und vor allen Dingen wurde ich auch durch das ungestüme Begehren aller Spanier gedrängt, denen ich mich auf keine Weise entziehen konnte. Aus allen diesen Gründen sah ich mich genötigt, alle Herren und Eingeborenen dieser Gegend den Spaniern zuzuschreiben, je nach Maßgabe ihrer Person und ihrer geleisteten Dienste.

Es war in der Tat nicht möglich, eine bessere und zweckmäßigere Maßnahme sowohl für den Unterhalt der Spanier als auch für die Erhaltung und gute Behandlung der Eingeborenen zu treffen. Über dies alles werden die jetzt von Neuspanien abreisenden Prokuratoren Eurer Majestät ausführlichen Bericht erstatten. Die besten Provinzen haben wir vorab als Krongüter bezeichnet. Eure Majestät bitte ich jetzt nach Dero Wohlgefallen verfügen und antworten zu lassen.

Großmächtigster Herr! Eurer Majestät untertänigster Knecht und Vasall

Hernán Cortés

Stadt Coyoacán in Neuspanien am großen Weltmeer, den 15. Mai 1522.

Mit sämtlichen Briefschaften, Reichtümern und Kostbarkeiten – so berichtet Bernal Diaz ausführlicher – gingen die beiden Geschäftsführer unserer Angelegenheiten (die Hauptleute Antonio de Quiñones und Alonso de Avila) am 20. Dezember 1522 zu Veracruz unter Segel und legten die Schiffahrt durch den Bahama-Kanal glücklich zurück. Auf der Überfahrt kamen zwei von den drei mitgenommenen Tigern los und verwundeten mehrere Matrosen, worauf sich die Mannschaft entschloß, auch den dritten, der der unbändigste von allen war, vollends totzuschlagen.

So gelangten sie ohne weiteren Unfall bis zur Insel Terceira (Azoren) und gingen hier vor Anker. Während ihres Aufenthaltes auf dieser Insel geriet Antonio de Quiñones, der sich viel auf seine Tapferkeit einbildete und von sehr verliebter Natur war, wegen eines Frauenzimmers in Streit und bekam einen so derben Schlag auf den Kopf, daß er nach einigen Tagen den Geist aufgab und Alonso de Avila für sein Geschäft allein übrigblieb.

Dieser ging hierauf wieder unter Segel und setzte seine Reise nach Spanien mit den beiden Schiffen fort, allein er hatte sich noch nicht weit von der Insel Terceira entfernt, als er auf den französischen Freibeuter Jean Florin stieß, der ihn sogleich angriff und sich der beiden Schiffe mit ihrer ganzen Ladung und Mannschaft bemächtigte. Zu dieser Zeit nahm Florin auch noch ein anderes spanisches Schiff, das von Santo Domingo (Haiti) kam und über zwanzigtausend Piaster nebst einer Menge Perlen, Zucker und Kuhfellen an Bord hatte. Mit solchen kostbaren Prisen kehrte dieser Seeräuber als reicher Mann nach Frankreich zurück, wo er seinem König und dem Admiral von Frankreich so große Geschenke machte, daß das ganze Land über die Schätze staunte, die wir unserem Kaiser sandten. Ja, der König von Frankreich (Franz I.) bekam dadurch große Lust nach einem Teil der Antillen und von Neuspanien und äußerte sich, daß der Kaiser (Karl V.) nur mit dem Reichtum, den er aus Westindien bezöge, seinen Krieg mit ihm führen könne.

Damals ließ der König von Frankreich unserem großen Kaiser sagen, da er und der König von Portugal die Welt untereinander geteilt und ihm nichts davon gegeben hätten, so möchten sie ihm doch das Testament von Vater Adam zeigen, wodurch sie zu alleinigen Erben dieser Länder eingesetzt worden wären. Solange dies nicht geschehe, sei es auch erlaubt, ihnen zur See zu nehmen, was man nur immer bekommen könne. Wirklich ließ er auch den Jean Florin gleich wieder mit einer neuen Flotte in See gehen, und dieser machte sehr ansehnliche Prisen in den Gewässern zwischen Spanien und den Kanarischen Inseln. Als er aber damit nach Frankreich zurückkehren wollte, stieß er auf drei oder vier spanische Kriegsschiffe, die ihn zwischen sich nahmen und so zurichteten, daß er sich mit seiner Mannschaft, sei-

nen Schiffen und seinem Raub ergeben mußte und gefangen nach Sevilla gebracht wurde. Seine Majestät gab auf die erste Meldung davon den Befehl, ihm den Prozeß zu machen, worauf sie sämtlich im Hafen von Pico (Azoren) gehenkt wurden. Dies war das Schicksal unserer Goldsendung, das der Hauptleute, die sie nach Spanien bringen sollten, und des Jean Florin, der sie geraubt hatte.

Was nun den Alonso de Avila betrifft, so war er gleich nach Frankreich transportiert und in einer Festung gefangengehalten worden, da man für einen Mann, der so große Reichtümer überbracht hatte, auch ein hohes Lösegeld zu erhalten hoffte. Aber Alonso de Avila wußte sich mit dem Kommandanten der Festung zu verständigen, so daß er heimlich Nachricht von sich und dem Schicksal seiner Sendung nach Spanien geben konnte. Es gelang ihm sogar, seine Vollmachten und alle seine Berichte und Papiere in die Hände des Lizentiaten Nuñez gelangen zu lassen, eines Vetters von Cortés, der Referent beim königlichen Conseil in Madrid war, oder in die von Cortés' Vater selbst, der in Medellín wohnte, und in die des Diego de Ordas, der sich noch immer in der Hauptstadt aufhielt. Nachdem diese Papiere aber einmal in so guten Händen waren, wurden sie Seiner Majestät geradenwegs nach Flandern geschickt, ohne daß man dem Präsidenten von Indien (dem Erzbischof Fonseca) davon Nachricht gab, der seine Freude darüber, daß die Franzosen das Gold, die Geschenke und die Papiere weggenommen, gar nicht verhehlt hatte.

Wir brauchen uns aber nunmehr nicht mehr um den Erzbischof zu bekümmern, nun kam doch alles zu Seiner Majestät eigener Kenntnis, und obschon der Kaiser über den Verlust des Goldes etwas verdrießlich war, so freute er sich doch über die reiche Sendung, die wir gemacht hatten, und über die Überzeugung, die der König von Frankreich nun gewinnen mußte, daß wir es ihm an Geld zu seinen Kriegen nicht fehlen lassen würden. Auch erteilte er dem Präsidenten von Indien den Befehl, in allen den Cortés und Neuspanien betreffenden Angelegenheiten demselben jeden Vorschub zu tun, indem er in Kürze selbst nach Spanien kommen, den Streit zwischen Diego Velázquez und Cortés untersuchen und darüber entscheiden werde.

El Adelantado DON DIEGO VELASQUES de
Cuellar Autor del descrubrimiento
de nueva España .

Diego de Velázquez, Gouverneur von Kuba

BERICHT VOM 15. OKTOBER 1524

I.

Allerhöchster, Großmächtigster Fürst,
Unüberwindlicher Kaiser, König und Herr!

In dem Bericht, den ich Eurer Majestät abgestattet habe, war die Rede von den Ländern am Nordmeer, die nach der Empörung der Hauptstadt gleichfalls gegen uns aufgestanden waren, und daß ich den Großprofos dorthin abgesandt habe und wie es ihm unterwegs ergangen ist, daß ich ihm aufgetragen hatte, eine Kolonie in jenen Provinzen zu gründen und ihr den Namen Medellín zu geben. Jetzt bleibt noch für Eure Majestät zu wissen, daß die Stadt wirklich gegründet und alle jene Länder beruhigt wurden.

Ich hatte seitdem noch mehr Kriegsvolk dorthin gesandt und befohlen, die Küste aufwärts bis zur Provinz Coatzacoalco zu ziehen, die fünfzig Leguas von Medellín und hundertzwanzig von der Hauptstadt entfernt liegt. Denn als ich mich noch zu Lebzeiten Moteczumas in Tenochtitlán befand, hatte ich Diego de Ordás dorthin entsandt, und die Herren dort hatten ihn recht gut aufgenommen und sich zu Vasallen und Untertanen Eurer Hoheit erboten. Er hatte an einem großen Fluß, der das Land durchströmt und sich ins Meer ergießt, einen Hafen für Seeschiffe gefunden. Da es dieser Küste an Häfen fehlt, wünschte ich, einen sehr guten anzulegen und dabei eine Ansiedlung zu errichten. Ich befahl deshalb dem Großprofos, vor dem Einmarsch in das Land von der Grenze aus Eingeborene vorauszuschicken, um sich zu erkundigen, ob die Einheimischen dort noch den gleichen guten Willen zeigten, unsere Freunde zu sein.

Der Großprofos war nun mit seiner Truppe abgegangen und hatte getan, wie ihm befohlen war, aber er hatte keineswegs guten Willen angetroffen, vielmehr das Volk in kriegerischer Bereitschaft gefunden, ihm den Einmarsch in das Land zu verwehren. Er wußte es aber so klug anzufangen, daß bei einem nächtlichen Überfall auf ein Dorf eine vornehme Frau gefangen wurde, der die ganze Gegend untertan war, womit sich alles plötzlich friedlich gestaltete. Sie ließ alle Kaziken rufen und befahl ihnen, sich allem zu unterwerfen, was ich ihnen im Namen Eurer Majestät auferlegen werde. So gelangten die Spanier glücklich an den Fluß bis vier Leguas von seiner Mündung entfernt. Da sich weiter abwärts kein geeigneter Platz befand, gründete Gonzalo de Sandoval hier eine Stadt, der er den Namen Espíritu-Santo beilegte. Er blieb dort einige Zeit, bis nicht nur diese Eingeborenen völlig in Ruhe, sondern auch die angrenzenden Provinzen für den Dienst Eurer Majestät gewonnen worden waren, namentlich die von Tabasco am Flusse Grijalva. Die Eingeborenen wurden als Leibeigene den Bewohnern der neuen Stadt zugeteilt und dienen ihnen noch heute, obgleich einige von ihnen sich in der Zwischenzeit wieder empörten. Vor etwa einem Monat war ich deshalb genötigt, einen Hauptmann mit seiner Mannschaft dorthin zu senden, um sie zu unterwerfen und für ihre Rebellion zu züchtigen. Bis jetzt habe ich noch keine Nachricht von ihm, hoffe aber, er wird seine Sache gut machen, denn er hat eine tüchtige Ausrüstung mitbekommen an schwerem Geschütz und Munition, an Armbrustschützen und Reitern.

Desgleichen habe ich bereits gemeldet, daß sich der Kazike Catzoltzin der großen Provinz Michoacan unterworfen hatte, und weil der Reichtum dieses Herrn nach den Berichten einiger von mir dorthin entsandter Spanier sehr groß war, schickte ich, nachdem ich mich wieder etwas rekrutiert hatte an Mannschaften und Pferden, einen Hauptmann mit siebzig Reitern und zweihundert Mann Fußvolk dorthin ab, wohl bewaffnet und mit Geschütz versehen, um die ganze Provinz und ihre Geheimnisse zu durchmustern und auch, wenn die Umstände günstig wären, eine Niederlassung zu gründen. Sie kamen glücklich an, wurden freundlich empfangen und in der Hauptstadt Huicicila einquartiert. Außer daß man für ihren ganzen Bedarf an Lebensmitteln sorgte, wurden ihnen für dreitausend Mark überkupfertes Silber geschenkt und fünftausend Pesos an Gold, ferner Baumwollstoffe und andere Sachen, das alles nach Abzug des königlichen Fünftels an die Spanier verteilt wurde. Da ihnen aber das Land für eine Ansiedlung nicht besonders zusagte, zeigte sich viel Widerstand, und sie entwendeten auch verschiedene Sachen, wofür einige ihre Strafe empfingen. Ich befahl, alle zurückkehren zu lassen, die es wünschten, die übrigen ließ ich mit einem Kapitän nach dem Südmeer ziehen, wo ich die Stadt Zacatula gegründet hatte. Dort habe ich vier Schiffe auf den Werften, um damit in jenem Meere zu entdecken, was mir irgend möglich und durch die Gnade des Herrn gestattet sein wird.

Als der Hauptmann mit seiner Mannschaft sich auf dem Marsche nach Zacatula befand, empfingen sie Kunde von einer Provinz namens Colima, etwa fünfzig Leguas westlich von ihrem Wege abgelegen, und ohne meine Erlaubnis begab sich der Hauptmann mit seinen Truppen dorthin und kam einige Tagesmärsche weit, bestand auch einige Gefechte mit den Eingeborenen, wurde aber dennoch geschlagen und aus dem Lande vertrieben. Drei Spanier und viele verbündete Indianer kamen dabei ums Leben. Die übrigen gelangten endlich nach Zacatula, als ich es aber erfuhr, ließ ich den Hauptmann verhaften und bestrafte ihn gehörig für seinen Ungehorsam.

Von der Entsendung des Hauptmanns Pedro de Alvarado nach der Provinz Tututepec konnte bisher nur berichtet werden, daß er dort angekommen sei, den Kaziken und seinen Sohn gefangengenommen und ein Geschenk an Gold und Perlen erhalten hat. Als Antwort darauf habe ich ihm befohlen, dort eine Ansiedlung zu schaffen und die spanischen Bewohner von Segura de la Frontera dorthin kommen zu lassen, weil es nach der bisherigen Entwicklung unserer Angelegenheiten nicht mehr not tat, diese Grenzfestung so nahe zu haben. So geschah es, und die neue Grenzfestung wurde wiederum Segura de la Frontera genannt. Die Eingeborenen von Tututepec, Oaxaca und einigen anderen angrenzenden Provinzen wurden unter die spanischen Bewohner der neuen Kolonie verteilt, und sie dienten und nützten ihnen mit aller Gutwilligkeit. Pedro de Alvarado blieb dort als mein Statthalter und Oberrichter.

Als ich nun mit der Eroberung von Pánuco beschäftigt war, wovon noch berichtet werden soll, ersuchten die Alkalden und Regidoren der neuen Stadt den Hauptmann Alvarado, mit mir über gewisse Dinge zu verhandeln. Als Alvarado darauf einging und abreiste, schlossen sie ein Komplott und verlegten die Kolonie nach Oaxaca, was die Ursache großer Unruhe und Verwirrung in jener Gegend wurde. Als der dort zurückgebliebene Hauptmann mir dies meldete, schickte ich den Großalkalden (Polizeihauptmann) Diego de Ocampo hin, um die Vorgänge zu untersuchen und die Schuldigen zu bestrafen. Diese aber entfernten sich und blieben einige Zeit abwesend, bis ich sie endlich verhaften ließ. Der Großalkalde konnte nur eines einzigen Empörers habhaft werden, der von ihm zum Tode verurteilt wurde, aber an mich appellierte. Als ich nun die übrigen dem Großalkalden überantwortete, sprach er gegen sie das gleiche Urteil aus, worauf auch sie an mich appellierten. Die Prozeßakten sind nun für das von mir in zweiter Instanz zu fällende Urteil geschlossen, und ich habe sie eingesehen. Ich denke nun, obschon sie sich schwer vergangen haben, in Erwägung der von ihnen erduldeten langen Gefangenschaft die leibliche Todesstrafe in die Strafe des bürgerlichen Todes zu verwandeln, das heißt, sie aus diesem Lande zu verbannen und ihnen die Rückkehr hierher (außer mit ausdrücklicher Erlaubnis Eurer Majestät) zu verbieten, bei Vermeidung sofortiger Vollstreckung des ersten Urteils.

In dieser Zeit starb der Kazike von Tututepec, und sein Land empörte sich mit den Nachbarländern gegen uns. Ich schickte nun Pedro de Alvarado dorthin mit Truppen und einem Sohn des Kaziken, den ich in meiner Gewalt hatte. Es gab einige Gefechte, bei denen auch einige Spanier getötet wurden, aber es gelang doch schließlich, das Land wieder zu unterwerfen. Jetzt sind die Eingeborenen vollkommen friedlich und dienen den Spaniern, denen sie zugeteilt wurden, doch wurde die Kolonie einstweilen aus Mangel an Leuten nicht wiederhergestellt. Das zeigte sich auch für den Augenblick als unnötig, denn die Eingeborenen sind durch die Züchtigung so mürbe geworden, daß sie bis hierher in die Hauptstadt kommen, um zu tun, was ihnen befohlen wird.

Gleich nach der Wiedereroberung von Tenochtitlán wurden zwei Provinzen der kaiserlichen Krone unterworfen, die an die Provinz Pánuco grenzen. Sie heißen Tututepec und Metztitlan, besitzen eine günstige Lage, und ihre Einwohner sind waffengeübt, weil sie überall von Feinden umgeben sind. Früher hatten sie mir Gesandte geschickt und waren Untertanen und Vasallen geblieben, bis sie nach der Ankunft des Christóbal de Tapia nicht nur den Gehorsam mißachteten, sondern während der Aufregungen und Unruhen den Nachbarstämmen viel Unheil zufügten, die Dörfer in Brand steckten und viele Menschen ermordeten. Obgleich ich nun damals eigentlich keine Mannschaft für so mannigfache Zersplitterung übrig hatte, schien es mir doch gefährlich, in diesem Falle nicht einzugreifen, weil die Grenznachbarn, deren ich noch keineswegs sicher war, sich leicht mit ihnen verbünden konnten. Ich entsandte daher einen Hauptmann mit 30 Reitern und hundert Mann zu Fuß und vielen verbündeten Indianern. Sie bestanden einige Gefechte, und es gefiel Gott dem Herrn, daß die Feinde zum Frieden neigten. Sie brachten mir ihre Gebieter, denen ich verzieh, weil sie freiwillig und nicht als Gefangene mitgekommen waren.

Später, als ich in Pánuco weilte, entstand unter den Eingeborenen das Gerücht, ich sei auf der Rückkehr nach Spanien, und ziemliche Wirren waren die Folge. Das Land Tututepec empörte sich wieder, und der Kazike kam mit viel Kriegsvolk aus seinem Gebiet herab, verbrannte mehr als zwanzig Dörfer und fing oder tötete viele unserer Freunde. Ich brachte jedoch auf meinem Rückmarsch von Pánuco alles wieder zum Gehorsam. Obgleich beim Einrücken einige Verbündete, die zu weit zurückgeblieben waren, getötet wurden und zehn Pferde auf den rauhen Gebirgspfaden umkamen, wurde doch die ganze Provinz erobert und der Kazike mit seinem Bruder und dem obersten Heerführer gefangengenommen. Den Kaziken und den Heerführer ließ ich sogleich aufhängen, und alle Kriegsgefangenen, etwa zweihundert an der Zahl, wurden zu Sklaven erklärt und auf einer öffentlichen Auktion versteigert, nachdem wir ihnen das gewöhnliche Zeichen aufgebrannt hatten. Das übriggebliebene Volk bat nun um Frieden, ist auch seitdem darin verblieben und hat zu seinem Herrn den noch im Knabenalter stehenden Bruder des Hingerichteten erhalten. Wir ziehen jedoch aus dem sehr armen Land keinen Nutzen, außer daß sie nun nicht mehr ihre Nachbarn plagen, die uns dienen. Zur Sicherung habe ich noch einige Eingeborene der hiesigen Gegend dorthin verpflanzt.

II

Um diese Zeit lief in den Hafen Espíritu Santo eine kleine Brigantine mit einem gewissen Juan Bono de Quexo ein, der bereits mit der Flotte des Narvaéz als einer der Schiffsmeister hier gewesen ist. Nach Depeschen, die er bei sich führte, war er auf Befehl des Don Juan de Fonseca, Bischofs von Burgos, gekommen, der glaubte, daß Christóbal de Tapia, den er durch seine Winkelzüge als Gouverneur in dieses Land gesandt hatte, sich noch darin befinde. In der Sorge, dessen Zulassung könne hier auf Widerstand gestoßen sein, hatte er Juan Bono nach Kuba geschickt, um sich mit Diego Velázquez zu besprechen, und dieser hatte ihm die Brigantine zur Überfahrt gegeben.

Juan Bono trug gegen hundert Briefe bei sich, alle des gleichen Inhalts und von dem Bischof unterzeichnet, vielleicht schon in blanco, um sie hier nach Belieben zu verteilen. Darin hieß es, sie würden durch Anerkennung des Tapia der kaiserlichen Majestät dienen, und es wurde ihnen dafür unermeßliche Gnade verheißen; sie müßten wissen, daß sie sich gegen den Willen Eurer Majestät in meinem Gefolge befänden und dergleichen Dinge mehr. Zugleich war ein Brief an mich selbst gerichtet, worin der Bischof mir sagte, wenn ich mich dem Tapia in Gehorsam fügen würde, wolle er bei Eurer Majestät Gnade für mich erwirken, wenn nicht, könne ich versichert sein, einen Todfeind an ihm zu haben.

Die Ankunft dieses Juan Bono mit seinen Briefen verursachte eine solche Aufregung unter meinen Leuten, daß es mir schwerfiel, sie wieder zu beruhigen. Ich setzte ihnen die Ursachen der Schreiberei des Bischofs deutlich auseinander und wie wenig sie seine Drohungen zu fürchten brauchten. Um so größer aber sei der Dienst zu werten, den sie Eurer Majestät leisten könnten, indem sie nicht duldeten, daß entweder der Bischof oder einer seiner Beauftragten sich in die Angelegenheiten dieses Landes mische, weil es nur in der Absicht geschehe, den wahren Zustand desselben zu verbergen und besondere Gnaden zu erlangen. Und wirklich erfuhr ich, daß hier und da bereits die Rede davon gewesen war, da man zum Lohn für ihre Dienste ihnen auch noch Furcht einjagen wolle, werde es gut sein, hier ein Gemeinwesen ähnlich wie in Kastilien zu errichten, bis Eure Majestät über die Wahrheit informiert sein werde. Offenbar habe der Bischof eine so mächtige Hand, daß unsere Berichte niemals zur Kenntnis Eurer Hoheit gelangten, daß der Handelsverkehr in Sevilla ganz in derselben Hand liege, alle unsere Abgesandten übel behandelt, Berichte, Briefe und Geld beschlagnahmt und schließlich auch alle Sendungen von Mannschaft und Waffen hierher unterdrückt würden.

Durch meine obenerwähnten Darlegungen und Versicherungen, daß Eure Majestät von all dem nichts wüßten und daß ihre Dienste belohnt würden, sobald Eure Hoheit Kenntnis von der Sache erlangt hätten, gelang es mir, sie wieder zu beruhigen. Seitdem sind sie durch die Gnade, die Eure Exzellenz mir durch die Königliche Bestallung erwiesen hat, wieder guten Mutes geworden. Ich bitte Eure Majestät untertänigst, ihnen eine schriftliche Anerkennung zugehen zu lassen, daß alle ihre Mühe und Arbeit anerkannt und belohnt werden soll, womit Eure Majestät nicht nur eine Schuld ihnen gegenüber anerkennen, sondern sie auch anfeuern wird, mit um so größerem Eifer künftig in Dero Diensten zu handeln.

Nach einer Verordnung, die Eure Kaiserliche Majestät in der Angelegenheit des Adelantado Francisco de Garay erlassen hat, scheint Eure Hoheit davon unterrichtet gewesen zu sein, daß ich im Begriff stand, nach dem Fluß Pánuco zu marschieren, um dort den Frieden herzustellen. Man hatte mir gesagt, daß dieser Fluß einen vortrefflichen Hafen bilde. Dort waren viele Spanier erschlagen worden, sowohl die Mannschaft eines von Francisco de Garay dorthin gesandten Hauptmanns als auch von einem später an die Küste verschlagenen Schiff, worauf keine Seele lebendig geblieben war. Nachher waren einige Eingeborene jener Gegend zu mir gekommen, um sich wegen der Metzelei zu entschuldigen. Es sei geschehen, sagten sie, weil sie gewußt hätten, daß die Leute nicht zu meinen Truppen gehörten, außerdem seien sie sehr mißhandelt worden. Wenn ich nun meine Leute hinsenden wolle, würden sie mir sehr dankbar sein, da sie fürchteten, daß die Leute, gegen die sie damals gekämpft hätten, wiederkehren könnten, um sich zu rächen. Außerdem hätten sie einige feindliche Grenznachbarn, die ihnen viel Schaden zufügten, weshalb sie sich durch die Entsendung von Spaniern sehr begünstigt sehen würden.

Da ich jedoch ziemlichen Mangel an Mannschaften hatte, konnte ich ihre Bitte zur Zeit nicht erfüllen, versprach ihnen aber baldige Hilfe. Damit zogen sie zufrieden ab, kamen aber nach kurzer Zeit wieder und sagten mir, sie würden jetzt wegen ihrer Reise zu mir noch mehr belästigt und geplagt. Sie baten mich, ich möge wie nach vielen Gegenden auch zu ihnen Spanier schicken und eine Siedlung gründen. Um ihnen nun zu helfen und auch eine Kolonie zu errichten, und da ich jetzt mehr Truppen zur Verfügung hatte, befahl ich einem Hauptmann, sich mit seiner Mannschaft nach dem Pánuco zu begeben. Als er sich bereits zum Abmarsch rüstete, erfuhr ich durch ein Schiff, das von Kuba kam, daß der Admiral Don Diego Colon (Sohn des Kolumbus) und die Adelantados Diego Velázquez und Francisco de Garay sich verbündet hätten, um hier einen Einfall zu unternehmen und mir soviel Schaden wie nur möglich zuzufügen. Um nun diese böse Absicht zu vereiteln und zu verhindern, daß aus ihrer Ankunft die gleichen Wirren und Unruhen hervorgingen wie damals bei der Landung des Narvaéz, beschloß ich, mich unter Zurücklassung einer starken Besatzung in der Hauptstadt nach der Küste zu begeben, damit sie, wenn sie wirklich ankämen, früher als mit irgendeinem anderen mit mir zusammentreffen würden, der ich unstreitig am besten von allen geeignet war, Schaden abzuwenden.

So setzte ich mich denn mit hundertzwanzig Reitern, dreihundert Mann Kriegsvolk, einigen Geschützen und vierzigtausend eingeborenen Kriegsleuten in Marsch. Als ich an der Grenze jenes Landes ankam, etwa fünfundzwanzig Leguas diesseits des Hafens bei der großen Ortschaft Aintuscotaclan (dem heutigen Costaclan), kam mir viel Kriegsvolk entgegen und griff uns an. Da wir jedoch ebenso viele Verbündete bei uns hatten, als die Zahl der Feinde betrug, zudem der Boden eben und daher günstig für die Reiterei war, dauerte die Schlacht nicht lange. Sie wurden mit großen Verlusten gänzlich geschlagen. Ich rückte nun in gewöhnlichen Tagesmärschen vor, ohne weitere Gefechte bestehen zu müssen. Am Hafen angekommen, nahm ich in dem ziemlich verwüsteten und verbrannten Dorfe Chila Quartier, wo der Hauptmann des Francisco de Garay und seine Mannschaft ihre Niederlage erlitten hatten.

Von hier aus schickte ich nun Gesandte an das jenseitige Ufer und in die Umgegend und ließ den Leuten entbieten, sie sollten keine Furcht haben, ich würde sie nicht für das Vergangene bestrafen. Aber weit entfernt, sich mir nun zu nähern, mißhandelten sie meine Abgesandten und töteten sogar einige von ihnen. Ich verweilte hier über vierzehn Tage, immer in der Hoffnung, sie in Güte zu gewinnen, aber sie verließen sich so sehr auf ihre günstige Stellung zwischen den Lagunen, daß sie es ablehnten, zu uns zu kommen. Als ich nun einsah, daß hier mit Güte nichts zu erreichen war, begann ich, auf andere Mittel zu sinnen. Wir verschafften uns einige Kähne und begannen damit, eine Anzahl Pferde und Kriegsleute auf das andere Ufer überzusetzen. Als es tagte, waren schon viele Leute und Tiere drüben, ohne daß es bemerkt worden war. Dann folgte ich selbst, ließ aber mein Standquartier bewacht zurück. Als die am anderen Ufer uns endlich gewahrten, kamen große Scharen von Kriegern und fielen so wütend über uns her, wie ich es, solange ich in diesem Lande bin, nie mit der gleichen Kühnheit wie hier gesehen habe. Sie töteten zwei und verwundeten zehn Pferde so schlimm, daß sie nicht mehr laufen konnten. Doch wurden die Feinde am Ende besiegt und etwa eine Legua weit verfolgt, wobei viele umkamen.

Mit etwa dreißig Pferden, die mir hier übrigblieben, und hundert Mann zu Fuß zog ich meines Weges fürbaß und übernachtete in einem Dorfe, das menschenleer war. In seinen Götzenhäusern aber fanden sich viele Sachen von den hier erschlagenen Spaniern des Francisco de Garay. Am folgenden Tage rückte ich weiter am Ufer einer Lagune entlang, um auf die andere Seite zu gelangen, wo man Menschen und Dörfer wahrnahm. Ich marschierte jedoch den ganzen Tag, ohne einen Übergang zu finden. Um die Vesperstunde sahen wir ein sehr schönes Dorf und nahmen den Weg dorthin. Es war schon spät, als wir ankamen, und kein Mensch war zu sehen. Ich befahl zehn Reitern, geradenwegs in das Dorf zu reiten, während ich selbst es mit zehn anderen Reitern umging. Als wir nun in das Dorf einritten, zeigte sich plötzlich viel Volk, das in einem Hinterhalt und zwischen den

Häusern auf uns gelauert hatte. Sie hatten uns als Sorglose zu überfallen gedacht, aber auch jetzt, da ihnen dies nicht gelungen war, fochten sie so tapfer, daß ein Pferd getötet und die anderen verwundet wurden und viele Spanier dazu. Dichtgeballt setzten sie ein Knie auf die Erde, und schweigend, nicht mit Rufen und Gebrüll wie die anderen, erwarteten sie uns. Niemals kamen wir an sie heran, ohne von vielen Pfeilen empfangen zu werden, und sie hätten uns übel mitgespielt, wenn wir nicht so gut bewaffnet gewesen wären. Plötzlich begannen einige, sich in den Fluß zu werfen, an dem wir den ganzen Tag entlangmarschiert waren, und nun flohen auch die übrigen ans jenseitige Ufer, und wir behielten hüben und drüben unsere Stellung bis in die Nacht. Endlich kehrten wir in das Dorf zurück, wo wir das getötete Pferd verzehrten, denn etwas anderes gab es nicht zu essen.

Am nächsten Tage war von den Feinden nichts mehr zu sehen. Wir zogen durch drei oder vier Dörfer, wo wir weder Menschen noch sonst irgend etwas fanden außer einer ziemlichen Anzahl großer Krüge mit dem Wein, den man hier gewinnt. Nachts biwakierten wir auf einem Maisfeld. So zogen wir zwei oder drei Tage durch viele Dörfer, ohne irgendwo Menschen zu finden. Endlich marschierten wir, durch Proviantmangel gezwungen, in unser Standquartier zurück. Ich fand die zurückgelassenen Leute wohlauf und von jedem Zusammentreffen mit den Feinden verschont geblieben. Da ich nun zu der Überzeugung kam, daß die Indianer sich sämtlich auf die andere Flußseite zurückgezogen haben mußten, ließ ich sofort bei Nachtzeit Leute und Pferde auf Kähnen übersetzen, einen Trupp Schützen den Fluß aufwärts fahren und das übrige Volk auf dem Landwege ziehen. Auf diese Weise wurde ein großes Dorf überfallen und unter dem überraschten Volk ein großes Gemetzel angerichtet. Nun bekamen sie solche Furcht, daß sie sich zu Friedensverhandlungen bereit fanden.

Als das Land befriedet war, sandte ich nach allen Richtungen Soldaten aus, die mir darüber berichteten. Darauf suchte ich die für eine Ansiedlung vorteilhafteste Lage aus und gründete die Stadt San Estevan del Puerto. Den Spaniern, die sich dort niederlassen wollten, übergab ich einige Dörfer, um daraus ihren Unterhalt zu beziehen, ernannte Alkalden und Regidoren und setzte über alle einen Statthalter. In dieser Stadt blieben dreißig Reiter und einhundert Mann von den Fußtruppen, und ich überließ ihnen eine Barke und ein großes Fischerboot, die gerade Lebensmittel von Veracruz hierhergebracht hatten. Ein anderes großes Schiff, das einer meiner Diener mit Vorräten von Fleisch, Brot, Wein, Öl, Essig und anderen Dingen beladen hatte, war gänzlich verlorengegangen, doch hatten drei Männer der Besatzung sich auf eine kleine, fünf Leguas von der Küste gelegene Insel retten können. Ich sandte eine Barke nach ihnen, und man fand sie am Leben. Sie hatten sich von Seehunden und einer feigenähnlichen Frucht ernährt.

Übrigens kann ich Eurer Majestät versichern, daß diese ganze Expedition mich allein über dreißigtausend Pesos in Gold gekostet hat, wie sich aus den Rechnungen ergeben wird, wenn Eure Majestät geruhen möchte, sie einsehen zu lassen, ebensoviel aber zahlten meine Gefährten für Pferde, Unterhalt, Waffen und Hufbeschlag, der damals mit Gold oder dem doppelten Gewicht an Silber aufgewogen werden mußte. Im Dienst Eurer Majestät taten wir es aber gern, und wäre auch der Aufwand noch größer gewesen. Denn außer daß diese Indianer jetzt gehörig unter kaiserliches Joch gebracht worden sind, war unsere Ankunft hier noch dadurch sehr nützlich, daß eben jetzt ein Schiff mit viel Mannschaft und allerlei Vorräten auf den Strand lief. Wäre nun das Land nicht zur Ruhe gebracht worden, so dürfte keine Seele davongekommen sein, sowenig wie von der Mannschaft des früher angekommenen Schiffes, die durch die Eingeborenen ermordet worden ist. Wir fanden jetzt noch die abgezogenen Gesichtshäute dieser Spanier in den Götzenhäusern. Sie waren so gut erhalten, daß viele noch wiedererkannt wurden, als der Adelantado Francisco de Garay später hierherkam.

III

Ich erfuhr nun, daß in der am Südmeer gelegenen Provinz Impilcingo (nordwestlich von Zacatula) die Eingeborenen den angrenzenden Vasallen Eurer Majestät viel Schaden zufügten. Obschon nun meine Truppen keineswegs ausgeruht waren und zweihundert Leguas von einem Meer zum anderen zu marschieren hatten, so ließ ich doch fünfundzwanzig Reiter und achtzig Mann Fußvolk unter einem Hauptmann dorthin aufbrechen. Er hatte die Instruktion, zunächst nach Zacatula zu marschieren, seine Truppen dort zu verstärken und nach der Provinz Colima zu ziehen, wo man mir meinen Hauptmann und seine Leute so übel zugerichtet hatte, und das Land möglichst in Güte, sonst aber mit Gewalt zu unterwerfen. Als er nun in die Gegend kam, wo der andere Hauptmann seine Niederlage erlitten hatte, wurde er von viel Kriegsvolk erwartet, und sie brachen aufeinander los. Gott dem Herrn gefiel es aber, uns den Sieg zu verleihen, ohne daß einer der Unsrigen ums Leben kam, wenn auch viele verwundet wurden. Die Feinde bezahlten teuer den uns früher zugefügten Schaden, und so derbe war die Züchtigung, daß sich das ganze Land sofort ergab, dazu viele benachbarte Provinzen.

Der Hauptmann sandte mir einen schriftlichen Bericht und erhielt von mir den Befehl, einen tauglichen Platz für eine Stadt zu suchen und sie Colima zu benennen. Zugleich sandte ich ihm die Ernennungsliste der Alkalden und Regidoren und befahl ihm ferner, mir demnächst genaue Erkundungen der Dörfer und Völker und aller Geheimnisse des Landes zu überbringen. Er kam und überbrachte mir auch Proben von Perlen, die er gefunden hatte. Ich verteilte die Dörfer von Colima an die dort verbliebenen Kolonisten. In seinem Bericht erwähnte der Hauptmann auch einen sehr guten Hafen, den er an der Küste entdeckt hatte, worüber ich hocherfreut war. Er berichtete ferner, daß einige Kaziken ihm mitgeteilt hätten, daß im Südmeer eine Insel liege, die nur von Weibspersonen bewohnt sei. Zu gewissen Zeiten gingen Männer vom Festland hinüber, um sie zu begatten, und die von den schwanger gewordenen Weibern geborenen Mädchen würden aufgezogen, die Knaben aber ausgestoßen. Die Insel liege zehn Tagereisen entfernt, und sie sei reich an Perlen und Gold. Ich werde mich bemühen, von all diesem die Wahrheit zu erforschen, und demnächst umständlichen Bericht darüber erstatten.

Auf meinem Rückmarsch aus der Provinz Pánuco stießen in der Stadt Tuxpan zwei Spanier zu mir, die ich mit einigen Eingeborenen nach den Städten Utatlan und Guatemala gesandt hatte. Mit ihnen kamen etwa hundert Eingeborene jener Städte, um sich zu Untertanen Eurer Majestät zu erbieten. Ich nahm sie freundlich auf und gab ihnen einige Sachen für sie selbst und für ihre Gebieter. Dann ließ ich sie von zwei Spaniern zurückbegleiten. Seitdem wurde mir allerdings gemeldet, daß die genannten Städte und Provinzen, dazu die Stadt Chiapa keineswegs mehr freundlich gesinnt seien, es kämen aber immer wieder Eingeborene, die behaupteten, nicht sie, sondern andere hätten die Untaten begangen. Um nun hinter die Wahrheit zu kommen, beschloß ich, Pedro de Alvarado mit achtzig Reitern, zweihundert Mann Fußvolk und vier Geschützen mit viel Pulver und Munition zu entsenden. Sodann ließ ich eine Flotte ausrüsten und stellte sie unter den Befehl des in meinem Gefolge hierhergekommenen Christóbal de Olid, um damit die Nordküste entlang nach dem Vorgebirge von Hibueras (Kap Honduras) zu segeln, sechzig Leguas von der Bai de la Ascension (an der südwestlichen Küste von Yucatán), über dem Winde von dem Lande Yucatán gelegen, weiter die Festlandsküste aufwärts in der Richtung des Darischen Meerbusens, um dort eine Kolonie zu gründen. Denn ich habe Berichte, daß das Land sehr reich ist, außerdem ist es die Meinung vieler Piloten, daß von jener Bai aus eine Meerenge zum jenseitigen Ozean führe. Von allen Dingen der Welt möchte ich aber keine lieber entdecken als diese, wegen des großen Dienstes, der Eurer Majestät dadurch geleistet würde.

Als nun die beiden Befehlshaber dieser Expeditionen gerade ihre Vorbereitungen abgeschlossen hatten, kam ein Bote aus San Estevan del Puerto, der neuen Kolonie am Pánuco, durch den die Alkalden mir melden ließen, daß der Adelantado Francisco de Garay dort mit hundertzwanzig Reitern, vierhundert Mann Fußvolk und vielen Geschützen angekommen sei, daß er sich Gouverneur dieses Landes tituliere und dies durch einen Dolmetscher den Eingeborenen zur Kenntnis gebracht habe. Weiter habe er ihnen sagen lassen, er sei gekommen, sie für allen im letzten Kriege durch mich erlittenen Schaden zu rächen, deshalb möchten sie sich mit ihm verbünden, um alle von mir zurückgelassenen Spanier aus dem Lande zu jagen, wobei er ihnen helfen wolle, und andere skandalöse Dinge mehr. Um nun vollends meinen Verdacht zu bestätigen, daß dieser Garay mit dem Admiral und mit Diego Velázquez gegen mich verbündet sei, erschien wenige Tage später an der Mündung des Pánuco eine von Kuba kommende Karavelle mit mehreren Freunden und Gefolgsleuten des Diego Velázquez und einem Gefolgsmann des Bischofs von Burgos, der sich für den bestallten Faktor von Yucatán ausgab. Die ganze übrige Gesellschaft bestand aus Dienern und Vettern des Diego Velázquez und Gefolgsleuten des Admirals (Diego de Colón).

Als diese Nachricht zu mir gelangte, war mir von einem Sturz mit dem Pferde der Arm gelähmt, und ich lag zu Bett. Dennoch beschloß ich, persönlich hinzugehen und mit ihnen zusammenzukommen, um größere Unruhe zu vermeiden. Ich schickte den Hauptmann Pedro de Alvarado mit seinen für die andere Expedition gerüsteten Truppen voraus, um selbst binnen zwei Tagen nachzufolgen. Mein Bett und sämtliches Gepäck war mir schon in das Nachtquartier des folgenden Tages vorausgegangen, als gegen Mitternacht ein Bote aus Veracruz ankam und mir die mit einem Schiff aus Spanien angelangten Briefe überbrachte, darunter das mit Eurem Königlichen Namen vollzogene Reskript, wodurch dem Adelantado Francisco de Garay befohlen wird, sich weder am Fluß Pánuco noch irgendwo anders einzumischen, wo meinerseits bereits kolonisiert worden sei, da es Eurer Majestät gefalle, daß dies alles in Dero Königlichem Namen geschehe.

Die Ankunft dieses Reskripts machte meine Reise überflüssig, zu nicht geringem Vorteil für meine Gesundheit, denn seit sechzig Tagen hatte ich kaum geschlafen und große Anstrengungen erduldet, und in dieser Jahreszeit mich auf die Reise begeben zu müssen, hätte leicht mein Leben in Gefahr bringen können. Ich entsandte nun sofort den Großalkalden Diego de Ocampo mit dem Reskript, um Pedro de Alvarado wieder einzuholen, und für diesen gab ich ihm den Befehl mit, auf keinen Fall in die Nähe der Gegend zu rücken, wo der Adelantado sich mit seinen Truppen befand. Ocampo aber befahl ich, das Reskript dem Adelantado vorzulegen und mir sofort zu berichten, was er etwa dazu sagen werde. Er reiste nun so eilig als möglich ab und begab sich in die Provinz Huasteca, wo Pedro de Alvarado soeben noch gewesen, von wo er aber landeinwärts aufgebrochen war.

Als Alvarado erfuhr, daß der Großalkalde gekommen sei,

meldete er ihm, daß ein Hauptmann des Francisco de Garay, namens Gonzalo Dovalle, mit zweiundzwanzig Reitern umherschwärme, viel Schaden anrichte und die Eingeborenen aufsässig mache. Er hatte deshalb seine Mannschaft gehörig beisammengehalten, bis er in einem Dorf auf Gonzalo Dovalle stieß. In einer Unterredung erklärte Alvarado ihm, er habe erfahren, was er hier treibe, da aber Skandal und Tätlichkeiten zwischen beiden Parteien vermieden werden müßten, möge er es nicht übelnehmen, wenn Waffen und Pferde des Dovalle bis zur Erledigung der Angelegenheit in Verwahrung genommen würden. Gonzalo Dovalle erklärte sich damit einverstanden, und so blieben beide Teile beisammen, essend und guter Dinge. Als der Großalkalde dies erfuhr, ließ er durch meinen in seinem Gefolge befindlichen Sekretär Francisco de Orduña den Befehl überbringen, die Beschlagnahme sofort aufzuheben, alle Waffen und Pferde zurückzugeben und Gonzalo Dovalle zu eröffnen, es sei meine Absicht, ihnen in jeder Weise behilflich zu sein und ihnen meine Gunst zu erweisen, wenn sie sich angemessen verhalten und keinen Unfug im Lande treiben würden.

IV

Während die Schiffe des Adelantado noch in offener See an der Mündung des Pánuco lagen, gleichsam in feindlicher Stellung gegen die von mir drei Leguas stromaufwärts gegründete Stadt San Estevan, ließ mein Statthalter Pedro de Vellejo die Kapitäne und Schiffsmeister auffordern, friedlich in den Hafen einzulaufen und dort zu ankern. Zugleich forderte er sie auf, wenn sie zur Kolonisation in diesem Lande oder sonst für irgendeinen Zweck die königliche Autorisation besäßen, möchten sie diese vorzeigen, damit dann alles erfüllt werde, was Eure Majestät etwa zu befehlen geruht habe. Auf diese Aufforderung antworteten die Kapitäne und Schiffsmeister zwar höflich, aber ablehnend, worauf der Statthalter eine zweite Aufforderung ergehen ließ, zur Vermeidung einer Bestrafung seinen Befehlen nachzukommen, was indessen nur die Wiederholung der Antwort zur Folge hatte.

Unterdessen war den Schiffsmeistern und Kapitänen klargeworden, daß bei monatelangem Verweilen an der Flußmündung nur Ärgernis herauskommen könne, sowohl bei den dort angesiedelten Spaniern als auch bei den Eingeborenen. Die beiden Schiffsmeister Castromacho und Martin de San Juan Guipuscuano sandten daher heimlich ihre Boten nach dem Statthalter von San Estevan, um ihn wissen zu lassen, daß sie in Frieden mit ihm leben und den Gesetzen zu gehorchen wünschten. Der Statthalter möge sich deshalb zu ihren beiden Schiffen verfügen, wo er gut aufgenommen werden solle. Sie hätten es schriftlich, fügten sie hinzu, daß auch die übrigen Schiffe sich friedlich zeigen und seinen Befehlen nachkommen würden.

Hierauf entschloß sich der Statthalter, nur von fünf Personen begleitet an Bord der beiden Schiffe zu gehen. Die beiden Schiffsmeister empfingen ihn, und von hier aus schickte er nun an den auf dem Admiralsschiff befindlichen Flottenkommandeur Kapitän Juan de Grijalva die Aufforderung, allen seinen früheren Befehlen Folge zu leisten. Dieser Kapitän verweigerte jedoch nicht nur den Gehorsam, sondern zog alle übrigen Schiffe um das Flaggschiff zusammen und gab den Befehl, jene beiden Schiffe mit dem schweren Geschütz in den Grund zu bohren. Mein Statthalter ließ nun die Kanonen der beiden Schiffe, die sich ihm gehorsam erwiesen hatten, gleichfalls in Bereitschaft setzen.

Unterdessen zeigten aber die um das Flaggschiff versammelten Kapitäne und Schiffsmeister wenig Lust, dem Befehl des Flottenkommandeurs nachzukommen. Juan de Grijalva ordnete deshalb den Notar Vicente Lopez ab, mit dem Statthalter zu verhandeln. Der Statthalter erklärte ihm, er sei einzig und allein um des Friedens willen gekommen und um dem Lärm und Ärgernis aller Art abzuhelfen, die sich notwendig aus dem Aufenthalt dieser Schiffe außerhalb des Hafens ergeben müßten, während sie gleichzeitig wie Korsaren Angriffe auf die Gebiete Eurer Majestät machten, was doch sehr übel sei. Er sagte noch mehr, was schließlich bewirkte, daß der Notar zum Kapitän Grijalva zurückkehrte, ihm alles berichtete und sich bemühte, ihn zum Gehorsam zu bewegen, da er wohl wisse, daß der Statthalter in dieser Provinz im Namen Eurer Majestät fungiere, zumal der Adelantado bisher noch keine königliche Bestallung vorgezeigt habe, die den Statthalter und die Einwohner von San Estevan ihm gegenüber zum Gehorsam verpflichte, und daß es in der Tat eine schlimme Sache sei, sich nach Seeräuberart mit den Schiffen in einem Gebiet Eurer Majestät aufzuhalten, wie man es bisher getan habe.

Durch diese Gründe veranlaßt, entschloß sich Kapitän Grijalva endlich, mit allen Kapitänen und Schiffsmeistern dem Statthalter Gehorsam zu leisten. Sie segelten stromaufwärts nach dem Ankerplatz, dann ließ der Statthalter den Kapitän Juan de Grijalva wegen seiner anfänglichen Widerspenstigkeit in Haft nehmen. Als mein Großalkalde davon erfuhr, gab er sogleich Befehl, Grijalva freizulassen und wie alle übrigen Offiziere der Flotte mit Zuvorkommenheit zu behandeln. Gleichzeitig schrieb der Großalkalde an Francisco de Garay, der sich in einem zehn bis zwölf Leguas entfernt liegenden Hafen aufhielt, daß ich nicht kommen könne, er aber mit allen Vollmachten von mir abgesandt worden sei, miteinander Vereinbarungen zu treffen, die Bestallungen gegenseitig vorzulegen und alles Ersprießliche im Dienste Eurer Majestät zu beschließen. Als Francisco de Garay diesen Brief erhalten hatte, begab er sich zum Aufenthaltsort des Großalkalden, wo er sehr freundlich aufgenommen wurde. Beide besprachen sich miteinander und legten ihre Papiere vor. Und nach Einsicht in das Reskript, mit dem Eure Majestät mich bevollmächtigt hat, erklärte Garay seine Bereitwilligkeit, sich gehorsam zu fügen und sich mit seiner Mannschaft wieder einzuschiffen, um in einem anderen Landstrich seine Kolonie zu gründen.

Nun nahm Garay meine ihm versprochene Hilfe in Anspruch und bat den Großprofos, bei der Sammlung der Leute, die sich teilweise entfernt hatten und auch wohl Lust zeigten, im Lande zu bleiben, behilflich zu sein und den nötigen Proviant für seine Schiffe zu liefern. Sofort wurde durch öffentlichen Ausruf verkündet, daß alle mit dem Adelantado angekommenen Personen ihm jetzt wieder zu folgen hätten. Wer nicht dem Befehl gemäß handle, solle als Reiter Waffen und Pferd verlieren, verhaftet und dem Adelantado ausgeliefert werden, sei er aber Infanterist, hundert Peitschenhiebe empfangen und ebenfalls zur Auslieferung kommen. Der Großprofos ließ auch alle von den Leuten Garays verkauften Waffen und Pferde wieder eintreiben und an den Heerstraßen Polizeiposten aufstellen, um die Ausreißer einzufangen, deren recht viele waren.

Der Adelantado begab sich zur Einschiffung nach dem Hafen. Der Großalkalde blieb noch einige Tage, um zu sehen, ob alle seine Befehle vollzogen würden, besonders da an Lebensmitteln einiger Mangel war. Endlich schrieb er an den Adelantado, ob er noch irgend etwas zu regeln habe, da er nach der Stadt Mexiko zurückzukehren beabsichtige. Hierauf sandte der Adelantado sogleich einen Boten, durch den er melden ließ, daß er noch keineswegs zur Abfahrt gerüstet sei. Seine verlorenen Schiffe seien nicht wieder zum Vorschein gekommen, und er habe deren sechs eingebüßt. Die übrigen aber seien nicht mehr seetüchtig, und er wolle eine Denkschrift aufsetzen, um mich zu überzeugen, daß es gänzlich an der zur Abfahrt unentbehrlichen Ausrüstung fehle. Außerdem sei seine Mannschaft mit ihm in Streitigkeiten und Prozesse geraten. Alle getroffenen Maßnahmen reichten nicht aus, seine Leute zusammenzuhalten, abends seien sie noch da, morgens aber verschwunden. Es sei ihm schon begegnet, daß er in einer einzigen Nacht zweihundert Mann verloren habe. Er bitte daher recht herzlich, der Großprofos möge ihn erwarten, da er beabsichtige, mit nach der Hauptstadt zu gehen, um mit mir persönlich zusammenzukommen. Wolle man ihn hierlassen, dann werde er noch vor Verdruß ersticken.

Zwei Tage später traf er bei dem Großalkalden ein, der mir durch einen Boten mitteilte, sie würden kleine Tagereisen bis zum Grenzdorf Cicoaque machen, dort werde er meine Antwort erwarten. Francisco de Garay schrieb mir unter ausführlicher Erörterung des schlimmen Zustandes seiner Schiffe und des bösen Willens, den seine Mannschaft zeige, er glaube noch, daß ich Mittel finden werde, ihm zu helfen, seine Mannschaft aus der meinigen zu ergänzen und für seine übrigen Bedürfnisse zu sorgen. Da ihm durch keines anderen Menschen Hand Hilfe und Beistand werden könne, habe er beschlossen, mit mir zusammenzukommen, und er biete mir seinen ältesten Sohn und Alleinerben an, den er hier zu lassen wünsche, um künftig mein Schwiegersohn zu werden, indem er sich mit meiner noch kleinen Tochter vermählen möge.

Unterdessen hatte der Großalkalde vor seiner Abreise noch erwogen, daß auf der Flotte des Garay einige sehr verdächtige Freunde und Diener des Diego Velázquez mitgekommen waren und sich stets als Widersacher meiner Angelegenheiten gezeigt hatten und daß es daher nicht ratsam sein dürfte, sie in Pánuco zu lassen, wo ihr Geschwätz allerlei Unruhe und Lärm hervorrufen könnte. Er befahl ihnen nun in Übereinstimmung mit gewissen auf Kaiserlichen Befehl mir zugegangenen Verfügungen, solche Ärgernis erregenden Individuen anzuweisen, das Land zu verlassen. Nachdem dies geschehen war, traten sie ihre Reise bis zum Dorf Cicoaque an, wo meine Antwort auf ihre Briefe eintraf. Ich erklärte darin meine Freude über die Reise des Adelantado und daß wir uns demnächst in der Hauptstadt über alle Angelegenheiten verständigen und einigen würden. Als dann der Adelantado in der Hauptstadt ankam, empfing ich ihn mit soviel gutem Willen und Dienstbeflissenheit, als schicklich und mir möglich war, ja als einen wirklichen Bruder, denn in der Tat jammerte mich der Verlust seiner Schiffe und die Zersprengung seiner Truppe, und ich bezeugte ihm den Wunsch, den ich wirklich hegte, alles für ihn zu tun, was mir irgend möglich sein würde.

Da Francisco de Garay nun wünschte, daß ein gewisses Heiratsprojekt zur Ausführung kommen möge, drang er ungestüm in mich, es abzuschließen. Um ihm gefällig zu sein, billigte ich es, und es wurden bestimmte Artikel aufgesetzt, was beide Teile zu erfüllen hätten, so daß wir außer der zwischen uns bestehenden alten Freundschaft nun auch noch durch die namens unserer Kinder eingegangenen Verpflichtungen in größter Harmonie und Eintracht verblieben. Es war daher nun von nichts anderem mehr die Rede, als wie die Abfahrt des Adelantado auf die beiden Teilen vorteilhafteste Weise gefördert werden könnte.

Wie bereits berichtet worden ist, hat mein Großalkalde sich eifrig bemüht, die im Lande verstreute Mannschaft des Adelantado wieder zu vereinigen. Alle zu diesem Zweck getroffenen Maßnahmen reichten aber nicht aus, das Mißvergnügen zu überwinden, das die ganze Mannschaft gegen Francisco de Garay hegte, und aus Furcht, immer bei ihm bleiben zu müssen, hatten die Leute sich zu zweien oder mehreren in das Innere des Landes begeben. Sie wurden die Hauptursache einer unter den Indianern entstehenden Aufregung, teils durch den Anblick dieser Auflösung spanischer Streitkräfte, teils durch die begangenen Untaten, da sie den Eingeborenen ihre Weiber und Lebensmittel raubten und Lärm mancher Art vollführten. Sie brachten es bald dahin, daß sich das ganze Land empörte, um so mehr als die Eingeborenen glauben mußten, es sei Streit zwischen uns ausgebrochen.

Die Indianer überfielen nun die verstreuten Spanier mit böser List in den Dörfern, wohin sie sich begeben hatten, und töteten eine große Zahl. Damit wuchs aber ihre Aufsässigkeit so sehr, daß sie bis an die Stadt San Estevan herankamen und hier die heftigsten Gefechte lieferten, in denen die Bewohner in harte Bedrängnis gerieten und sich mehr als einmal verloren glaubten. Sie wären verloren gewesen, wenn sie sich nicht in Schanzen gesammelt hätten, von wo aus sie den Feinden Widerstand leisteten. Doch mußten sie nachher auch noch auf offenem Felde kämpfen, wo die Indianer dann eine völlige Niederlage erlitten.

Ein Fußsoldat, der sich aus einer Metzelei gerettet hatte, überbrachte mir die Nachricht, daß die Eingeborenen von Pánuco sich empört und viele Spanier, unter ihnen auch die Einwohner von San Estevan, umgebracht hätten. Nach seiner Erzählung mußte ich glauben, daß die Unsrigen eine vollständige Niederlage erlitten hätten und von den Kastiliern keiner mehr am Leben sei. Gott der Herr aber weiß, was ich dabei empfand, besonders in der Erwägung, daß sich in einem Lande wie diesem ein solches Unglück nicht ohne die Gefahr eines gänzlichen Unterganges ereignen kann. Der Adelantado Francisco de Garay nahm sich diese Nachricht so zu Herzen – teils aus dem Gefühl der eigenen Schuld, teils aus Sorge um einen seiner Söhne, der sich mit seiner ganzen Habe dort befand –, daß er vor Kummer erkrankte, und zwar so sehr, daß er binnen drei Tagen aus dem Leben schied.

V

Der Spanier, der mir die erste Kunde von der Rebellion des Volkes am Pánuco überbrachte, wußte eigentlich nicht mehr, als daß er in dem Dorf Tanjuco mit drei Reitern und einem Fußknecht von den Eingeborenen auf der Straße angegriffen worden war und zwei Reiter, der Fußknecht und ein Pferd getötet wurden. Die beiden Übriggebliebenen konnten sich bei einbrechender Dunkelheit durch die Flucht retten. Sie sahen darauf ein Haus, in dem ihr Leutnant mit fünfzehn Reitern und vierzig Mann zu Fuß sie erwarten wollte, in Flammen aufgehen, und dem Anschein nach kamen alle darin um. Ich wartete nun eine Woche vergeblich auf weitere Nachrichten, bis endlich ein Bote des Leutnants kam, der mir schriftlich meldete, er habe sich mit seiner Truppe in dem Dorfe Teneztequipa befunden und auf Verstärkung gewartet, weil er Befehl gehabt habe, auf dem anderen Ufer des Stromes einige Dörfer zu unterwerfen. Plötzlich in der Nacht sei ihr Quartier von einer großen Volksmenge umzingelt und in Brand gesteckt worden. Sie hätten zwar möglichst schnell auf die Pferde zu kommen gesucht, aber es sei ihnen so zugesetzt worden, daß alle tot auf dem Platz geblieben seien, er selbst und zwei Reiter ausgenommen. Zwar sei ihm sein Pferd getötet worden, doch habe einer der anderen Reiter ihn hinter sich genommen, und so seien sie entwischt. Zwei Leguas von dort hätten sie einen Alkalden aus der Stadt mit einigen Soldaten getroffen, der sie unter seinen Schutz genommen habe, doch hätten sie sich beeilt, aus dem Lande zu kommen. Von unserem Volk in der Stadt hätten sie seitdem nichts mehr gehört, deshalb glaubten sie, daß kein Mann mehr am Leben sei.

Nachdem mir nun die Rebellion am Pánuco bestätigt worden war, entsandte ich so eilig wie möglich fünfzig Reiter, hundert Mann Fußvolk und vier Geschütze mit viel Pulver und Munition unter einem spanischen Hauptmann, dazu zwei indianische Befehlshaber mit viel Kriegsvolk aus der Hauptstadt. Der Hauptmann bekam die Order, in Eilmärschen geradewegs nach San Estevan zu marschieren, um zu erfahren, wie es um die dortigen Kolonisten und andere zurückgebliebene Leute stehe, und wenn sie etwa belagert würden, sollte er ihnen Entsatz bringen. Der Hauptmann eilte, was er konnte, und drang in die Provinz ein. Zweimal mußte er mit dem Feinde kämpfen, setzte aber seinen Marsch bis zu der Stadt San Estevan fort, wo er zweiundzwanzig Reiter und hundert Mann Fußvolk fand, die vom Feinde rings eingeschlossen und mehrmals heftig angegriffen worden waren. Sie hatten sich mit einigen Geschützen verteidigt, aber ihre Kraft zur Gegenwehr hätte nicht mehr lange ausgereicht, und wäre nicht der von mir gesandte Hauptmann gekommen, so würde keiner von ihnen übriggeblieben sein.

Die Belagerten hatten eins von den Schiffen des Adelantado nach Veracruz geschickt, um auf diesem einzig möglichen Wege Nachricht an mich gelangen zu lassen und zugleich Lebensmittel herbeizuschaffen, die auch später ankamen, als sie bereits durch die von mir entsandte Mannschaft Beistand empfangen hatten. Jetzt erfuhr man auch, daß die von dem Adelantado in dem Dorfe Tamiquil zurückgelassenen Leute, etwa hundert Spanier zu Fuß und zu Pferde, sämtlich erschlagen worden waren, nur ein Indianer von der Insel Jamaika konnte sich in die Wälder retten, und durch ihn erfuhr man von dem nächtlichen Überfall. Später ergab sich aus den Listen, daß von der Mannschaft des Garay zweihundertzehn und von den Kolonisten, die ich in der Stadt zurückgelassen hatte, dreiundvierzig Mann, die ihre als Kommenden empfangenen Dörfer besuchen wollten, ums Leben gekommen waren.

Bei den durch die Besatzung der Stadt verstärkten Truppen des Hauptmanns (Gonzalo de Sandoval) befanden sich achtzig Reiter, und in drei Haufen geteilt führten sie jetzt den Krieg auf solche Weise, daß an vierhundert Kaziken und Standespersonen, ungerechnet das gemeine Volk, gefangengenommen und sämtlich, nämlich die Standespersonen, nach Urteil und Recht verbrannt wurden, nachdem sie bekannt hatten, die Urheber dieses Krieges und an der Ermordung von Spaniern beteiligt gewesen zu sein.

In früheren Kapiteln habe ich bereits berichtet, daß von mir ein Schiffsgeschwader in Bereitschaft gehalten wurde, um nach dem Vorgebirge oder der Spitze von Hibueras (Honduras) zu segeln. Durch die Ankunft des Adelantado war dieser Plan zurückgestellt worden. Nachdem die Sache aber erledigt ist, obschon mir durch den Sold der Matrosen und die Ausrüstung der Schiffe und der Truppen ziemliche Kosten erwachsen mußten, hielt ich es für den Dienst Eurer Majestät angemessen, meinen Plan wiederaufzunehmen. Ich kaufte also noch mehr Fahrzeuge, so daß es in allem fünf große Schiffe und eine Brigantine waren, dazu rüstete ich vierhundert Mann mit Artillerie, Waffen, Munition und Proviant aus, außerdem sandte ich zwei meiner Diener mit achttausend Pesos nach der Insel Kuba, um Pferde und Proviant einzukaufen. Es lag mir daran, daß nicht wegen knapper Lebensmittel die Eingeborenen des Landes zu sehr geplagt werden sollten.

Am 11. Januar 1524 ging die Flotte aus dem Hafen San Juan de Chalchiuhcuecan (Veracruz) unter Segel. Sie sollte zuerst nach der Insel Kuba steuern und sich dort mit allem Fehlenden, besonders mit Pferden, versehen, dann mit Gottes Segen die Reise nach besagtem Lande fortsetzen, dort im ersten Hafen die Anker werfen, ihre Truppen, Pferde und Vorräte an Land setzen, sich mit der Artillerie an einem zweckmäßigen Punkte verschanzen und ein Kolonistendorf gründen. Von den Schiffen werden die drei größten sofort wieder nach Kuba segeln, und zwar nach dem Hafen Trinidad, wo einer der erwähnten Diener unterdessen verweilen soll, um die Rückladung bereitzuhalten, die der Befehlshaber verlangen wird. Die übrigen kleineren Schiffe und die Brigantinen aber sollen mit dem Oberpiloten an Bord und unter dem Befehl eines Vetters von mir, namens Diego Hurtado, die ganze Küste an der Bai de la Ascension (die südwestliche Küste von Yucatán) entlang kreuzen, um die dort vermutete Meerenge zu suchen. Sie werden nicht ablassen, bis alles von ihnen gründlich untersucht und erkundet ist. Dann sollen sie dorthin zurückkehren, wo der Hauptmann Christóbal de Olid sich ansiedelt, und von dort aus soll eins der Schiffe mir Nachricht bringen über das, was entdeckt und in Erfahrung gebracht worden ist.

Es wurde früher auch erwähnt, daß ich eine Mannschaft bereitgehalten hatte, die unter Pedro de Alvarado nach den Städten Utatlan und Guatemala und anderen dem Gerücht nach bekannten Provinzen entsandt werden sollte. Wegen der Ankunft des Adelantado Francisco de Garay hatte auch diese Expedition einstweilen unterbleiben müssen, obschon bereits große Kosten darauf verwandt worden waren, um Pferde, Waffen, Geschütz und Munition zu beschaffen und Sold für die Leute zu zahlen. Da ich aber viele reiche Länder und verschiedenartige Völkerstämme entdeckt zu sehen hoffe, bin ich auf meinen früheren Plan zurückgekommen. Ich ließ daher die begonnenen Vorbereitungen zu Ende führen und entsandte den Hauptmann Pedro de Alvarado am 8. Dezember 1523 mit hundertzwanzig Reitern und – die Handpferde zum Wechseln mitgerechnet – hundertsechzig Pferden, dreihundert Mann Fußvolk, darunter einhundertdreißig Armbrust- und Büchsenschützen, vier Kanonen, viel Pulver und Munition. Er führte einige Standespersonen der Hauptstadt und einiger Nachbarstädte mit sich, dazu indianische Krieger, aber nicht viele, weil der Weg so weit ist.

Seitdem habe ich Bericht von ihm erhalten, daß er am 12. Januar in der Provinz Tehuantepec angelangt sei und sich mit den Seinigen in bester Verfassung befände. Nach den in meinem Besitz befindlichen Nachrichten über dieses Land halte ich es für gewiß, daß Pedro de Alvarado und Christóbal de Olid irgendwo zusammentreffen müssen, wenn nicht etwa eine Meerenge sie trennt. Viele solche Streifzüge wären bereits in diesem Lande unternommen worden und viele Geheimnisse entdeckt, wenn die Ankunft der Flotte Garays und die daraus entsprungenen Unruhen es nicht gehindert hätten. Viel schlechter Dienst ist Eurer Majestät geleistet worden durch Nichtentdeckung vieler Länder und durch Nichterwerbung großer Summen an Gold und Perlen für die Königliche Schatzkammer, doch ich werde mich bestreben, das Verlorene wieder einzubringen, wozu es weder an persönlicher Anstrengung noch an bereitwilliger Opferung meines Vermögens fehlen soll. Übrigens darf ich Eurer Majestät versichern, daß ich bis jetzt nicht nur mein ganzes Privatvermögen zugesetzt habe, sondern auch noch verschuldet bin, namentlich für mehr als sechzigtausend Goldpesos, die ich Dero königlichen Einkünften hierselbst entnommen habe, wofür ich Rechnungen zur Einsicht vorlegen werde, ungerechnet weitere zwölftausend Pesos, die mir zur Bestreitung der Kosten meines Haushalts von Privatpersonen geborgt wurden.

VI

Jetzt ist das ganze Land von einem Meer zum anderen ohne allen Widerspruch unterworfen, mit Ausnahme zweier Provinzen, die zwischen Tehuhantepec und Oaxaca und der von Coatzacoalco in der Mitte liegen. Die eine ist von einem Volksstamm bewohnt, der Zapoteca, die zweite von einem anderen, der Mixteca heißt. Hier ist die Gegend so rauh, daß man selbst zu Fuß kaum weiterkommen kann. Zweimal habe ich schon Truppen ausgeschickt, um sie zu erobern, aber es gelang nicht, denn die Eingeborenen haben eine starke Kriegsmacht, ein rauhes Land und gute Waffen. Sie fechten mit fünfundzwanzig bis dreißig Spannen langen Lanzen, deren Spitzen aus Kieselsteinen gefertigt sind. Damit töteten sie auch einige der dorthin gekommenen Spanier, und sie stifteten viel Unheil unter den angrenzenden Vasallen Eurer Majestät, indem sie bei nächtlichen Überfällen die Dörfer anzündeten und viel Volk ums Leben brachten. So kam es, daß sich einige Nachbarn mit ihnen gegen uns verbündeten. Ich ernannte nun den Hauptmann Rodrigo de Rangel, Alkalden der Hauptstadt, der bereits ein Jahr zuvor mit seiner Mannschaft in diesem Lande war, aber wegen der nassen Jahreszeit nichts hatte ausrichten können, zum Befehlshaber von hundertfünfzig Mann – Reiterei war dort nicht zu gebrauchen –, darunter viele Armbrust- und Büchsenschützen, mit vier Kanonen und der nötigen Munition. Der Hauptmann verließ die Hauptstadt am 5. Februar dieses Jahres, und ich denke, da er in einer günstigen Jahreszeit geht und auch viel gewandtes Kriegsvolk der Eingeborenen bei sich hat, daß er seine Aufgabe erfüllen wird. Das Land ist reich an Goldminen, und meine Kolonisten haben sich bereits vorgenommen, das Gold wegzuholen und die Eingeborenen zu Sklaven zu erklären, da sie so arge Rebellen sind, sich schon einmal zu Vasallen ergeben, aber doch wieder Spanier ermordet und viel Unheil angerichtet haben. In der Tat habe ich befohlen, daß diejenigen, die man lebendig fangen wird, mit dem Stempel Eurer Hoheit gebrannt und nach Abzug des königlichen Fünftels unter die Teilnehmer dieses Eroberungszuges verteilt werden sollen.

Übrigens mag Eure Königliche Exzellenz für wahr halten, daß der kleinste solcher Streifzüge mich aus meinem eigenen Beutel mehr als fünftausend Pesos in Gold kostet, die beiden Expeditionen des Pedro de Alvarado und des Christóbal de Olid aber mehr als fünfzigtausend in barem Gelde, andere dabei entstehende Vermögenseinbußen ungerechnet, die sich weder in

Zahlen ausdrücken noch rechnungsmäßig belegen lassen. Da indessen alles für den Dienst Eurer Majestät geschieht, und möchte auch noch meine Person mit draufgehen, ich würde es mir doch stets zur größten Gnade schätzen.

Ich habe bereits darüber berichtet, daß ich den Bau von vier Schiffen am Südmeer begonnen hatte, und da dies schon lange Zeit her ist, könnte Eure Majestät vielleicht annehmen, daß irgendeine Nachlässigkeit meinerseits verursacht hätte, daß sie bis jetzt noch nicht vollendet wurden. Die wahre Ursache liegt aber darin, daß die Südsee, wenigstens der Teil der Küste, wo die Schiffe in Arbeit sind, von den Häfen des Nordmeeres, in denen alle nach Neuspanien kommenden Materialien ausgeladen werden, zweihundert Leguas und mehr entfernt liegt und in dem Zwischenraum rauhe Gebirgspässe und wasserreiche Flüsse zu passieren sind. Dazu kam noch, daß das Lagerhaus des Hafens, in dem alles nötige Material an Segeln, Ankern, Tauwerk, Pech und anderen Dingen gestapelt wurde, plötzlich bei Nacht in Flammen aufging und alles verbrannte bis auf die Anker. Jetzt wird nun das Baumaterial abermals zusammengebracht, nachdem vor vier Monaten ein mit solchem Bedarf beladenes Schiff aus Kastilien angekommen ist, das ich vorsorglich bestellt hatte.

Für diese Schiffe, die noch nicht einmal zu Wasser gelassen worden sind, habe ich heute schon mehr als achttausend Pesos in Gold ausgegeben, doch sind sie nun auch so weit im Bau fortgeschritten, daß sie zum nächsten Pfingstfest oder doch bis zum Johannistage im Juni werden segeln können, wenn es nicht etwa an Tonnen fehlen sollte, die ich aber bereits bestellt habe. Diese Schiffe sind wichtiger, als ich es zu sagen vermag, denn ich halte es für gewiß, daß es mir mit ihnen gelingen wird, Eure Majestät noch zum Herrn von mehr Königreichen und Herrlichkeiten zu machen, als wovon unsere Nation bis heute Kunde hat. Wenn diese neue Unternehmung gelingt, so glaube ich, wird Eure Erhabenheit der Monarch der Welt sein.

Seit es Gott dem Herrn gefiel, uns die große Stadt Tenochtitlán erobern zu lassen, wir aber wegen der dortigen Übelstände nach Coyoacán gezogen waren, war es doch mein Wunsch geblieben, die Hauptstadt wegen ihrer Großartigkeit und wunderbaren Lage wiederaufbauen zu lassen. Ich bemühte mich, die nach vielen Seiten hin verstreuten Einwohner wieder zusammenzubringen, und während ich den ehemaligen Herrscher noch gefangenhalte, beauftragte ich einen seiner vormaligen Oberbefehlshaber, der mir noch von Moteczumas Zeiten her bekannt war, die Wiederbevölkerung der Stadt zu veranlassen. Um ihm größere Autorität zu verschaffen, machte ich ihn wieder zu dem, was er unter seinem Herrscher gewesen war, nämlich zum Ciuacoatl, was so viel bedeutet wie »Statthalter des Herrn«. Anderen mir aus früherer Zeit bekannten Standespersonen verlieh ich Verwaltungsämter in der neuen Stadt, wie sie unter ihnen üblich waren, und allen übergab ich zu ihrem Unterhalt eine gewisse Herrschaft über Land und Leute, jedoch nicht so viel, wie sie zuvor gehabt hatten, was hätte gefährlich werden können.

Ich bemühte mich stets, sie ehrenhaft und zuvorkommend zu behandeln, und sie gaben sich große Mühe, so daß heute die Stadt bereits wieder dreißigtausend Einwohner zählt, die Märkte gehalten werden und die Ordnung wiederhergestellt ist. Ich habe Stadtbewohnern so viele Freiheiten und Befreiungen von Lasten gewährt, daß die Bevölkerung täglich zunimmt. Die Handwerker, deren es viele gibt, gehen unter den Spaniern ihrem Tagewerk nach, als Zimmerleute, Maurer, Steinmetze, Silberschmiede und andere, die Kaufleute besitzen und verkaufen ihre Waren in großer Sicherheit, anderes Volk lebt vom Fischfang, einem lebhaften Gewerbe in dieser Stadt, wieder andere vom Ackerbau, und es gibt viele, die Gärten haben und bereits die spanischen Gewächse, von denen Samen zu bekommen waren, darin ziehen. Wenn man hier alle in Spanien gangbaren Gewächse hätte, würden die Eingeborenen in kurzer Zeit einen großen Überfluß besitzen, woraus ein großer Vorteil für Eure Hoheit zu ziehen wäre.

Gleich nach der Eroberung der Hauptstadt hatte ich an einem im Wasser gelegenen Fort arbeiten lassen, unter dessen Schutz die Brigantinen sicher ankern würden und von wo aus die ganze Stadt bestrichen werden könnte und wodurch der Zugang völlig in meiner Hand läge. Dies Fort wurde nun vollendet, und zwar dergestalt, daß ich, der ich viele Arsenale und Forts gesehen habe, keines kenne, das diesem vergleichbar wäre, und viele, die noch mehr als ich gesehen haben, bestätigen dies. Das Fort ist so angelegt, daß es auf der Lagunenseite zwei sehr feste Türme mit Schießscharten hat. Zwischen den Türmen erstreckt sich das Hauptgebäude mit drei überwölbten Abteilungen, wo die Brigantinen liegen. Am Ende, nach der Stadt zu, steht wieder ein Turm mit vielen Räumen oben und unten und mit allen gehörigen Angriffs- und Verteidigungsmitteln. Das Fort ist von der Art, daß mit seinem Besitz Krieg oder Frieden willkürlich in unserer Hand liegt, da alle unsere Schiffe und Kanonen dort beisammen sind. Da nun mit der Vollendung dieses Baues hinlängliche Sicherheit für die Erfüllung meines Wunsches gegeben war, auch meine Spanier in der Stadt anzusiedeln, zog ich mit allen Leuten meines Gefolges ein. Die Bauplätze wurden verteilt, und jeder von denen, die bei der Eroberung geholfen hatten, bekam als Lohn einen solchen bewilligt, und zwar außer dem Stück Land, das er als Kolonist erhält.

Der Bau der Wohnhäuser wurde nun so sehr beschleunigt, daß eine große Zahl bereits fertig ist. Und da gutes Material an Steinen, Kalk und Bauholz, auch an Backsteinen, wie die Eingeborenen sie verfertigen, vorhanden ist, werden dermaßen schöne Häuser gebaut, daß diese Stadt in fünf Jahren edler, volkreicher und großartiger sein wird als irgendeine der bewohnten Welt. Der Stadtteil, in dem wir Spanier uns ansiedeln, ist von dem Quartier der Eingeborenen getrennt, beide sind durch einen Kanal geschieden, doch gibt es an allen Straßen Brücken für den beiderseitigen Verkehr. Die Eingeborenen haben zwei große Märkte, in ihrem Quartier und im spanischen Stadtteil, und im Angebot der Waren ist wenig gegen den früheren Zustand eingebüßt, nur goldene und silberne Kleinodien und andere kostbare Waren sind nicht mehr vorhanden.

VII

Wegen der Mißhelligkeiten, die Diego Velázquez mit mir zu unterhalten beliebte, und wegen des bösen Willens, den infolge seiner Hetze der Bischof von Burgos, Don Juan de Fonseca, gegen mich hegte (und auf dessen Befehl auch die Beamten der Handelskompagnie von Sevilla, besonders der Rechnungsdirektor Juan Lopez de Recalde), wurde ich niemals nach Bedarf mit

Geschütz und Waffen versehen, obwohl ich mehrmals das Geld dafür hingesandt habe. Nichts indessen belebt die Geister der Menschheit mehr als die Not, und dieser Not in höchstem Maße ausgesetzt, strebte ich stets Mittel zu finden, um das mit so großer Anstrengung und Gefahr Errungene nicht wieder zu verlieren. Ich gab mir also viel Mühe, in einigen Provinzen dieses Landes Kupfer zu bekommen. Ich tauschte es zu hohen Preisen ein, nur um es schneller zu haben, und als man mir ein genügendes Quantum zusammengebracht hatte, setzte ich einen glücklicherweise bei uns befindlichen Meister ans Werk, mir einige Kanonen zu gießen. Er verfertigte zwei Feldschlangen, die so gut gerieten, daß sie in diesem Kaliber gar nicht besser sein könnten.

Nun hatten wir zwar Kupfer, aber kein Zinn, ohne das die Stückgießerei unmöglich ist und das ich mir für die zwei Stücke von einigen Besitzern zinnerner Teller und anderer Gefäße beschafft hatte. Jetzt aber war kein Zinn mehr zu haben, und ich begann nach allen Seiten hin Erkundigungen einzuziehen, ob es irgendwo zu bekommen sei. Und es beliebte Gott dem Herrn, der sich stets als Helfer in der größten Not erweist, daß ich bei den Eingeborenen der Provinz Taxco einige Stückchen davon nach Art dünner Münzen fand. Ich fand, daß Zinn in dieser Provinz und noch in einigen anderen die gängige Münze war, und schließlich ermittelte ich, daß es in der Provinz Taxco gegraben wurde, sechsundzwanzig Leguas (südlich) von der Hauptstadt entfernt. Nun erfuhr ich auch bald, wo die Minen lagen, schickte spanische Arbeiter und eisernes Werkzeug hin und befahl, das nötige Zinn dort zutage zu fördern. Nachdem nun das Zinn gefunden ist, lasse ich täglich an neuen Stücken arbeiten, wovon bis jetzt fünf Geschütze fertig geworden sind.

Durch die ankommenden Schiffe werde ich an metallenen Stücken, vom Falkonett aufwärts, fünfunddreißig besitzen, dazu andere von Gußeisen gegen siebzig Stück, so daß wir uns jetzt allenfalls verteidigen können. Und was die Munition betrifft, so gab Gott ebenfalls, daß wir Salpeter in Menge und von besonderer Güte fanden, so daß wir ihn auf Vorrat bereiten, obschon bis jetzt noch viel draufgeht bei den häufigen Streifzügen. Und was den Schwefel betrifft, so habe ich bereits einen rauchenden Berg erwähnt, und ein Spanier, der sich an einem oben befestigten Strick siebzig bis achtzig Klafter tief in den Krater hinabließ, hat so viel mitgebracht, daß wir uns bis jetzt damit hinhalten konnten. (Der kühne Spanier hieß Francisco Montaño.) Künftig wird es jedoch nicht mehr nötig sein, uns einer so gefährlichen Arbeit zu unterziehen, da man uns aus Spanien versorgt, nachdem Eure Majestät verfügt haben, daß uns kein Bischof mehr im Wege steht.

Nach der Beendigung der Kolonisation am Pánuco, nach vollendeter Eroberung der Provinz Tututepec und nach dem Abmarsch des nach Colima entsandten Hauptmanns machte ich eine Reise nach Veracruz und Medellín, um diese Städte zu besichtigen und für die dortigen Häfen einige Anordnungen zu treffen. Ich fand nun, weil der Hafen San Juan keiner Ortschaft näher liegt als Veracruz, daß die Schiffe dorthin zum Löschen gingen. Weil aber dieser Hafen bei den an dieser Küste herrschenden Nordstürmen nicht so sicher ist, wie zu wünschen wäre, begab ich mich dorthin, um einen Platz für die Ansiedlung zu suchen. Zwar hatte ich schon bei meiner ersten Landung danach geforscht, aber nur Sandhügel gefunden, deren Lage sich dauernd verändert. Diesmal fand ich nun zwei Leguas vom Hafen entfernt einen vortrefflichen Platz zur Gründung einer Kolonie, denn hier gab es viel Brennholz, Wasser und Weidegrund, nur Bauholz und Steine mußten aus ziemlicher Entfernung herangeschafft werden. Nahe dabei fand sich eine Lagune, die ich mit einem Boot befahren ließ, um festzustellen, ob sie mit dem Meere zusammenhing und ob Barken von dort bis zur neuen Ansiedlung fahren könnten. Es zeigte sich, daß sie mit einem in das Meer mündenden Fluß verbunden war, der an der Mündung einen Klafter tief war, so daß die Barken zum Löschen bis an die Häuser des Ortes fahren können.

Ich verfügte nun, daß die Stadt Medellín, die zwanzig Leguas landeinwärts lag, hierher versetzt werde. So ist es auch geschehen, und fast alle Kolonisten sind schon herübergekommen und haben ihre Häuser gebaut. Es sind auch Vorbereitungen zur Reinigung der Lagune und zum Bau eines Lagerhauses getroffen worden. Und wenn das Löschen der größeren Seeschiffe auch langsam vonstatten geht, weil sie ihre Barken zwei Leguas weit die Lagune aufwärts schicken müssen, so liegen sie jetzt wenigstens sicher, und ich bin überzeugt, daß diese Stadt neben der Hauptstadt die beste von Neuspanien werden wird, denn schon jetzt haben einige Seeschiffe dort ihre Waren gelöscht, und die Barken, ja selbst die Brigantinen gehen bis an die Häuser des Ortes. Man arbeitet auch schon an einer neuen Straße nach der Hauptstadt, damit der Warentransport schneller erfolgen kann. Diese Straße wird um eine Tagereise kürzer sein.

In den vorigen Kapiteln habe ich alle die Gegenden genannt, wohin ich zu Wasser und zu Lande Truppen gesandt, und ich hoffe, daß Eurer Majestät damit wohl gedient sein wird. Ich überlege, daß die Hauptaufgabe sein wird, die Küste zwischen dem Pánuco und dem von Juan Ponce de Léon entdeckten Lande Florida zu erforschen, von dort aus aber auch bis zu den Stockfischen (Ostküste Nordamerikas), denn man hält es für gewiß, daß sich an jener Küste eine zum Südmeer durchlaufende Meerenge befindet. Sollte sie aber aufgefunden werden, so würde die Schiffahrt zwischen den Gewürzinseln und den europäischen Ländern Eurer Majestät ungemein erleichtert und abgekürzt, da wohl zwei Drittel des jetzigen Weges (durch die Magellan-Straße) erspart würden, ohne Risiko und Gefahr für die Schiffe, weil sie sich ständig in Ländern Eurer Majestät befänden.

Während ich mir aber den großen Nutzen vorstellte, konnte ich mir nicht verhehlen, wie sehr meine Mittel schon erschöpft und die Schulden gewachsen sind durch die Ausgaben, die ich für die Expeditionen zu Wasser und zu Lande habe, durch Munition und Artillerie und viele täglich vorkommende Kosten, da ja alles aus meinem Beutel geht und alle Dinge so teuer sind, daß, obgleich das Land reich ist, dennoch mein Ertragsanteil für all diese großen Kosten und Ausgaben nicht ausreichen kann. Nichtsdestoweniger beschloß ich, drei Karavellen und zwei Brigantinen auf jene Entdeckung auszusenden, obgleich ich mehr als zehntausend Pesos in Gold dafür aufwenden muß, weil ich den Erfolg für groß halte, wenn die Meerenge gefunden wird, wenn aber nicht, daß reiche und große Länder entdeckt werden müssen.

Desgleichen gedenke ich auch die am Südmeer neuerbauten Schiffe am Ende des Julimonats dieses Jahres (1524) absegeln zu lassen, damit sie an der Küste desselben Kontinents entlang nach der besagten Meerenge forschen. So kann man auf der einen oder der anderen Seite nicht verfehlen, hinter das Geheimnis zu kommen.

VIII

Die Beamten sind angekommen, denen Eure Majestät befohlen hat, sich hierher zu begeben, um die hiesigen königlichen Einkünfte und Domänen zu revidieren. Sie haben bereits angefangen, den Spaniern die Rechnungen abzunehmen, die bisher damit beauftragt und von mir im Namen Eurer Hoheit für dieses Geschäft bestellt waren. Da nun die Beamten über die ganze bisher aktenmäßig stattgefundene Behandlung dieser Angelegenheit an Eure Majestät selbst ihren Bericht erstatten werden, enthalte ich mich jeder ins einzelne gehenden Rechenschaft und beziehe mich lediglich auf die ihrige, die sicher von solcher Art sein wird, daß Eure Hoheit daraus gewiß die stets von mir geübte Sorgfalt und Gewissenhaftigkeit erkennen möge, aber auch, daß meine Geschäfte bei der Kriegführung und Friedensherstellung in diesem Lande so groß waren, wie der wirkliche Erfolg sie offenbart hat, daß ich aber dennoch nie vergessen habe, für die Aufbewahrung und klare Anrechnung alles dessen besondere Sorge zu tragen, was dabei Eurer Majestät gebührte und meinerseits zugewiesen werden konnte.

Da aber aus der durch die Beamten zu erfolgenden Schlußrechnung hervorgehen wird, daß ich in Angelegenheiten der Pazifizierung dieser Länder und damit bei der Erweiterung der Besitztümer Eurer Majestät zweiundsechzigtausend Pesos in Gold aus den königlichen Einkünften entnommen habe, so wird es gut sein, Eure Majestät wissen zu lassen, daß die Sache sich durchaus nicht mehr umgehen ließ. Ich habe erst damit angefangen, aus Dero Kasse zu entnehmen, als aus der meinigen schon nichts mehr zu nehmen und ich bereits mit mehr als dreißigtausend Pesos in Gold verschuldet war, die ich von einigen Privatleuten geborgt hatte. Ich war aber gezwungen, im Dienst Eurer Hoheit die Ausgaben zu machen, und ich glaube auch, daß der daraus erwachsene und fernerhin noch erwachsende Nutzen so groß sein wird, daß mehr als tausend Prozent dabei gewonnen werden dürften.

Allerdings haben die Beamten meinen Antrag, mir diese Ausgaben nicht in Rechnung zu stellen, zu bewilligen Bedenken gehabt, da sie dazu, wie sie angeben, weder Auftrag noch Vollmacht von Eurer Majestät hätten. Deshalb bitte ich, Eure Majestät wollen befehlen, daß ich mit den genannten Ausgaben, weil sie zweckmäßig gemacht erscheinen, nicht belastet werde, daß mir aber außerdem fünfzigtausend Pesos in Gold erstattet werden, die ich teils aus meinem Privatvermögen zugesetzt, teils von Freunden geborgt habe. Andernfalls würde ich unfähig sein, meine Verbindlichkeit gegen die Darlehensgeber zu erfüllen, und in große Not geraten. Ich denke aber nicht an die Möglichkeit, daß Eure Hoheit solches zulassen könnte, hoffe vielmehr, daß ich außer der genannten Summe noch viele Gnadenerweise bekommen werde. Meine geleisteten Dienste und die Früchte, die sie getragen haben, lassen dies nicht unverdient.

Durch die Beamten und andere in ihrer Gesellschaft angekommene Personen erfuhr ich, daß die Sachen, die ich Eurer Majestät durch die Prokuratoren Antonio de Quiñones und Alonso de Avila gesandt habe, nicht in Dero Besitz gelangt sind, weil sie wegen der schlechten, von der Handelskompagnie zu Sevilla für den Weg von der Azoreninsel dorthin gesandten Begleitschiffe von den Franzosen gekapert worden sind. Da nun alle jene Sachen so kostbar und seltsam waren, daß ich sehr wünschte, Eure Majestät hätte sie gesehen, und da auch meine Dienste dadurch sichtbarer werden mußten, hat mir der Verlust ungemein leid getan. Zugleich habe ich mich aber auch gefreut, daß sie weggenommen wurden, denn Eure Majestät soll nichts dabei verlieren, und ich werde, da ich Leute genug dazu habe, mich bestreben, bald schon noch reichere und seltsamere Dinge zu senden, sobald sie mir nur zukommen aus den Ländern, deren Eroberung ich jetzt betreiben lasse, oder auch aus den übrigen. Die Franzosen aber und die anderen Fürsten, denen jetzt die Schätze bekanntgeworden sind, werden einen guten Grund erkennen müssen, sich der Kaiserlichen Krone unterzuordnen, die so viele große Königreiche in diesem entlegenen Erdteil schon besitzt, und da ich, der kleinste von Dero Vasallen, so große Dienste zu leisten imstande gewesen bin.

Auf Abschlag der Erfüllung meiner obigen Zusage übersende

ich jetzt durch meinen Diener Diego de Soto (er war Haushofmeister) einige Sächelchen, die früher auseinandergenommen und nicht würdig erachtet waren, den übrigen beigefügt zu werden. Ich habe sie zum Teil wieder zusammensetzen lassen, so daß sie jetzt einige Figur machen mögen, daneben übersende ich eine Feldschlange aus Silber, zu deren Guß vierundzwanzig Zentner und zweiundzwanzig Pfund verwendet wurden, wovon jedoch etwas im Ofen verblieben sein mag, weil der Guß zweimal vorgenommen werden mußte. Sie ist mir ziemlich kostbar geworden, denn außer dem Metallwert, der vierundzwanzigtausendfünfhundert Pesos in Gold betrug, die Mark zu fünf Pesos Gold gerechnet, kosteten Guß, Gravierung und Transport nach dem Hafen mich noch über dreitausend Pesos. Da es indessen eine so reiche, sehenswerte und für einen so hohen Fürsten würdige Sache geworden ist, so reuen mich weder Mühe noch Kosten. Ich bitte daher Eure Majestät, diese kleine Verehrung anzunehmen und so hoch zu achten, als der gute Wille verdienen mag, nachdem ich sie gern noch größer gesendet hätte. Denn obgleich schon in Schulden steckend, habe ich dennoch noch tiefer darin stecken wollen, um nur den Wunsch erfüllt zu sehen, daß Eure Majestät endlich erfahre, wie eifrig ich Eurer Hoheit zu dienen begehre, zumal ich bis jetzt so viele Widersacher fand, die mir zur Kundgebung dieses Begehrens jegliche Gelegenheit abschnitten.

Desgleichen sende ich Eurer Majestät sechzigtausend Pesos in Gold aus Dero hiesigen Einkünften nach Ausweis der von den Beamten und mir gemeinschaftlich überreichten Rechnungen. Wir wagen eine so große Summe auf einmal zu senden, einmal wegen des großen Bedarfs, der Eurer Hoheit durch Kriegs- und andere Ausgaben erwachsen mag, teils damit Eure Majestät sich aus dem Verlust der vorigen Sendung weniger machen möge. Künftig soll bei jeder sich bietenden Gelegenheit geschickt werden, soviel nur möglich ist. Eure Majestät mag es mir glauben, daß nach der Art, wie sich die Sachen hier anlassen und die Königreiche sich erweitern, die Einkünfte größer und sicherer werden als in irgendeinem der übrigen Reiche und Fürstentümer – versteht sich, wenn wir nicht abermals in Schwierigkeiten der Art verwickelt werden, wie sie uns bisher entgegenstanden.

Ich sage dies mit Absicht, denn vor ein paar Tagen landete Gonzalo de Salazar, Verwalter Eurer Hoheit, im Hafen von San Juan, und von ihm erfuhr ich, auf der Insel Kuba, wo er angelegt hatte, habe man ihm gesagt, daß Diego Velázquez Intrigen mit dem Hauptmann Christóbal de Olid angesponnen habe, den ich zur Kolonisation nach dem Kap Hibueras (Honduras) ausgesandt hatte, und daß sie verabredet hätten, Olid solle sich dort gegen mich empören und sich auf die Seite des Gouverneurs stellen. Nun würde zwar dieser Streich so schändlich sein und so sehr zum Schaden Eurer Majestät gereichen, daß ich nicht daran glauben mag, dennoch halte ich ihn wiederum für möglich, weil ich so gut alle Listen kenne, die Diego Velázquez angewandt hat, mir zu schaden. Wenn er nichts Schlimmeres bewirken kann, sucht er wenigstens zu bewirken, daß keine Leute zu mir kommen. Als Befehlshaber der Insel Kuba verhaftet er alle, die von hier kommend dort anlegen. Er setzt sie unter Druck, nimmt ihnen viel von ihrem Besitz ab und macht ihnen allerlei Bedingungen für ihre Freilassung, und sie tun und sagen, was er will, nur um von ihm loszukommen. Ich werde nun Untersuchungen anstellen, und finde ich die Aussagen bestätigt, dann werde ich nach dem Gouverneur Diego Velázquez aussenden, ihn verhaften lassen und ihn vor Eure Majestät bringen. Denn mit dem Abhauen der Wurzel allen Übels, die dieser Mensch ist, werden die übrigen Verzweigungen schon dürre werden, und ich werde mit größerer Freiheit meine bereits begonnenen und geplanten Aufgaben durchführen können.

IX

In meinen Berichten habe ich jedesmal die Neigung erwähnt, die bei den Eingeborenen dieses Landes besteht, sich zu unserem heiligen katholischen Glauben zu bekehren und Christen zu werden, und ich habe auch Eure Majestät bereits bitten lassen, die Entsendung geistlicher Personen von gutem und beispielhaftem Lebenswandel anzuordnen. Da aber bis jetzt nur sehr wenige oder so gut wie gar keine gekommen sind, bringe ich dies in Erinnerung und bitte, in aller Kürze die nötigen Befehle zu erlassen. Wenn übrigens die Stadträte von Neuspanien und ich durch die Prokuratoren Antonio de Quiñones und Alonso Davila Eure Majestät bitten ließen, daß für Bischöfe und Prälaten zur Verwaltung der geistlichen Ämter gesorgt werden möge, da uns dies damals zweckmäßig erschien, so sind wir jetzt nach reiflicher Überlegung zu der Meinung gekommen, daß zu einer schnelleren Bekehrung der Eingeborenen recht viele feuereifrige Priester entsendet werden müßten, die hier provinzweise in geistlichen Häusern und Klöstern zu versammeln sind, und zwar an Orten, wo es uns angemessen schiene.

Es müßte dann der Zehnte eingeführt werden, um den Hausbau und den Unterhalt zu bestreiten, und was übrigbliebe, könnte für Kirchen und Kirchenmusik in den von Spaniern bewohnten Dörfern verwandt werden. Dieser Zehnte müßte von königlichen Beamten verwaltet und den Klöstern und Kirchen zugewiesen werden, wozu der Ertrag nicht nur ausreichen, sondern noch ein ansehnlicher Teil übrigbleiben würde, dessen Eure Majestät sich alsdann bedienen möge. Eure Hoheit würde dann nur Seine Heiligkeit zu bitten haben, den Zehnten für die Bekehrung dieses Volkes zu überlassen, die aber nicht anders als auf diesem Wege zu bewerkstelligen ist. Denn wenn wir Bischöfe und Prälaten bekämen, dann würden sie zur Strafe für unsere Sünden ihrer Gewohnheit folgen, wonach sie über die Kirchengüter verfügen, das heißt, sie in Pomp und anderen Lastern verschwenden und Majorate für ihre Söhne und Vettern errichten. Dabei wäre aber noch ein anderer großer Übelstand, denn auch die hiesigen Eingeborenen hatten zu ihrer Zeit ihre geistlichen, in allen Zeremonien erfahrenen Personen, die so eingezogen in Ehrbarkeit und Keuschheit leben mußten, daß jede ans Tageslicht gekommene Abweichung davon mit der Todesstrafe belegt wurde. Wenn sie nun unsere kirchlichen Angelegenheiten und unseren Gottesdienst in den Händen jener Canonici und anderer Würdenträger sähen und erführen, daß diese Diener Gottes seien, und sie alle die Laster und Profanitäten sähen, die sie wirklich in den Königreichen üben, dann würden sie verleitet werden, unseren Glauben geringzuschätzen und ihn für ein Possenspiel zu halten.

Da nun hierauf so viel beruht und da es die Hauptabsicht Eurer Majestät ist und sein muß, daß diese Heiden bekehrt werden, und wir als Christen besondere Sorge dafür zu tragen verpflichtet sind, habe ich geglaubt, in dieser Sache meinen Rat erteilen und meine Meinung sagen zu müssen. Weil es nun aber, wenn keine Bischöfe hier sind, schwierig sein dürfte, für die Ordinationen und Weihen der Kirchen, Kirchengerätschaften, des Salböls und anderer Sachen Hilfe zu finden, würde Eure Majestät gleichzeitig Seine Heiligkeit um die nötige Vollmacht bitten, ferner die beiden vornehmsten Geistlichen zu Subdelegaten des Heiligen Stuhles zu ernennen, den einen vom Orden des heiligen Franziskus, den anderen von dem des heiligen Dominikus. Da aber diese Länder vom Sitz der römischen Kirche so weit entfernt sind, wir dadurch von den Mitteln der Gewissensberuhigung so weit getrennt, dennoch aber als Menschen so sehr der Sünde unterworfen, ist es notwendig, daß Seine Heiligkeit durch Bewilligung ausgedehnter Vollmachten für jene Personen ein übriges tue, und zwar für solche, die wirklich hier ihren Wohnsitz haben werden, sei es nun der General oder Provinzial der erwähnten Orden.

Die Zehnten sind in diesem Lande bereits in einigen Städten an den Meistbietenden verpachtet und in anderen dazu ausgeboten worden. Die Verpachtung beginnt mit dem Jahre 1523, weiter zurückzugreifen schien mir nicht zweckmäßig, weil die Steuerpflichtigen während der damaligen Kriege stets mehr Ausgaben als Einnahmen hatten. Geruhen Eure Majestät jedoch etwas anderes zu befehlen, so wird geschehen, was Dero Dienst am angemessensten sein wird. Die Zehnten der Hauptstadt sind für jährlich fünftausendfünfhundertfünfzig Pesos in Gold vergeben, die von Medellín und Veracruz für tausend Pesos in Gold noch nicht verpachtet und werden, wie ich glaube, höher zu veranschlagen sein. Von den anderen Städten weiß ich noch nichts, da sie weit entfernt liegen. Die Einnahmen sollen verwendet werden, um Kirchen zu bauen, Pfarrer und Sakristane zu besolden, Kirchengerätschaften zu bezahlen und andere Ausgaben für die Kirchen zu bestreiten.

X

Durch kürzlich von den Inseln gekommene Schiffe habe ich Nachricht erhalten, daß die Richter und Beamten auf Española verordnet und durch öffentlichen Ausruf bekanntgemacht hätten, es sei bei Todesstrafe verboten, Stuten oder sonstige sich fortpflanzende Dinge nach Neuspanien auszuführen. Sie haben dies getan, um uns in dem ständigen Zwang zu erhalten, ihnen das Schlachtvieh und die Lasttiere abzukaufen, und zwar zu unmäßigen Preisen. Sie hätten dies aber nicht tun sollen, denn ganz offenbar müssen für Eure Majestät große Nachteile daraus erwachsen, wenn auf solche Weise die Kolonisation dieses Landes gehemmt wird. Sie wissen sehr gut, wie sehr wir dessen, was sie uns jetzt versagen wollen, für die Entwicklung dieses Landes bedürfen. Sie hätten es auch nicht tun sollen wegen der vielen Werke und der edelmütigen Behandlung, die sie immer von Neuspanien erfahren haben, und weil sie selber der Gegenstände ihres Ausfuhrverbotes nur wenig bedürfen. Ich bitte daher, eine Königliche Verfügung zu erlassen, die das Verbot und die damit verbundene Strafe aufhebt, denn auf den Inseln wird durch die Ausfuhr kein Mangel entstehen, wir aber würden durch das Verbot nicht mehr imstande sein, neue Eroberungen zu machen und auch nur die gemachten zu behaupten.

Ich könnte mir sehr leicht selber helfen, und zwar auf eine Weise, daß sie froh wären, ihr Verbot wieder zurücknehmen zu können. Ich hätte nur ein ähnliches Verbot zu erlassen brauchen, daß überhaupt keine anderen Ausfuhrartikel der Inseln als gerade die verbotenen hier in diesem Lande ausgeladen werden dürften, dann würden sie gerne aufhören, das eine zu untersagen, um nur das andere loszuwerden. Sie haben ja kein anderes Mittel, etwas zu gewinnen, als durch den Handel mit diesem Lande, und ehe er in Gang kam, konnten die Bewohner der Insel unter sich keine tausend Pesos in Gold zusammenbringen, und jetzt haben sie mehr, als sie jemals gehabt haben. Um jedoch denjenigen, die gern Übles reden, keine Gelegenheit zu geben, ihre Zunge auszustrecken, habe ich mir bis jetzt nichts anmerken lassen, um es erst Eurer Majestät zu melden, damit in dieser Sache verordnet werden kann, was Dero königlichem Dienst zusagen wird.

Ich meldete auch bereits, welche Notwendigkeit besteht, daß Pflanzen aller Art nach diesem Lande geschafft werden. Da aber bis jetzt noch nichts geschehen ist, bitte ich Eure Majestät, der

Handelskompagnie zu Sevilla zu befehlen, daß künftig von jedem hierher bestimmten Schiff eine bestimmte Menge Pflanzen mitgenommen werde, da dies für unsere Kolonisation von größter Wichtigkeit ist.

Wie es mir zukommt, nach guter Ordnung in der Kolonisation dieses Landes zu trachten, nach der Erhaltung der spanischen Kolonisten wie der Eingeborenen und nach der Festigung unseres heiligen Glaubens, nachdem Eure Majestät geruht hat, dies alles unter meine Fürsorge zu stellen, und Gott der Herr sich meiner Vermittlung bedient, um dies Land unter Dero kaiserliches Joch zu bringen, habe ich verschiedene Verordnungen durch öffentlichen Ausruf verkünden lassen, deren Abschriften ich für Eure Majestät beifüge. Ich halte es für notwendig, daß diese Verordnungen beachtet werden, von einigen derselben sind aber die hiesigen Spanier nicht sehr erbaut, namentlich von denjenigen, die sie zur festen Ansiedlung auf ihren Landgütern verpflichten. Die meisten von ihnen dachten es hier so zu machen, wie sie es auf den früher kolonisierten Inseln gemacht hatten, nämlich ihre Ländereien abzuernten, auszusaugen und dann zu verlassen. Mir aber scheint es, daß von uns, die wir die Erfahrung der Vergangenheit besitzen, kein größerer Fehler gemacht werden könnte, als sie nicht für die Gegenwart und die Zukunft anzuwenden. Ich bitte Eure Majestät daher, diese Verordnungen durchzusehen und mir Dero Befehle über das Verfahren zugehen zu lassen, sei es in Ausführung dieser Verordnung oder anderer Maßregeln, die ich zu beobachten haben werde. Stets aber wird man mich besorgt finden, das jeweils Angemessene hinzuzufügen, denn bei der Größe und Mannigfaltigkeit der Länder, die täglich entdeckt werden, bei den vielen Geheimnissen, die täglich in den schon entdeckten Ländern erkundet werden, tut es not, für neue Begebenheiten auch neue Ansichten und Ratschläge zu haben. Und wenn etwa in diesem oder jenem, das ich bisher gesagt habe oder künftig sagen werde, scheinbare Widersprüche zu früheren Äußerungen enthalten sein werden, so wolle Eure Exzellenz annehmen, daß mir durch eine Wandlung der Sache eine neue Ansicht aufgezwungen worden ist.

Unüberwindlicher Kaiser! Möge Gott der Herr Eure Majestät

bewahren und mit Zuwachs vieler Königreiche in seinem Dienste fördern und erhalten, nebst allem, was Eure Hoheit sich sonst noch wünschen mag. Eurer Majestät untertänigster Knecht und Vasall

Hernán Cortés

Hauptstadt Tenochtitlán
in Neuspanien

NACHWORT:
EIN SINKENDER STERN

Gewagte Unternehmungen

Als Hernán Cortés im Oktober 1524 seinen Bericht an Kaiser Karl V. abgesandt hatte, stand er auf der Höhe seines Sieges. Trotz mancher Widersacher am spanischen Hofe hatte er die kaiserliche Gunst errungen, wenn auch das Prunkstück seiner letzten Sendung, die silberne Feldschlange, einem Günstling des Kaisers, dem Schatzsekretär Francisco de los Cobos, geschenkt wurde, der sie einschmelzen ließ und dafür zwanzigtausend Dukaten einstrich. Im übrigen ließen die Wirren der Zeit – Kriege mit Franz I. von Frankreich, die sich immer weiter ausbreitende Reformation, die Türkenkriege, Streitigkeiten mit dem Papst und die Machtkämpfe mit den Kurfürsten – dem jungen Kaiser nicht viel Zeit, sich mit dem jüngst eroberten Neuspanien zu beschäftigen. So gab er einmal den Einflüsterungen der Feinde des Eroberers Cortés nach und glaubte den Verleumdern, während ein andermal die Bemühungen der Freunde und Gönner Erfolg hatten, zu denen der mächtige Herzog von Béjar gehörte, während sein Vater Martin Cortés nicht müde wurde, die Rechte seines großen Sohnes überall zu verteidigen, wo es not tat.

Hernán Cortés selber hätte in Ruhe, die dem ungestümen Eroberer allerdings immer fremd geblieben war, den Lauf der Dinge abwarten können, er hätte im Lande bleiben und sich mit dem Aufbau und der Verwaltung des großen Reiches befassen sollen, aber er beging den größten Fehler seines Lebens, indem er das Land verließ, um eine Strafexpedition gegen seinen abtrünnigen Hauptmann Christóbal de Olid zu unternehmen. »Cortés hatte erfahren, daß die Länder am Golf von Honduras sehr reich an Gold und Silber seien. Einige Seeleute wollten sogar mit eigenen Augen gesehen haben, daß die Fischer dort ihre Netze mit Goldklumpen statt mit Blei beschwerten.« Er hatte dem Hauptmann de Olid den Befehl gegeben, zuerst nach Kuba zu segeln, um dort Pferde und Proviant einzukaufen, und dann nach Honduras zu fahren. »Bei der Truppe befanden sich fünf vom alten Stamm der Eroberer. Sie hatten sich zwar schon ansässig gemacht und die Ruhe wohl verdient, aber Cortés war nicht der Mann, dem man sagen konnte: ›Herr, ich habe den Kriegsdienst satt, laßt mich nun ein ruhiges Leben genießen!‹ In Havanna schlossen sich weitere fünf der ältesten Eroberer, die Diego de Ocampo aus Pánuco ausgewiesen und nach Kuba geschickt hatte, der Expedition an. Sie drängten Olid, sich gegen Cortés aufzulehnen, und Velázquez und Olid einigten sich, gemeinsam Honduras zu erobern und dann vom Kaiser die Statthalterschaft zu erbitten. Der Hauptmann Christóbal de Olid segelte nun nach Honduras und gründete dort am Golf die Stadt Triunfa de la Cruz.

Cortés erfuhr von der Rebellion des Hauptmanns Olid und schickte seinen Verwandten Francisco de Las Casas mit fünf Schiffen nach Honduras. Als dieser vor der Bucht erschien, in der Olid mit seinen Schiffen lag, hißte er die Friedensflagge, aber der Rebell traute ihm nicht. Nach einem scharfen Gefecht, bei dem eine Karavelle vernichtet wurde, ging Las Casas an Land. Er kehrte aber an Bord zurück, und in der Nacht warf ein schwerer Sturm die Schiffe auf den Strand, wobei dreißig Mann ertranken. Die übrigen wurden von Olid gefangengenommen, doch als sie geschworen hatten, gegen Cortés kämpfen zu wollen, kamen sie wieder frei. Nur Las Casas blieb in Haft, aber er durfte frei umhergehen. »Als eines Abends die Offiziere vor dem Essen plaudernd beisammen standen, faßte Francisco de Las Casas den Hauptmann Olid plötzlich beim Bart und stieß ihm einen Dolch in die Kehle. Gleich darauf stürzten andere Verschwörer über ihn her und versetzten ihm so viele Messerstiche, daß er zu Boden fiel. Dann setzten sie sich zu Tisch und ließen es sich wohl schmecken.« Olid raffte sich wieder auf, wurde aber festgenommen, durch ein Kriegsgericht zum Tode verurteilt und auf dem Marktplatz der Stadt Naco hingerichtet. Francisco de Las Casas gründete nun die Stadt Trujillo und machte sich auf die Heimreise, um Cortés Bericht zu erstatten.

Inzwischen hatte Cortés sich entschlossen, auf dem Landwege nach Honduras zu ziehen, also sein von ihm erobertes Reich, das ihm im Grunde niemand streitig machen konnte, zu verlassen und sich in ein Abenteuer zu stürzen, das ihm fast den Untergang bringen sollte. Aber »da die Pläne unseres Feldherrn immer recht hoch waren und seine Herrschsucht kein Maß kannte, glaubte er in allen Dingen Alexander den Großen nachahmen zu müssen«. Er ernannte zu seinen Stellvertretern den Schatzmeister Alonso de Estrada, den Rechnungsführer Rodrigo de Albornoz und den Juristen Alonso Zuazo, der erst kurz zuvor auf abenteuerliche Weise nach Mexiko gelangt war. Das Schiff, mit dem er von Spanien kam, scheiterte an der Küste von Kuba, aber in einer Barke, die der tüchtige Schiffszimmermann aus den Trümmern gebaut hatte, konnte Zuazo endlich nach Veracruz gelangen. Cortés schätzte in ihm den Rechtskundigen, der das Gesetz achten sollte, wie er selber es stets tat oder zu tun glaubte. Er wollte mit Zuazo aber auch den beiden anderen Regenten ein Kontrollorgan an die Seite stellen, da er ihnen in keiner Weise trauen konnte. Estrada prahlte damit, daß er ein Sohn des Königs Ferdinand von Aragon sei und demgemäß geachtet werden müsse. Albornoz hegte einen tiefen Groll gegen Cortés, da dieser ihm die Heirat mit der Tochter des Fürsten von Tetzcuco verweigert hatte. »Von dessen Intrigen hatte Cortés damals wohl noch keine rechte Kenntnis«, meint Bernal Diaz dazu. Zwei andere hohe Beamte, die Kommissare Salazar und Chirino, wurden von Cortés übergangen, aber sie hefteten sich buchstäblich an seine Fersen, bis sie erreicht hatten, was sie wollten.

Hernán Cortés trat mit seiner Truppe im Oktober 1524 den Marsch über Land nach Honduras an, aber diesmal mit dem Hofstaat eines großen Fürsten. »Nachdem er die Forts und Zeughäuser für eine mögliche Verteidigung hergerichtet hatte, brach er mit einem großen Gefolge von Offizieren auf. Um vor einem Aufstand der Indianer ganz sicher zu sein, nahm er den Aztekenherrscher Cuauhtemoc, den Fürsten von Tacuba und viele Kaziken auf den Feldzug mit. Zu seinem Gefolge zählten auch der Verwalter des Gold- und Silbergeschirrs, zwei Ärzte, zahlreiche Pagen, ein Stallmeister mit vielen Pferdeknechten, zwei Falkeniere, fünf Hornisten, ein Luftspringer und endlich ein Taschenspieler, der sich auch auf das Marionettenspiel verstand. Ferner wurde eine große Herde Schweine mitgenommen, um auf dem Marsch immer frisches Fleisch zu haben. Die Mexikaner hatten dreitausend Mann Hilfstruppen gestellt.«

Der Marsch begann wie ein wahrer Triumphzug, in jeder Stadt und in jedem Dorfe wurde Cortés mit Begeisterung aufgenommen. »Einige Tagereisen vor Coatzacoalco kamen wir Cortés mit allen Offizieren und angesehenen Männern der Stadt entgegen, um ihn zu empfangen. Er sah dergleichen nur zu gern, und man konnte es für ihn damit nie zu weit treiben. Cortés blieb sechs Tage in unserer Stadt, wo wir ihn mit Kampfspielen und prächtigem Feuerwerk erfreuten. Salazar und Chirino ließen ihm auch jetzt noch mit ihren Warnungen keine Ruhe. Sie sagten, Albornoz und Estrada hätten bereits die Köpfe zusammengesteckt und heimliche Abmachungen getroffen. Dabei verstanden Salazar und Chirino ihre Anhänglichkeit so gut herauszustellen, daß Cortés sich am Ende verleiten ließ, auch ihnen die Statthalterschaft zu übertragen, die sie notfalls allein ausüben sollten, sobald die beiden anderen ihre Gewalt nicht mehr zum Vorteil des Kaisers anwenden würden. Darauf nahmen sie mit übertriebener Rührseligkeit Abschied, besonders Salazar schien sich in Tränen auflösen zu wollen, als er sich mit der Vollmacht in der Tasche auf den Rückweg machte.

Cortés befahl nun sämtlichen spanischen Kolonisten unserer Stadt, lauter alten Eroberern, die meist aus guten adligen Familien waren, ihn auf dem Feldzug zu begleiten. Wir hatten zwar gehofft, in Ruhe auf unseren Landgütern leben zu können, aber keiner hatte den Mut, nein zu sagen, was uns auch nicht geholfen hätte.« In der irrigen Annahme, daß die Halbinsel Yucatán nur etwa fünfzehn Leguas breit sei, während er in Wirklichkeit einen Marsch von mehr als der dreifachen Länge vor sich hatte, machte Cortés sich mit seinem gewaltigen Troß auf den Weg. Undurchdringliche Wälder, reißende Flüsse und endlos scheinende Sümpfe hemmten den Vormarsch. Einmal mußte eine fünfzehnhundert Meter lange Brücke über einen Sumpf geschlagen werden, am Chiapas wurden in schwieriger Arbeit Barken gebaut, um den Strom überqueren zu können, und dann wateten die zu Tode erschöpften Eroberer wieder bis zum Bauch durch Sumpf und Morast.

Einer der Ströme, der den Vormarsch aufhielt, war so tief

Vornehme Aztekin Krieger Priester

Mexikanische Trachten
(Nach Clavigeros Geschichte von Mexiko)

und reißend, daß selbst der Feldherr zuerst an einen Rückzug dachte. »Cortés war aber ein Mann der Tat, der keine Schwierigkeiten kannte.« Er baute mit den Indianern aus mehr als tausend Baumstämmen von Mannsdicke und zehnfacher Mannslänge eine Brücke, wobei er als einziger Spanier unverdrossen mitgeschuftet haben soll. Zu den Strapazen des langen Marsches kam der ewige Hunger, da die Einwohner der weit auseinanderliegenden Dörfer meist die Flucht ergriffen und alles Eßbare mitgenommen hatten. »Wenn man mich nun fragen würde«, schreibt Bernal Diaz, »warum wir denn nicht unsere Herde Schweine aufgezehrt hätten, muß ich antworten, daß der Küchenmeister das Gerücht verbreitet hatte, sie seien bei der Durchquerung der Flüsse allesamt von Alligatoren gefressen worden. Der Luftspringer und drei andere Spanier waren bereits an Entkräftung gestorben, und viele Indianer hatten den gleichen Tod gefunden. Die Strapazen wurden so groß, daß selbst die Hornisten ihre Instrumente nicht mehr spielen konnten, obschon sie nichts anderes zu tun hatten.«

Der Tod des letzten Aztekenherrschers

Als die zu Tode ermatteten Spanier ringsum nicht nur von einer erbarmungslosen Natur, sondern auch von feindlichen Indianerstämmen umgeben waren, kam einer der mexikanischen Kaziken heimlich zu Cortés und verriet ihm, daß Cuauhtemoc mit anderen Kaziken den Plan gefaßt habe, an einem Flußübergang oder in einem der weglosen Sümpfe mit ihren indianischen Kriegern die Spanier zu überfallen und niederzumachen, um darauf einen allgemeinen Aufstand in Mexiko anzuzetteln, die Spanier auszurotten und das alte Aztekenreich wiederaufzurichten. Cortés schlug ohne zu zögern zu, nachdem ihm einige streng verhörte Kaziken den Plan bestätigt hatten. Er ließ den Aztekenherrscher Cuauhtemoc und einige Fürsten aus seinem Gefolge in Ketten legen und verhören, wobei der Steuermann Lopéz geschickt mit seinem Kompaß hantierte, der angeblich die Schuldigen anzeigen könne. »Cuauhtemoc bekannte seine Schuld und daß es so sei, wie die anderen ausgesagt hätten, der Plan sei aber nicht in seinem Kopfe entstanden, sondern er habe nur an einer Besprechung darüber teilgenommen. Der Fürst von Tacuba gestand nichts weiter, als daß sie gesagt hätten, es sei besser, bald zu sterben, als täglich dem Tode nahe zu sein und die Leute vor Hunger zusammenbrechen zu sehen. Ohne weitere Beweise zu haben, ließ Cortés Cuauhtemoc und Tetlepanquetzal, den Fürsten von Tacuba, aufhängen. Ehe jedoch das Urteil vollstreckt wurde, beichteten die Verurteilten ihre Sünden, um als gute Christen zu sterben. Als es dann zur Hinrichtung kam, sagte Cuauhtemoc: ›O Malinzin! Schon lange habe ich an deinen falschen Worten gemerkt, daß du mich zu einem solchen Tode bestimmt hast. Warum läßt du mich nun gegen Recht und Gesetz umbringen? Gott dem Allmächtigen wirst du einmal Antwort auf diese Frage geben müssen!‹ Der Fürst von Tacuba sagte, er freue sich auf den Tod, den er zusammen mit seinem Herrscher erleiden dürfe. ›Mich schmerzte der Tod der beiden Fürsten aufs tiefste‹, schreibt Bernal Diaz, ›denn sie starben unschuldig.‹

Unser Feldherr zeigte sich nun sehr verstimmt und nachdenklich. Der Gedanke an unsere Verluste auf dem schrecklichen Marsch, vielleicht aber auch die Reue über die Hinrichtung der beiden Fürsten ließen ihn bei Tag und Nacht nicht los. Oft stand er von seinem Nachtlager auf und ging ruhelos hin und her. Dabei stürzte er einmal eine Stufe hinunter, die er nicht beachtet hatte, und verletzte sich am Kopf. Er verlor aber kein Wort darüber, ließ sich heimlich verbinden und brach am anderen Morgen in aller Frühe mit uns auf.«

Der Weg führte nun »durch die wildesten Berge, die wir je gesehen«, wo alle Wege mit messerscharfen Steinen bedeckt waren, so daß die Pferde ausglitten und sich verletzten. Acht Pferde kamen dabei um. Dann ging es wieder mit unendlicher Mühe durch Sümpfe und Wälder, über Flüsse und Seen, bis es endlich gelang, einige Indianer zu fangen, die von weißen Männern mit Bärten berichteten, die zwei Tagereisen entfernt an der Küste wohnten. Cortés schickte nun Gonzalo de Sandoval zur Erkundung voraus. Der tüchtige Hauptmann, der seinen Freund Bernal Diaz meist bei sich hatte, erreichte das Meer, nahm einigen indianischen Händlern ein Boot mit Segeln und Rudern ab und ließ sich an der Küste entlangfahren. Am Golfo Dulce (Izabalsee) traf er vier Spanier beim Fischen, die aus der zwei Stunden entfernt liegenden Stadt San Gil de Buena Vista stammten. Sandoval ritt mit ein paar Reitern dorthin und wurde freudig begrüßt. Sofort ließ er Boote mit Kassavebrot für die Kameraden beladen, es kamen aber nur fünfzig Pfund zusammen, da die Einwohner, die aus vierzig Spaniern, vier Spanierinnen und zwei Mulattinnen bestanden, bereits ihren Proviant für die Rückkehr nach Kuba gesammelt hatten.

Als Cortés bald darauf in die Stadt einzog, wurde er mit Jubel begrüßt, aber die Not hatte noch kein Ende. Luis Marín wurde nun mit den tüchtigen Männern von Coatzacoalco nach Proviant ausgeschickt, und sie fanden nach achtstündigem Marsch in einigen Ansiedlungen große Mengen von Mais, Bohnen, Kakao und anderem. Sie schickten sofort einige Scheffel als erste Hilfe an Cortés. Dann stieß Sandoval mit seiner Truppe zu ihnen, »und er freute sich, uns so gut im Futter zu sehen. Er ließ weitere dreißig Scheffel nach der Stadt bringen, aber sie

Mann und Frau aus dem Volke Kazike

Mexikanische Trachten
(Nach Clavigeros Geschichte von Mexiko)

bekamen den Kolonisten schlecht, da sie mit solchem Heißhunger darüber herfielen, daß sie krank wurden und sieben von ihnen starben. In dieser Not fügte es Gott der Allmächtige, daß ein Schiff von Kuba einlief, das fünfzehn Passagiere und acht Matrosen an Bord hatte, dazu sieben Pferde, vierzig Schweine, acht Tonnen Pökelfleisch und eine Menge Kassavebrot. Cortés kaufte die ganze Ladung und gab den Kolonisten einen Teil davon, aber die Folge war wieder schlimm, denn sie bekamen davon den Durchlauf, und siebzehn starben daran.«

Da das Land wegen der Moskitoplage nicht zur Ansiedlung geeignet war, schiffte Cortés sich mit allen Ansiedlern ein und segelte nach der Bai Puerto de Caballos, die heute Puerto Cortés genannt wird. Dort fand er einen guten Hafen und gründete die Stadt Navidad. Er segelte dann weiter nach Trujillo, der von Francisco de Las Casas gegründeten Stadt. Die ganze Einwohnerschaft lief an den Strand, um ihn zu begrüßen. »Viele von ihnen hatten auch Grund genug, ihn um Vergebung für ihren zusammen mit Olid verübten Verrat zu bitten, andere für ihre Beteiligung an dessen Hinrichtung. Cortés aber trug keinem etwas nach und zog mit ihnen zur Kirche, um eine Andacht abzuhalten.«

Er entschloß sich nun, die erkrankten Soldaten und Kolonisten mit einem Schiff nach Kuba zu schicken, nachdem er ihnen genügend Proviant und auch Gold und Juwelen aus seinem Privatschatz mitgegeben hatte. Das Schiff strandete bei Kap San Antonio in einem schweren Sturm, und nur wenige konnten sich in einem Boot und auf treibenden Planken retten, unter ihnen der tüchtige Steuermann Pedro Lopez. Schnell verbreitete sich nun die Nachricht, daß Hernán Cortés noch am Leben sei. Pedro Lopez brachte sie auch nach Santo Domingo zu den Hieronymiten-Brüdern, den vom Kaiser eingesetzten Generalstatthaltern aller Kolonien in der Neuen Welt. »In Santo Domingo wurde nun aber gleich der Geschäftsgeist rege, man belud eilig zwei Schiffe mit Pferden und Fohlen, mit Hemden, Mützen und allerlei Waren, vergaß aber unglücklicherweise, auch Lebensmittel an Bord zu nehmen.«

Währenddessen lag Gonzalo de Sandoval mit seiner Truppe in Naco und mit ihm sein alter Freund und Kampfgenosse Bernal Diaz. Eines Tages kamen Kaziken aus den Nachbardörfern und berichteten von Leuten mit Feuergewehren, die die Häuser plünderten und die Frauen in Ketten wegschleppten. Sandoval zog sofort dorthin und fiel über die fremde Truppe her, »die an alles eher als an uns gedacht hatte. Sie mußten die Gefangenen freilassen und wurden selber gefangen nach Naco gebracht. Sie hatten viele Indianerinnen aus Nicaragua bei sich und waren fast alle beritten. Im Vergleich zu uns waren sie wahre Grafen.« Der gefangene Hauptmann berichtete, er sei von Francisco Fernández, der in Nicaragua Eroberungen mache, auf die Suche nach einem günstigen Hafen geschickt worden. Luis Marín und Bernal Diaz wurden nun mit einem Trupp zu Hernán Cortés geschickt. In der Nähe von Trujillo stießen sie auf fünf Reiter, die an der Küste einen Spazierritt unternahmen. »Einer von ihnen war Cortés, der uns von weitem erkannte, seinem Roß die Sporen gab und auf uns zusprengte. Mit Tränen in den Augen rief er: ›Kameraden, wie sehr habe ich mich nach euch gesehnt!‹ Er sah ganz erbärmlich aus, denn er hatte so heftiges Fieber gehabt, daß es ihn fast das Leben gekostet hätte. Einige Leute versicherten uns sogar, daß die Franziskanerkutte, in der er begraben werden sollte, schon bereitgelegen habe. Er ging mit uns zu Fuß nach Trujillo zurück, wo wir mit ihm zu Abend aßen. Es ging dabei aber recht ärmlich zu, denn es gab nicht einmal Kassavebrot.«

Intrigen in der Hauptstadt

Bald darauf brachte ein Schiff einen Brief des Ersten Alkalden Zuazo, der berichtete, daß in Mexiko unter den von Cortés bestallten Regenten ein Kampf aller gegen alle herrsche. Als Salazar und Chirino, die Cortés ein Stück Wegs begleitet und ihm ihre Bestallungen abgeschmeichelt hatten, nach Mexiko zurückgekehrt waren, legten sie den Regidoren der Stadt ihre Urkunden vor, wonach sie die Regierung übernehmen sollten. Der Jurist Zuazo suchte zu vermitteln, aber Salazar machte sich zum allgemeinen Gewalthaber, indem er Estrada und Albornoz kurzerhand einsperren ließ und seinen Mitregenten Chirino auf eine Strafexpedition gegen die aufrührerischen Zapoteken schickte. Was nun an Ränken mit und ohne Gewalt geschmiedet wurde, ist kaum zu beschreiben oder gar zu entwirren. Salazar tat sich mit dem Haushofmeister Rodrigo de Paz zusammen, sie wohnten als große Herren im Palast des Cortés und beschlagnahmten das Eigentum der mit ihm ausgezogenen Eroberer, die man längst verschollen glaubte. Ihr auf den schwachen Füßen der Habgier stehendes Bündnis hielt jedoch nur so lange, als bis Rodrigo de Paz dem Salazar am Spieltisch zwanzigtausend Pesos abgenommen hatte. Rodrigo de Paz wanderte in den Kerker, während Albornoz und Estrada nun freigelassen wurden, um mit Salazar gemeinsam das Haus des Feldherrn zu besetzen und nach seinen ins Sagenhafte gehobenen Schätzen zu suchen.

Als Cortés durch Zuazo hiervon erfuhr, schloß er sich einen Tag lang in sein Quartier ein, »aus dem ein Schluchzen zu uns herausdrang. Am folgenden Tage teilte er uns mit, welche Nachrichten er aus Mexiko erhalten hatte. Da hörten wir denn gleich zu Anfang, daß man auf das bloße Gerücht von unserem Untergang hin unser ganzes Vermögen beschlagnahmt und an den Meistbietenden verkauft und unsere Indianer verteilt hatte.« Die Gerüchte stammten in der Hauptsache von Diego de Ordas, den Cortés als seinen Bevollmächtigten nach Spanien geschickt hatte. Als er zurückgekehrt war, machte er sich zur Küste auf, um Cortés zu suchen. Er erhielt falsche Nachrichten, wonach Cortés mit seiner Truppe vernichtet worden sei, und mit dieser Hiobsbotschaft war er, vermutlich etwas voreilig, nach Mexiko zurückgekehrt.

»Die Waffengefährten von Cortés, die in der Hauptstadt geblieben waren, legten nun Trauer an, und man errichtete sogar einen Katafalk für die Totenmesse in der Hauptkirche. Salazar aber ließ sich unter Trompetengeschmetter zum Statthalter von Neuspanien ausrufen. Er forderte die Frauen der mit Cortés gezogenen Männer auf, für das Seelenheil der Toten zu beten und von neuem zu heiraten. Die Frau des Soldaten Valiente wurde mit Prügeln durch die Straßen von Mexiko gejagt, weil sie keine neue Ehe eingehen wollte und gesagt hatte, daß wir noch am Leben seien, da wir besser mit den Indianern fertig würden als Chirino mit den Zapoteken. Andererseits behauptete ein Spanier, er habe einmal in der Nacht Doña Marina, Cortés und Sandoval im Fegefeuer brennen gesehen. Ein anderer behauptete, daß in den großen Höfen von Tetzcuco Geister wandelten, die von den Indianern für die abgeschiedenen Seelen des Cortés und der Doña Marina gehalten würden. Salazar und Chirino gingen sogar so weit, daß sie einige Anhänger von Cortés in einer Kirche festnehmen ließen, aber der Klosterabt belegte darauf die Stadt mit dem Interdikt, also mit dem Verbot, Messen zu lesen und die Sakramente zu spenden. Darauf ließen die Gewalthaber ihre Gefangenen alsbald wieder frei.

Als Salazar eine Goldsendung nach Spanien abgehen lassen wollte, gingen Las Casas und Zuazo an die Küste, um das Schiff zurückzuhalten. Salazar ließ sie aber beide festnehmen. Dann strengte er einen Prozeß gegen Las Casas und Avila wegen der Hinrichtung Olids an. Sie wurden zum Tode verurteilt, und es gelang ihnen nur mit Mühe, die Berufung beim Kaiser durchzusetzen. Salazar ließ sie nun gefangen nach Spanien bringen, und er zwang Zuazo, sich nach Kuba einzuschiffen. Als Salazar auf diese Weise seine drei Hauptgegner beseitigt hatte, gab er noch den Befehl heraus, alle Anhänger des Statthalters Cortés gefangenzusetzen. Die Bedrohten zogen sich aber mit Jorge de Alvarado und Andrés de Tapia in das Franziskanerkloster zurück. Da es nun jeden Augenblick zu einem Kampf auf Leben und Tod kommen mußte, ließ Salazar das Zeughaus räumen und alle Waffen in seinen Palast schaffen. Dann wurden sämtliche Geschütze vor seinem Hause aufgestellt, und schließlich umgab er sich noch mit einer starken Leibwache, die ihn ständig schützen sollte. Zuazo schloß seinen Bericht an Cortés mit den Worten: ›In Mexiko ist alles verloren. Ich habe berichtet, wie die Sachen standen, als man mich auf ein Maultier setzte und in Ketten nach Veracruz schaffte, wo ich mich jetzt befinde.‹«

Cortés schickte nun zuerst seinen Diener Martin Dorantes zu Schiff nach Mexiko. Er wurde nördlich von Veracruz heimlich an Land gesetzt und machte sich als Bauer verkleidet auf den Weg. Unter seinen Kleidern verborgen trug er die Briefe seines Herrn an die Getreuen. Ende Januar 1526 erreichte er die Hauptstadt, schlich in der Nacht heimlich in das Kloster der Franziskaner und fand hier viele Anhänger seines Feldherrn versammelt. »Als sie hörten, daß Cortés noch lebe, und als sie seine Briefe gelesen hatten, wußten sie sich vor Freude nicht zu fassen. Sie tanzten um Dorantes herum, und auch die Mönche machten den Jubel mit und dankten Gott für die guten Nachrichten.

Noch in der Nacht wurden einige andere Anhänger in das Kloster gerufen, auch Estrada und Albornoz, und als der Tag begann, nahm man Martin Dorantes in die Mitte und eilte mit ihm durch die Straßen unter den fortwährenden Rufen: ›Es lebe der Kaiser! Es lebe Hernán Cortés! Er lebt noch! Sein Diener Dorantes ist bereits hier!‹ Die Einwohner schlossen sich in Scharen dem Zuge an, als sie sich aber dem Palast Salazars näherten, fanden sie die Geschütze bereits schußfertig und die Leibgarde unter Waffen. Sie drangen trotzdem von zwei Seiten in das Haus ein. Salazar griff selber nach einer Lunte, um ein Geschütz abzufeuern, aber er kam nicht mehr dazu. Man übergab ihn einer Wache, bis man aus starken Balken einen Käfig gebaut hatte, in dem er einstweilen sicher untergebracht war. Darauf wurden Eilboten durch das ganze Land geschickt, um die Neuigkeiten bekanntzugeben. Als Chirino, der sich noch auf dem Feldzug gegen die Zapoteken befand, davon hörte, floh er in das Franziskanerkloster zu Tetzcuco, aber die Häscher holten ihn heraus und wiesen auch ihm ein hübsches Vogelbauer als Wohnung an.« (Bernal Diaz)

Salazar zettelte sogar noch aus dem Gefängnis mit seinen Anhängern eine Verschwörung an, zu der auch Albornoz gehörte, der wegen seiner Intrigen und Verleumdungen bei Hofe allerlei zu befürchten hatte. Die Verschwörung wurde jedoch verraten, und der Schatzmeister Alonso de Estrada ließ zwanzig Aufrührer gefangensetzen, drei davon durch den Strang hinrichten und mehrere andere mit Stockhieben bestrafen. Der Pater Diego de Altamarino wurde nun beauftragt, zu Schiff nach Trujillo zu reisen und Cortés zur Rückkehr zu bewegen. Der Pater traf nach glücklicher Fahrt in wenigen Tagen dort ein, und als er seinen Bericht über die Ereignisse in der Hauptstadt erstattet hatte, war Cortés sofort zur Rückkehr bereit. »Vor der Abreise wurde der Feldherr aber noch einmal so krank, daß er sogar mit den letzten Tröstungen der Kirche versehen werden mußte. Er erholte sich aber bald wieder und schiffte sich mit einem großen Gefolge ein.« Das Schiff lief zunächst den Hafen Havanna an, wo Cortés mit Jubel begrüßt wurde. Ungeduldig setzte er nun die Reise fort und erreichte nach zwölf Tagen den Hafen von Medellín. Hier ging er mit zwanzig Gefolgsleuten an Land, beschlagnahmte eine Gruppe Pferde und erreichte nach einem fünfstündigen Ritt in der Nacht die Stadt Veracruz. Er wollte den Tagesanbruch in einer Kirche erwarten, als aber am Morgen der Mesner die vermeintlichen Fremden entdeckte, schlug er Alarm. Bald darauf betrat der Alkalde mit vielen Bewaffneten die Kirche, aber sie erkannten Cortés, der von seiner Krankheit und von der Reise noch sehr mitgenommen war, an der Stimme, »und jetzt sahen sie auch Pater Juan in seinem weißen Habit, so schmutzig es auch geworden war«.

Cortés schrieb nun an seine Anhänger und auch an Estrada und Albornoz, obschon er deren Gesinnung kannte, und teilte ihnen seine baldige Ankunft mit. In einem wahren Triumphzug begab er sich dann auf den Weg zur Hauptstadt. »Die vornehmen Tlaxcateken kamen ihm entgegen und empfingen ihn mit Gesängen und Tänzen. Drei Stunden vor Tetzcuco stand Albornoz zum Empfang bereit, der wohl wiedergutmachen wollte, was er verbrochen hatte. Die Festlichkeiten in Tetzcuco dauerten bis in die Nacht. Am anderen Tage kam Estrada mit dem Rat der Stadt zur Begrüßung, begleitet von vielen Kaziken im Kriegsschmuck. Der See war mit Booten und Schiffen bedeckt, und es herrschte ein unbeschreiblicher Jubel. Auf allen Straßen wurde gesungen und getanzt, und abends waren alle Häuser illuminiert. Am nächsten Tage führten die Franziskaner eine feierliche Prozession an und hielten einen Dankgottesdienst für die glückliche Heimkehr des Statthalters ab.

Als Cortés sich einige Tage ausgeruht hatte, ließ er mehrere Gegner festnehmen und die Untersuchung gegen Albornoz und Estrada eröffnen. Wenn er nun schnell gehandelt hätte, würde man ein scharfes Exempel auch in Spanien gebilligt haben, aber Cortés ging nur zögernd gegen seine Widersacher vor, und jedermann fand ihn zu schwach und zu nachsichtig.«

Streit um die Statthalterschaft

Als Hernán Cortés sich nun endlich wieder an der Stätte seines größten Ruhmes befand und sich auch im Besitz seiner Macht fühlen konnte, traf ihn die niederschmetternde Nachricht, daß der Gesandte Luis Ponce de Léon, der vom Kaiser mit der Untersuchung der gegen Cortés erhobenen Anklagen beauftragt worden war, in Veracruz angekommen und bereits auf dem Wege nach Mexiko sei. Die lange Abwesenheit des zuletzt sogar verschollenen Hernán Cortés war von seinen Gegnern benutzt worden, ihn beim Kaiser mit alten und neuen Anklagen anzuschwärzen. Dabei hatte er bei Karl V. noch kurz vorher in hoher Gunst gestanden, als sein ebenso tüchtiger wie verschlagener Sekretär Juan de Ribera vom Kaiser erwirken konnte, daß Hernán Cortés eine Lieferung von zweihunderttausend Goldpesos an den immer in Geldnöten befindlichen Monarchen senden solle, wofür der bisher titellose Eroberer zum Adelantado von Neuspanien ernannt wurde und als Ritter des Ordens vom heiligen Jakobus den adligen Titel Don Hernán und ein üppig ausgestattetes Wappen führen durfte.

Der Rang eines Vizekönigs wäre die nächste Stufe gewesen, aber mit den Ehren mehrten sich nun auch die Klagen der Neider und Verleumder. Dabei nahmen sich die Vorwürfe, er habe seine Macht mißbraucht, mehrere Morde angestiftet und sich maßlos bereichert, wohl am geringsten aus gegen das Kapitalverbrechen, die der Krone zustehenden Fünftel geschmälert oder gänzlich unterschlagen zu haben. Die Freunde und Fürsprecher, vor allem der Herzog von Béjar und der Prior Don Juan de Zuñiga, verlangten zwar, Hernán Cortés im Gegenteil zu ehren und zu belohnen, aber sie erreichten nur, daß zur Klärung der verwickelten Angelegenheit der angesehene Lizentiat Luis Ponce de Léon nach Mexiko gesandt wurde.

Kaum war Léon nun in Veracruz gelandet, da wurde er sogleich von den Widersachern des Cortés mit Klagen bestürmt und vor allem gewarnt, sich nicht in eine Gefahr zu begeben, in der bereits Narvaéz, Garay und andere umgekommen seien, wie auch gerade jetzt das Verfahren gegen Albornoz beschleunigt werde, um vollendete Tatsachen zu schaffen. Der Gesandte beeilte sich trotzdem, die Hauptstadt zu erreichen, und er traf bereits in Iztapalapa ein, als Cortés noch Boten mit Briefen an ihn abfertigte. Der Statthalter ritt dem Gesandten nun mit der Reiterei entgegen, und auf der Dammstraße begrüßten die Herren sich »höflich und feierlich«, also wohl mit der gebotenen achtungsvollen Zurückhaltung. Ponce de Léon war ein Gesandter des Kaisers, Hernán Cortés der Eroberer und Gouverneur dieses Landes – auf welcher Seite sollte da die Subordination stehen?

Als der Gesandte am nächsten Tage feierlich seine Vollmachten übergab, »nahm Cortés sie ehrfurchtsvoll in seine Hände und sagte, daß er sie als die Willenserklärung seines Monarchen achten wolle. Darauf erwiderte Ponce de Léon: ›Herr General, es ist der Wille Seiner Majestät, daß ich die Statthalterschaft von Euch übernehme. Ich tue es nicht, weil ich Euch nicht dieses Postens für würdig erachte, sondern weil es von Seiner Majestät so befohlen ist.‹«

Am anderen Morgen fand eine Unterredung zwischen Cortés

und dem Gesandten statt, bei der nur noch dessen Berater Pater Ortiz zugegen war. Léon warf Cortés vor, seine Mitstreiter zum Teil ungerecht behandelt und bedacht zu haben. Cortés antwortete, die alten Eroberer müßten gewiß gut belohnt werden, aber es sei schwierig, es allen recht zu machen. Auf den Vorwurf, er habe bei der Rückkehr von Honduras seine Truppe dem Hungertod überlassen, entgegnete er, daß auch Luís Marín in Kürze zurückkehren werde. Und als der Gesandte ihn fragte, wie er es überhaupt habe wagen können, den Zug nach Honduras zu unternehmen und seinen Statthalterposten zu verlassen, sagte Cortés, gerade dies sei er seinen Pflichten als Generalkapitän schuldig gewesen und er habe dem Kaiser bereits Bericht darüber erstattet. »Darauf kam der Gesandte noch auf die Gefangennahme des Narvaéz zu sprechen, ferner auf den Untergang der Flotte Garays, auf dessen schnellen Tod und auf viele andere Vorwürfe, die gegen Cortés erhoben wurden. Dieser konnte aber so stichhaltige Erklärungen dazu abgeben, daß Ponce de Léon ziemlich zufrieden zu sein schien. Am anderen Tage aber kam Pater Ortiz in aller Frühe zu Cortés und sagte zu ihm: ›Herr General, meine große Verehrung für Euch und mein heiliges Amt legen mir die Pflicht auf, Euch zu warnen, daher darf ich Euch nicht verschweigen, daß Ponce de Léon von Seiner Majestät die Vollmacht erhalten hat, Euch enthaupten zu lassen.‹

Diese Mitteilung machte Cortés sehr besorgt, aber er mochte doch dem Mönch nicht alles glauben, der vielleicht nur als Mittler auftreten wollte, um ein paar Goldbarren einzuheimsen. Er dankte ihm für seine Warnung und fügte hinzu, er habe allerdings bisher in der Hoffnung gelebt, von Seiner Majestät für seine großen Verdienste belohnt zu werden. Da Cortés viele Feinde hatte, fehlte es nun nicht an Anklägern und Zeugen. Die Untersuchung war aber kaum eröffnet worden, da warf ein hohes Fieber den Gesandten aufs Krankenlager. Die drei Ärzte, die ihn behandelten, rieten ihm, zu beichten und das Abendmahl zu empfangen. Er war dazu bereit und machte sein Testament, in dem er den Juristen Marcos de Aguilar, der mit ihm von Spanien gekommen war, zu seinem Nachfolger ernannte. Am neunten Tage seiner Erkrankung gab Luis Ponce de Léon seinen Geist auf. Cortés und die Offiziere und Beamten legten Trauer an, allerdings kamen gleich wieder böse Vermutungen auf, und es wurde von Gift gemunkelt. Am lautesten schrie der Pater Ortiz, aber das Schiff des Gesandten schien die Seuche mitgebracht zu haben, denn viele Spanier, die mit ihm gekommen waren, starben an der gleichen Krankheit.

Da Marcos de Aguilar krank und hinfällig war, drangen viele Spanier in Cortés, sich des Ruders wieder zu bemächtigen, aber Cortés ging nicht darauf ein. Die Statthalterschaft des Marcos de Aguilar fand nun ein schnelles Ende. So fiebrig und voll von syphilitischen Geschwüren er auch war, so gelang es den Ärzten doch, sein Leben durch die Muttermilch einer Spanierin und die Milch mehrerer Ziegen um acht Monate zu verlängern. Dann sank er ins Grab, nachdem er die Statthalterschaft dem Schatzmeister Alonso de Estrada übertragen hatte.« Die Stadträte verlangten nun von Estrada, die Statthalterschaft mit Cortés zu teilen, aber beide waren nicht gewillt, und die Verhandlungen endeten damit, daß Gonzalo de Sandoval, der bei allen in hohem Ansehen stand, mit Estrada zusammen die Statthalterschaft übernahm. Die Gegner von Cortés regten sich nun gleich wieder. Sie wärmten die alten Geschichten auf und rieten Estrada, dem Hofe Meldung von allem Geschehenen zu machen. Als neue Anklage kam hinzu, daß Cortés auch Salazar und Chirino vergiften wolle, was aber nichts als Lüge war. Zu alledem reiste nun Albornoz nach Spanien, um Öl in das Feuer zu gießen.

Als der Kaiser und der Indienrat die Berichte gelesen hatten, deren Inhalt von Albornoz bestätigt wurde, schenkten sie den Lügen und Verleumdungen vollen Glauben. Der Kaiser entschied, daß Estrada die Statthalterschaft allein ausüben und Salazar und Chirino wieder in Freiheit setzen solle. Außerdem erhielt Pedro de la Cueva den Befehl, mit dreihundert Mann nach Mexiko zu segeln, die Klagen gegen Cortés zu untersuchen und ihm, falls sie begründet seien, den Kopf abzuschlagen. Seine Güter sollten dann an die alten Eroberer verteilt werden. Die Abreise Cuevas verzögerte sich jedoch, und zuletzt wurde gar nichts daraus.

Um neue Anhänger zu gewinnen, ließ Estrada die Gefangenen Salazar und Chirino frei, die ihm als erstes den Rat gaben,

Cortés aus Mexiko zu verbannen. Estrada unterzeichnete auch den Verbannungsbefehl, und Cortés erklärte, er werde zwar gehorchen, aber so bald wie möglich nach Spanien reisen und dem Kaiser berichten, wie es in Mexiko zugehe. Er reiste nach Tetzcuco und bald darauf nach Tlaxcala. Pater Julian Garces, der neuernannte Bischof von Tlaxcala, begab sich aber nach Mexiko, und es gelang ihm, Estrada umzustimmen, so daß die Verbannung aufgehoben wurde, doch Cortés war nicht zur Rückkehr in die Hauptstadt zu bewegen.

Der Eroberer reist nach Spanien

Cortés suchte nun viel Gold und Silber zusammenzubringen und übergab einigen Getreuen die Verwaltung seines Vermögens. Er hatte bereits eine Menge exotische Vögel und zwei Jaguare einfangen lassen, um sie dem Kaiser mitzubringen. Zu dem gleichen Zweck nahm er einige Fäßchen Balsam, vier besonders geschickte Luftspringer, mehrere Seiltänzer und drei bucklige Zwerge mit, die kaum Menschengestalt hatten, lauter Raritäten, die in Spanien Aufsehen erregen mußten. Die Kaziken von Tlaxcala baten Cortés, drei Söhne der ersten Familien in sein Gefolge aufzunehmen, dem sich auch einige mexikanische Kaziken anschlossen.

Als um diese Zeit Briefe seiner Gönner aus Spanien eintrafen, in denen er gebeten wurde, so bald wie möglich am Hofe zu erscheinen, beschleunigte er seine Abreise. Er ging mit Sandoval, Tapia und einigen anderen Offizieren an Bord. Nach einundzwanzig Tagen, im Dezember 1527, liefen die Schiffe in den Hafen von Palos ein. Gonzalo de Sandoval war bereits während der Reise sehr krank geworden, er starb bald nach der Ankunft und wurde in der Liebfrauenkirche beigesetzt. Der Herzog von Béjar erwirkte beim Kaiser den Befehl, Hernán Cortés überall auf seinem Wege mit großen Ehrungen zu begegnen. In Sevilla wurde er vom Herzog von Medina feierlich empfangen und mit Pferden versorgt. Sein Vater Martin war um diese Zeit bereits gestorben, womit er seinen tüchtigsten Sachwalter und Fürsprecher verloren hatte.

Hernán Cortés begab sich nun zunächst nach dem Wallfahrtsort Guadelupe und verbrachte dort neun Tage mit Gebeten und religiösen Übungen. Glücklicherweise traf er hier im Kloster Doña Maria de Mendoza, die Gemahlin des Ersten Staatssekretärs, die von ihrer schönen Schwester Doña Francisca begleitet wurde. Er teilte Gold und Schmuck aus und gewann die Damen durch die Kunststücke seiner Abnormitäten, vor allem aber durch sein ritterliches Wesen und den Ruhm, der diesem größten Eroberer jener Zeit anhing. Doña Maria schrieb ihrem Gemahl, dem Staatssekretär Francisco de los Cobos, er möge sich am Hofe dafür einsetzen, daß der Eroberer den Lohn erhalte, der ihm gebühre. Cortés beging nun aber einen großen Fehler, sein bekannter Hang zum schönen Geschlecht verleitete ihn dazu, der jungen Doña Francisca in so auffallender Weise den Hof zu machen, daß mit einer baldigen Heirat gerechnet wurde. Dabei war seine Vermählung mit Doña Juana de Zuñiga, der Nichte seines tatkräftigen Fürsprechers, des Herzogs von Béjar, bereits beschlossene Sache. Er blieb seinem Versprechen auch treu, aber vermutlich hat ihn dies die Ernennung zum Vizekönig gekostet.

Im Herbst 1528 wurde Cortés endlich vom Kaiser empfangen und mit vielen Gnaden und Ehrungen bedacht. Er wurde zum Markgrafen des Tales von Oaxaca erhoben und zum Generalkapitän von Neuspanien ernannt. Einige Zeit darauf schickte er Juan de Herrada zum Papst Klemens in Rom, um ihm Berichte über die Bekehrung der Indianer und vor allem auch reiche Geschenke zu überbringen. Der Papst und seine Kardinäle sollen viel Gefallen an den mitgekommenen indianischen Springern gefunden haben. Es wurde ein feierlicher Dankgottesdienst abgehalten, und der Papst gab den Eroberern in einem Sendschreiben die Generalabsolution für alle begangenen Sünden, während die unehelichen Kinder des Feldherrn für legitim erklärt wurden.

Der Indienrat schloß mit Hernán Cortés einen Vertrag, der ihn verpflichtete, jährlich auf eigene Kosten zwei Schiffe auszurüsten und auf Entdeckungsreisen in die Südsee zu schicken, wofür er seinen Anteil am Gewinn und den Titel eines Gouverneurs für sämtliche entdeckten Inseln und Länder erhalten sollte.

Im Frühjahr 1530 trat Cortés von Sanlúcar aus die Rückreise nach Mexiko an. Dort erwartete ihn nichts als Anarchie und Willkürherrschaft. Während er noch in Spanien geweilt hatte, war in Mexiko ein königlicher Gerichtshof eingetroffen, der sich aus dem bisherigen Statthalter von Pánuco, Nuño de Guzmán, einem Feind des Cortés und Schrecken der Indianer, und vier Richtern zusammensetzte. Zwei der Richter waren schon bald nach der Ankunft an »Seitenstechen«, vermutlich an einer Lungenentzündung, gestorben. Die übrigen Richter und ihr Präsident kannten nun im Verein mit Salazar nur das eine Ziel, Cortés zu schaden und sich selber zu bereichern. Um die alten Eroberer auf ihre Seite zu bringen, teilten sie ihnen reichlich Ländereien und Indianer zu, aber nur widerruflich und auf Zeit, womit sie eine große Macht ausüben konnten, doch auch ihr Ansehen bei den alten Soldaten verloren. Die Intrigen gegen Cortés gingen sogar so weit, daß er des Mordes an seiner ersten Ehefrau Catalina Xuárez bezichtigt wurde. Ihr Bruder Juan Xuárez und ihre Mutter klagten ihn an, seine Frau erwürgt zu haben.

Doña Catalina war im Sommer 1522 auf eigene Initiative mit anderen Frauen nach Mexiko gereist. Sie litt an Asthma und hatte in der Höhenluft von Mexiko häufige Anfälle. Es soll auch mehrmals zu Zerwürfnissen zwischen den Eheleuten gekommen sein, wozu der unverbesserliche Galan Hernán Cortés sicher oft genug Anlaß gab. Eines Nachts rief Cortés die Kammerzofen herbei, die ihre Herrin tot in den Armen des Gatten fanden. Nun also wurde diese dunkle Begebenheit aufgegriffen, um sie gegen Cortés zu verwenden, aber es kam über den Verdacht nicht hinaus.

Das Audienzgericht fand nun selber einen einflußreichen Gegner in dem ersten Bischof von Mexiko, Pater Zumárraga, der den Richtern vorwarf, von den Kaziken die Töchter und Schwestern und andere hübsche Frauen verlangt zu haben. Einmal habe der Dolmetscher des Audienzgerichtes sogar achtzig hübsche Indianerinnen allein für den Präsidenten Guzmán angefordert, wie überhaupt leichtfertige Frauen bei den Richtern großen Einfluß ausüben sollten. Ganz besonders übel spielte das

Audienzgericht dem alten Eroberer Pedro de Alvarado mit, der in Spanien gewesen war, dort hochgeehrt wurde und mit dem Titel eines Adelantado des von ihm eroberten Landes Guatemala zurückkehrte. Er hatte Doña Francisca de la Cueva geheiratet, eine Verwandte des Ersten Staatssekretärs Francisco de los Cobos, die zu seinem größten Kummer bei der Ankunft in Veracruz starb. Er durfte sich Don Pedro de Alvarado nennen und war zum Kommandeur des St.-Jakobs-Ordens ernannt worden, während Cortés nur zum Ritter dieses Ordens geschlagen worden war. Nun hielt Alvarado sich in Mexiko auf und wartete auf die Genehmigung zur Abreise nach Guatemala. Die korrupten Richter aber hatten es auf seinen Reichtum abgesehen, und da der ungestüme Konquistador nicht mit Angriffen und Beschuldigungen sparte, nahmen sie ihm kraft ihres Urteils sein ganzes Vermögen ab, so daß er von der letzten Gerichtssitzung zu Fuß heimkehren mußte. Schließlich wurde er sogar in Ketten gelegt und in den Kerker geworfen.

Der Präsident des Gerichtshofes, Guzmán, verfuhr mit der Brandmarkung und Verteilung von Sklaven so skrupellos, daß er die früher von ihm verwaltete Provinz Pánuco fast entvölkerte. Dies brach ihm nun den Hals, denn der Kaiser hatte befohlen, den Fall Pánuco zu untersuchen. Die Markierungseisen wurden zerbrochen, und es sollte keinem Indianer mehr das Sklavenzeichen eingebrannt werden. Alle von den Richtern verliehenen Güter wurden wieder eingezogen. Der Präsident Guzmán gab sich aber damit nicht zufrieden, und er hatte die Absicht, Salazar und einige Männer, die von den alten Eroberern gewählt werden sollten, nach Spanien zum Kaiser zu schicken. »Wir kamen zusammmen«, berichtet Bernal Diaz, »und da wir merkten, daß der Präsident den ihm ergebenen Antonio de Carbajal durchsetzen wollte, wählten wir Bernaldino Vazquez de Tapia, der zu Cortés halten sollte. Genaugenommen standen wohl beide Guzmán näher als Cortés, denn an Belohnungen hatte es in letzter Zeit nicht gefehlt, während Cortés fast nichts für uns getan hatte. Aber anhänglich und bieder, wie wir Spanier nun einmal sind, blieben wir unserem General doch immer treu ergeben.«

Am 15. Juli 1530 traf nun Hernán Cortés in Veracruz ein.

Im Januar 1531 reiste auch der vom Kaiser ernannte neue Präsident des Audienzgerichtes, der Bischof von Santo Domingo, Don Sebastián Ramirez, nach Mexiko. Er ordnete gleich nach seiner Ankunft mit den ebenfalls neuernannten Richtern eine Generaluntersuchung an. »Darauf gab es eine solche Menge von Klagen über Ungerechtigkeiten, Unterdrückungen und Erpressungen, daß die Richter sich entsetzten. Dazu kamen die Klagen des Verwalters von Cortés, der einen Schaden von zweihunderttausend Pesos anmeldete.«

Nuño de Guzmán befand sich auf einem Kriegszug nach Xalisco, wo er den Kaziken hängen ließ und die Indianer grausam drangsalierte. Er weigerte sich, der Vorladung des Gerichts zu folgen. Die beiden anderen Richter mußten mit ihrem großen ergaunerten Vermögen alle Schäden wiedergutmachen, und als ihre Mittel erschöpft waren, wurden sie ins Gefängnis geworfen. Hernán Cortés versuchte nun wieder zu Macht und Ehren zu kommen. Der Gerichtshof wies ihm auch große Ländereien zu, hielt aber seine Ansprüche auf die Macht im Staate nieder. Im übrigen verfuhr der Gerichtshof streng nach Recht und Gesetz. Er verhinderte die weitere Markierung von Sklaven, worauf der Kaiser sogar die Todesstrafe gesetzt hatte. Spanier und Indianer sollten die gleichen Rechte im Lande haben, was sich besonders darin zeigte, daß die Dörfer ganz nach spanischem Vorbild ihre Alkalden und Regidoren wählten.

Nach vierjähriger segensreicher Tätigkeit, wenn auch nur bedingt zugunsten des Eroberers Cortés, löste sich der Gerichtshof auf. Zwei Richter traten wegen ihres hohen Alters zurück, der Präsident wurde in Spanien zum Bischof von León und Cuenza ernannt. Der Kaiser setzte nun den untadeligen Ritter Don Antonio de Mendoza als Vizekönig von Neuspanien ein, der seine erste Aufgabe darin sah, den Unruhestifter Guzmán mattzusetzen. Er lud ihn auf sein Wort, daß ihm nichts geschehen werde, nach Mexiko ein und ließ ihn in seinem Palast wohnen. Aber der von Spanien eingetroffene und mit kaiserlichen Vollmachten ausgestattete Richter Torre verhaftete ihn, bald aber gab ihm der gnädige Vizekönig die Freiheit wieder. Nicht lange danach starb der Richter Torre, ob aus Verbitterung oder an einer Krankheit, das weiß man nicht.

Hernán Cortés erreichte trotz aller Forderungen und Bemühungen nicht mehr, als er schon besaß, und selbst darüber führte er noch einen langen, am Ende aber nutzlosen Streit. Das Dekret des Audienzgerichtes hatte ihm dreiundzwanzigtausend Indianer zugesprochen, worunter er nicht einzelne Eingeborene, sondern Familien, also das Mehrfache an Zahl, verstehen wollte, vor dem mächtigen Gerichtshof allerdings ohne Erfolg. Man suchte ihn zu beschwichtigen, indem man ihm neben der Markgrafschaft Oaxaca das Lehen Cuernavaca mit eigener Gerichtsbarkeit übertrug, aber auch das konnte dem Eroberer mit Recht nicht genügen.

Expeditionen in die Südsee

Bei all den Querelen, Zerwürfnissen, Intrigen und Streitigkeiten kann es nicht verwundern, daß der Tatmensch Hernán Cortés schließlich die Flucht in neue Aktionen antrat. Er hatte die kaiserliche Ermächtigung bekommen, Expeditionen in die Südsee zu unternehmen, und er nahm nun seinen Wohnsitz an der Südsee in Oaxaca, wo er in den Häfen Tehuantepec, Zacatula und Acapulco die nötigen Schiffe bauen ließ.

Vier Schiffe hatte er bereits vor seiner Reise nach Spanien in Zacatula bauen lassen und unter Alvaro de Saavedra ausgeschickt, die Molukken aufzusuchen, um den Gewürzhandel über Mexiko nach Spanien zu leiten. Saavedra wurde aber, wie Bernal Diaz berichtet, von den Portugiesen, den Herren der Molukken, mit der Hälfte seiner durch Hunger und Krankheit zusammengeschmolzenen Mannschaft gefangengenommen und nach Spanien gebracht. Nun rüstete Cortés in Acapulco eine zweite Expedition aus, die aus zwei Schiffen mit achtzig Schützen bestand. Der Kapitän Diego Hurtado de Mendoza lief im Mai 1532 aus, bald aber kehrte eins der Schiffe, dessen Besatzung vermutlich gemeutert hatte, in den Hafen zurück. Kapitän Hurtado hatte mit dem anderen Schiff die Reise fortgesetzt, aber er blieb seitdem verschollen.

»Cortés ließ sich aber nicht von neuen Unternehmungen abschrecken. Im Hafen lagen bereits zwei neue Schiffe, die unter Diego Bezerra und Hernán de Grijalva auf die Reise geschickt wurden, wobei viel von perlenreichen Inseln die Rede war. Die Schiffe gerieten aber in einem Sturm auseinander, worauf Grijalva die unbewohnte Insel Santo Tomás entdeckte. Auch Bezerra setzte seine Reise allein fort, er überwarf sich aber mit seinem Steuermann Ximeñez und wurde im Schlaf ermordet. Auf der Weiterfahrt kam Ximeñez an eine Insel (es war die kalifornische Halbinsel), die er Santa Cruz nannte. Hier wurde er mit vielen seiner Leute beim Wasserholen von den Eingeborenen erschlagen. Die wenigen Leute, die an Bord geblieben waren, kehrten zurück und wußten nicht genug von der Fruchtbarkeit und dem Perlenreichtum der Insel zu erzählen.«

Cortés beschloß nun, die dritte Expedition mit drei Schiffen selber nach der Perleninsel und nach neuen Ländern zu führen. Sein Ansehen war noch so groß, daß sich dreihundertzwanzig ausgewählte Männer, davon vierunddreißig mit ihren Frauen, dem Unternehmen anschlossen, um Neuland zu besiedeln. Aber auch diese Expedition mißlang völlig. Cortés landete im Mai 1535 mit einigen Ärzten und Geistlichen auf der »Insel« Santa Cruz, dann schickte er die Schiffe zurück, um die Männer und Frauen abzuholen, die unter Andrés de Tapia zurückgeblieben waren. Die zweite Überfahrt verlief recht unglücklich, denn ein Sturm trennte die Schiffe, und nur eins, das in der Hauptsache Proviant geladen hatte, erreichte Santa Cruz, während die beiden anderen an der Küste von Xalisco strandeten. Cortés ging nun unter Segel, um die vermißten Schiffe zu suchen. Er fand sie auch nach langer Suche am Strand von Xalisco, ließ sie von den Handwerkern wieder flottmachen und segelte mit ihnen nach Santa Cruz zurück. Dort fielen die halbverhungerten Leute so gierig über das mitgebrachte Pökelfleisch her, daß sie allesamt krank wurden und die Hälfte von ihnen starb.

Als Cortés nun die Küste von Kalifornien befuhr, langten zwei Schiffe bei ihm an, die seine besorgte Gemahlin auf die Suche nach ihrem Gatten geschickt hatte. Sie bat ihn in ihren Briefen, »auf seine schönen Besitztümer zurückzukehren und sich mit dem Ruhm zu begnügen, den er sich durch seine Heldentaten in Neuspanien erworben habe«. Da auch der Vizekönig Mendoza diese Bitte unterstützte, schiffte Cortés sich nach Acapulco ein und eilte nach der Landung sofort nach seinem Wohnsitz Cuernavaca. Die Freude über seine Rückkehr war allgemein, selbst unter seinen Gegnern, die dauernd in der Furcht lebten, während der Abwesenheit des Generalkapitäns könnten die Kaziken sich gegen die spanische Herrschaft erheben.

Bald nach seiner Rückkehr ließ Cortés durch den Kapitän Ulloa die Erkundung der Küste von Kalifornien fortsetzen. Ulloa kreuzte sieben Monate umher und erforschte den Küstenstreifen recht genau. Aber er wurde seines Erfolges nicht froh, denn kurz nach seiner Rückkehr in den Hafen von Xalisco wurde er an Land von einem Matrosen überfallen und erstochen. »So endeten die Expeditionen, die Cortés unternommen hatte und für die er mehr als dreihunderttausend Pesos ausgegeben haben soll.«

Die Reise ohne Wiederkehr

Als das Verhältnis zwischen Hernán Cortés und dem Vizekönig Mendoza immer gespannter wurde, reiste der Eroberer im Jahre 1540 zum zweitenmal nach Spanien, um vom Kaiser eine Entschädigung für seine kostspieligen Expeditionen und auch seine Ansprüche an seinen Widersacher Guzmán durchzusetzen. Er nahm seinen Sohn und Erben Don Martin und auch seinen illegitimen Sohn Don Luis mit, da es ihm nun darum ging, auf seinen unvergänglichen Ruhm das Geschlecht der Cortés zu gründen. Im Frühjahr 1540 verließ er das Land, das er für die spanische Krone erobert hatte, um es nie wiederzusehen.

In Spanien angekommen, richtete Cortés seine Bitten und Gesuche an den Indienrat, dieser aber antwortete stets mit dem Hinweis, der Kaiser müsse darüber entscheiden. Der Kaiser aber war mit den Wirren im Innern seines Reiches und mit den Kriegen nach außen so sehr belastet, daß er die Intrigen und Kabalen der Neuspanier nun mit Widerwillen beiseite schob. Fast gleichzeitig mit Cortés war Hernán de Pizarro, ein Bruder des Eroberers von Peru, mit großem Gefolge in Madrid eingetroffen. Und auch Núño de Guzmán war hier, um seine üblen Machenschaften zu verteidigen und sich womöglich mit Gewinn aus der Affäre zu ziehen. Wegen des Todes der Herrscherin Isabella trugen alle Edlen des Landes Trauerkleidung. In der Begleitung des Hernán Cortés war auch Bernal Diaz mitgekommen, der in seinem trockenen Sarkasmus schreibt: »Da nun Cortés, Pizarro, Guzmán und viele andere aus Neuspanien und Peru Tag für Tag auf den Straßen von Madrid gesehen wurden, nannte man uns zum Spott nur noch die leidtragenden Indianer.«

Als der Kaiser nach der Niederwerfung des Aufstandes der Stadt Gent zurückkehrte, rüstete er eine gewaltige Flotte aus, um Algier, das von dem Renegaten Azan Aga regiert wurde, zu überfallen. Einer kaiserlichen Streitmacht von fast dreißigtausend Mann und eintausendvierhundert Reitern auf mehr als zweihundert Schiffen, die die stärkste Bastion der Ungläubigen im Mittelmeer erobern sollten, hatte der von Sardinien gebürtige Apostat nur sechstausend Mann und seine Kavallerie entgegenzustellen. Unter den Gefolgsleuten des Kaisers befand sich Hernán Cortés mit seinen beiden Söhnen.

Als das kaiserliche Heer gelandet war und Azan Aga die Aufforderung zur Übergabe bei freiem Abzug abgelehnt hatte, begannen die ersten Geplänkel, ehe es aber zur entscheidenden Schlacht kam, vernichtete ein furchtbarer Sturm die kaiserliche Flotte bis auf wenige Schiffe. Hernán Cortés konnte sich und seine Söhne nur mit knapper Not retten, aber er verlor seine ganze Habe bis auf einige kostbare Smaragde, die er stets ganz besonders hütete. Der Kriegsrat schlug nun dem Kaiser vor, die Belagerung von Algier abzubrechen. Hernán Cortés war zu dieser Beratung nicht eingeladen worden, und er soll verbittert geäußert haben, wenn der Kaiser nur erst in Sicherheit gebracht worden sei, wolle er mit dem Rest der Truppen die Stadt Algier genauso erobern wie einmal die Hauptstadt Tenochtitlán. Aber die Granden im Kriegsrat wollten keine Verlängerung des Krieges und kehrten mit dem Rest der Heeresmacht nach Spanien zurück.

Nun schwanden auch die Aussichten des Eroberers von Mexiko, als Mehrer der königlichen Macht geehrt und belohnt zu werden, immer mehr dahin. Er hatte das sechste Jahrzehnt seines Lebens bereits überschritten, und seine Gesundheit verfiel nach all den ungeheuren Strapazen, die er durchgemacht hatte, immer mehr. Er begab sich nach Sevilla, wo seine Tochter Doña Maria eingetroffen war, die er mit dem ältesten Sohn des Markgrafen von Astorga vermählen wollte. Aber dieser Plan zerschlug sich, obschon er eine Mitgift von hunderttausend Dukaten versprochen und zum Teil schon ausgezahlt hatte.

Hernán Cortés fühlte sich nun so krank und hinfällig, daß er zu Sevilla sein Testament machte, in dem er seinem Sohn Don Martin Namen, Würde und Landbesitz vermachte und alle seine legitimen und illegitimen Söhne und Töchter großzügig bedachte. Er hinterließ auch bedeutende Stiftungen für ein Hospital, einen Konvent und eine Universität. Nach dem Empfang der letzten Ölung schied er am 2. Dezember 1547, zweiundsechzigjährig, von dieser Welt, in der er so tapfer gekämpft und gelitten hatte. Seine sterblichen Überreste wurden seinem Wunsche gemäß in Coyoacán beigesetzt.

»Betrachtet man sein Leben genauer«, schreibt sein alter Kampfgefährte Bernal Diaz, *»so war es nach der Eroberung von Mexiko nichts als Mühsal und Verdruß. Die Flotten, die er ausrüstete, kosteten ungeheure Summen, die weggeworfen waren. Daher wünsche ich ihm von ganzem Herzen, daß er seinen Lohn im Himmel finden werde. Möge Gott ihm und mir alle Sünden verzeihen und auch mir ein gutes Ende verleihen! Das ist mehr wert als alle Eroberungen und Siege.«*

Zug der Spanier nach Mexiko
1520-1524
CHICHMEKEN
TOLTEKEN
Zumpango
Xolo
Tacuba
Xaltocán
Otumba
Cuauhtitlan
Acolman
Tepeyac
Tetzcuco
Ixtacamaxtitlán
Atalaya
Tlacopan
Mexiko
Coathichan
TLAXCATEKEN
MICHOACAN
Chapultepec
Iztapalapa
Coyohuacán
Zimpanzingo
Tlaxcala
5286
Iztaccihuatl
Chalco
Xochimilco
Mizquic
Tlalmanalco
Cholula
Guaxocingo
Xochicalco
Amecameca
Segura
Malinalco
Popocatepetl
5452
Tepe
Guernavaca
Xiuhtepec
Ocuituco
Xautepec
Cuauquechollan
ZAPOTEKEN
Oaxaca
MIXTEKEN

n Estevan del Puerto
Pánuco
GOLF VON MEXIKO
TOTONAKEN
catlán
Quiauitzlán
Cempoal
Cofre de Perote 4090
Jalapa
Rio Chachalacas
Ixhuacán
San Juan de Ulúa
Vera Cruz
Orizaba 5700
Medellin
Orizaba
OLMEKEN
Tuxtepec
Coatzocoalco
10 20 30 40 50 km

QUELLENNACHWEIS

Über die Textgrundlagen gibt die »Vorbemerkung zur Edition« auf Seite 13, nach dem Inhaltsverzeichnis, Auskunft.

Die Motive des Buchumschlags sind (wie auch etliche andere Abbildungen des Bandes) alten indianischen Bilderhandschriften entnommen, die über die Ereignisse berichteten; wiedergegeben in »Antiguedades mecicanas«, Mexico 1892.

Die Darstellungen auf den Vorsatzblättern zeigen (vorn) den Hafen von Santiago auf Kuba und (hinten) die Stadt Mexiko nach dem Wiederaufbau. Quelle: »Histoire de la conqueste du Mexique«, Paris 1730, im vorliegenden Band meist als »französische Ausgabe von 1730« zitiert.

Die Quellen der übrigen Abbildungen sind üblicherweise bei der Bildunterschrift angegeben.

Die Rekonstruktion auf Seite 92 »Tenochtitlán zur Zeit der Ankunft der Spanier« ist dem Werk von Pierre Honoré »Ich fand den Weißen Gott«, Verlag Heinrich Scheffler, Frankfurt/Main 1961, mit freundlicher Genehmigung des Verlages entnommen.

Die Karte auf Seite 304/305, am Schluß des Bandes, »Zug der Spanier nach Mexiko, 1520–1524« wurde von Hilda und Manfred Salemke nach Angaben des Herausgebers gezeichnet.